Ontdek
# Sri Lanka

# Inhoud

## Reisinformatie, adressen, websites

## Kennismaking – Feiten en cijfers, achtergronden

# Onderweg in Sri Lanka

# Inhoud

# Op ontdekkingsreis

Tempel van de Tand aan het Kandy Lake

# Kaarten en plattegronden

## Stadsplattegronden

## Routekaartjes

▶ Dit symbool verwijst naar de uitneembare kaart

Kleurrijke vlerkprauwen op een Sri Lankaans strand

# Sri Lanka – veelgestelde vragen

### Sri Lanka voor beginners

Wie voor het eerst een bezoek brengt aan Sri Lanka, zou behalve de laatste koningsstad **Kandy** en de Culturele Driehoek met onder andere de cultuurschatten van **Anuradhapura, Polonnaruwa** en **Sigiriya** ook de stranden langs de west- en zuidkust van Sri Lanka moeten aandoen. Het **hoogland** heeft niet alleen een heel ander klimaat dan de rest van het eiland, maar biedt ook een totaal andere aanblik. Hier strekken zich diepgroene theeplantages en weergaloze berglandschappen uit, te midden waarvan oude gebouwen staan die nog uit de tijd van de Britse koloniale overheersing stammen.

### Welke reismogelijkheden naar Sri Lanka zijn er?

Veel bekende touroperators bieden geheel verzorgde groepsreizen naar Sri Lanka aan. Wie liever niet met een groep reist, kan meestal ook wel kiezen voor een individuele rondreis, die u desgewenst zelf kunt samenstellen met behulp van losse 'bouwstenen'. Wie helemaal flexibel wil zijn, boekt bij een reisbureau een auto met chauffeur en losse accommodatie; ook ter plaatse is dit nog wel mogelijk – en vaak zelfs iets goedkoper –, bijvoorbeeld via uw hotel of een lokaal reisbureau. Wees erop voorbereid dat u in de aankomsthal van de luchthaven zult worden bestormd door tussenpersonen van lokale touroperators die u graag een rondreis willen verkopen. Mocht u geïnteresseerd zijn, laat u dan niet opjagen en zorg er in elk geval voor dat u op uw gemak het aanbod en de prijzen met elkaar vergelijkt. Dankzij het goede netwerk van openbaar vervoer is Sri Lanka overigens ook heel goed op eigen gelegenheid te verkennen. De trein en de bus brengen u overal naartoe, hoewel u zich dan wel met minder comfort tevreden zult moeten stellen. Daar staat

Interessante bestemmingen in Sri Lanka

tegenover dat u snel in contact komt met de lokale bevolking.

## Zijn het noorden en de oostkust inmiddels veilig?

Hoewel de toeristische infrastructuur nog te wensen overlaat, kunt u deze regio die lange tijd ontoegankelijk was vanwege de burgeroorlog zonder problemen bezoeken. Als u langs de westkust in noordelijke richting reist, is een verblijf op het schiereiland **Kalpitiya** (zie blz. 116) beslist aan te bevelen. Hier kunt u een boottocht maken om op zoek te gaan naar dolfijnen, een paar dagen op het strand liggen of een bezoek brengen aan het **Wilpattu National Park**. Eveneens de moeite waard is het schiereiland **Jaffna**, dat kleurrijke hindoetempels, woeste eilanden en de bedrijvige stad **Jaffna** biedt. En in het oosten lonken talloze stranden en een paradijs voor surfers (zie blz. 10).

## Suggestie voor een rondreis

Deze tiendaagse rondreis voert naar de belangrijkste bezienswaardigheden van het eiland en kan naargelang tijd en interesse worden verlengd. Na aankomst op de internationale luchthaven in Katunayake bij **Colombo** gaat u linea recta naar de **Culturele Driehoek**. Het is aan te bevelen om uw intrek te nemen in een van de vele aangename vakantieverblijven tussen **Habarana** en **Dambulla** en van daaruit dagtochten te ondernemen. Wie 's ochtends vroeg is geland en niet ten prooi is gevallen aan een jetlag kan 's middags nog per

Jonge monniken met op de achtergrond de rotsvesting Sigiriya

jeep op olifantensafari gaan in het **Minneriya National Park.**

De volgende dag maakt u een dagtocht naar de rotsvesting **Sigiriya** en de koningsstad **Polonnaruwa**, de dag daarna brengt u een bezoek aan de heilige bodhiboom en de ruïnes in **Anuradhapura.**

Op dag vier gaat de reis verder naar **Kandy**, waar een bezichtiging van de **grotten van Dambulla** en de **specerijentuinen bij Matale** op het programma staat. Hierna blijft u nog een dag in Kandy, waar u een bezoek brengt aan de beroemde Tempel van de Tand en 's avonds een voorstelling van een lokale dansgroep bijwoont.

De volgende twee dagen worden in beslag genomen door enkele hoogtepunten in het hoogland van Sri Lanka: de bezichtiging van een **theeplantage**, een bezoek aan **Nuwara Eliya**, waar de Britten vroeger in de zomermaanden hun toevlucht zochten, en een wandeling over de **Horton Plains** (zie blz. 230). Op dag acht is het bedevaartsoord **Kataragama** in het uiterste zuidoosten uw bestemming. Van daaruit gaat u op de voorlaatste dag op **safari** door het savannelandschap van het **Yala West (Ruhuna) National Park**, dat rijk is aan fauna.

De laatste dag rijdt u langs de zuidkust naar de stad **Galle**, die op de Werelderfgoedlijst van de UNESCO staat, en vervolgens via de snelweg terug naar Colombo – of beter: u knoopt er nog een paar dagen aan vast in een van de badplaatsen aan de westkust.

## Waar kan het best worden gezwommen?

Het mooie van Sri Lanka is dat u er het hele jaar door de zee in kunt duiken. Aan de west- en zuidkust loopt het zwemseizoen van november tot en met maart, aan de oostkust van april tot en met oktober. Welke kust het mooist

Mooie badplaatsen en wandellocaties

is, moet u zelf maar bepalen, want die keuze heeft mede te maken met persoonlijke voorkeuren. De bekendste badplaatsen liggen langs de stranden in het westen van het eiland. Een van de oudste is **Negombo**, ten noorden van Colombo, dat profiteert van de nabijheid van de internationale luchthaven. De meeste aanbieders van geheel verzorgde reizen kiezen voor een hotel aan de **Gold Coast** tussen Colombo en Galle, en dan vooral in **Beruwela** of **Bentota**. Langs deze kust zijn ook steeds meer boetiekhotels en kleinere onderkomens te vinden, die meer in trek zijn bij individuele reizigers en gezinnen. Voor een bruisend uitgaansleven moet u in **Hikkaduwa** en **Unawatuna** zijn, voor meer rust en een wat persoonlijkere benadering zult u aan de zuidkust aan uw trekken komen. Hier

Tijdens de moesson dient u overal rond het eiland rekening te houden met een ruwe zee, maar op sommige locaties kunnen het hele jaar door gevaarlijke onderstromen voorkomen. U doet er verstandig aan u ter plaatse op de hoogte te stellen van de actuele situatie.

## Wat zijn de beste wandelbestemmingen?

De aangenaamste gebieden om te gaan wandelen liggen zonder twijfel in de bergen van het Sri Lankaanse hoogland, want daar is het niet alleen koeler, maar is ook het landschap bijzonder fraai. Goede uitvalsbases voor dagtochten zijn **Nuwara Eliya**, **Ella** en **Haputale**. Tot de hoogtepunten voor wandelaars behoren zonder meer de beklimming van de heilige **Adam's Peak** (zie blz. 224), vroeg in de ochtend, en een wandeling over de **Horton Plains** (zie blz. 230). Een andere aanrader is een trektocht in de **Knuckles Range** (zie blz. 214), die zich ten oosten van Kandy tot aan de voet van het hoogland uitstrekt.

## Waar is het buiten de toeristenoorden mooi?

Wie zijn intrek heeft genomen in een verblijf aan het strand hoeft maar een paar kilometer landinwaarts te rijden om midden in een tropisch groene omgeving terecht te komen, met rustige lagunes, weelderige parken en slaperige dorpjes. Goede vertrekpunten zijn de badplaatsen langs de zuidkust tussen **Kalutara** en **Hikkaduwa** (zie blz. 130). Vanaf hier kunnen ook uitstapjes naar verschillende boeddhistische kloosters en tempels worden gemaakt, zoals die in **Mulkirigala** (zie blz. 160), ten noorden van Tangalle, of die in **Budaruwagala** (zie blz. 240), dat ten zuiden van Wellawaya aan de weg naar Ella ligt.

Met de bus kunt u vrijwel overal komen

vindt u vooral langs de kust bij **Weligama**, **Mirissa**, **Dickwella** en **Tangalle** een goede selectie niet al te dure en stijlvolle overnachtingsmogelijkheden.

De stranden van **Nilaveli** en **Uppuveli**, ten noorden van Trincomalee, behoren tot de mooiste langs de oostkust, maar het aantal goede hotels is daar nog beperkt en bovendien laat de prijs-kwaliteitverhouding soms te wensen over. Aan de stranden van **Passekudah** en **Kalkudah**, ten noorden van Batticaloa, liggen enkele luxueuze vakantieverblijven.

De **Arugam Bay** aan de zuidelijke oostkust is een bekende en populaire ontmoetingsplaats van surfers, maar beginnelingen kunnen gelet op de hoge golven hun heil beter ergens anders zoeken.

## Zijn er steden met zowel een interessant cultureel als uitgaansleven?

De enige stad waarover dit kan worden gezegd, is **Colombo** (zie blz. 86). De stad kan weliswaar niet tippen aan andere metropolen in Azië, maar de afgelopen jaren is er wel het nodige veranderd. Zo zijn er steeds meer interessante uitgaansmogelijkheden, in de eerste plaats het gerestaureerde **Dutch Hospital** (zie blz. 95), een voormalig ziekenhuis uit de koloniale tijd met cafés, restaurants en winkels. Ook het aantal nachtclubs neemt langzamerhand toe en kunstliefhebbers kunnen hun hart ophalen in verschillende **galeries**. Aan het strand van het nabijgelegen **Mount Lavinia** rijgen de bars en restaurants zich aaneen.

## Sri Lanka met de trein

De belangrijkste plaatsen op het eiland zijn sinds de koloniale tijd aangesloten op het spoorwegnet. De coupés zijn bepaald niet comfortabel, zelfs niet in de eerste klas, maar de indrukken die u opdoet zijn onvergetelijk – en dat nog voor weinig geld ook. Vanwege de prachtige berggezichten behoort de treinreis tussen **Colombo** en **Kandy** (3-4 uur) of nog verder over de zogeheten **Main Line** via Hatton, Nanu Oya (bij Nuwara Eliya), Haputale en Ella naar Badulla tot de indrukwekkendste reiservaringen in Sri Lanka.

Ook de twee uur durende treinreis tussen **Habarana** in de Culturele Driehoek en de havenstad **Trincomalee** is een aantrekkelijke optie. Met een beetje geluk ziet u onderweg zelfs olifanten lopen in het **Kaudulla National Park**.

Vanuit de treinen die over de **Coast Line** langs de westkust van Sri Lanka van Colombo via Galle naar Matara rijden, hebt u zo nu en dan prachtig uitzicht over zee.

Sri Lanka met de trein

## Zijn er nieuwe trends op het eiland?

In de reservaten van Sri Lanka kunnen verschillende dieren in het wild worden geobserveerd, waardoor het land zich steeds meer ontwikkelt tot een safaribestemming. Waar nog meer ter wereld laten het grootste land- én zeezoogdier – olifant en blauwe vinvis – zich met enig geluk zelfs op dezelfde dag bekijken?

Ook het activiteitenaanbod wordt groter, vooral op sportief gebied. En wie de smakelijke Sri Lankaanse keuken beter wil leren kennen, kan deelnemen aan een van de steeds frequenter aangeboden kookcursussen.

Zelfs modelliefhebbers komen hier aan hun trekken, want steeds meer lokale ontwerpers bieden hun creaties te koop aan in eigen boetieks.

Dé plek om te chillen: het Gallery Café in Colombo. Zie blz. 100.

In het voetspoor van kluizenaars in de jungle van Ritigala. Zie blz. 182.

# *Favorieten*

De reisgidsen van de ANWB worden geschreven door mensen die hun boek voortdurend up-to-date houden en daarom steeds weer dezelfde plaatsen bezoeken. Uiteindelijk ontdekt elke schrijver dan toch welke plaatsen hij persoonlijk tot zijn favorieten rekent.

Een dorp dat ver van de toeristische gebaande paden ligt, een heel bijzonder strandje, pleinen die uitnodigen tot ontspanning, oorspronkelijke natuur, gewoon plaatsen waar men zich prettig voelt en steeds weer wil terugkeren.

Betoverend tropisch paradijs: de Brief Garden bij Kalawila. Zie blz. 126.

Vanaf het kerkhof in Warleigh hebt u een fantastisch uitzicht. Zie blz. 222.

Oog in oog met hindoegoden in de Nallur
Kandaswamy Kovil in Jaffna. Zie blz. 272.

Omgeven door wuivende palmen: de
vuurtoren van Dondra. Zie blz. 158.

Speuren naar vogels op de Pottuvil Lagoon.
Zie blz. 260.

De bodhiboom in Anuradhapura wordt al
2300 jaar vereerd. Zie blz. 176.

# In vogelvlucht

**Het noorden**
Het noorden was lange tijd synoniem met bloedige conflicten en ellende, maar biedt bezoekers sinds het einde van de burgeroorlog heel nieuwe indrukken van Sri Lanka: een bijzonder levendige Tamilcultuur, fascinerende duinlandschappen en ongerepte eilanden.
Zie blz. 266.

**De westkust**
De hele westkust is omzoomd met palmen en strand, het ideale decor voor een heerlijke vakantie. Hier weet iedereen wel iets van zijn gading te vinden: van backpackers tot liefhebbers van chique boetiekhotels en van wellnessfanaten tot actieve watersporters.
Zie blz. 108.

**Colombo en omgeving**
Deze multiculturele Sri Lankaanse stad biedt een fascinerende mengeling van oud en nieuw. Nu eens laat ze haar koloniale en levendige kant zien, dan weer toont ze zich modern en cool. Zie blz. 86.

**Het zuiden**
Langs de zuidkust van Sri Lanka liggen niet alleen idyllische baaien en eindeloze stranden, maar ook architectonische pareltjes, rustige lagunes en bezienswaardige nationale parken. Zie blz. 134.

Indische Oceaan

_Golf van Bengalen_

Tiriyai

Nilaveli
Trincomalee

Sigiriya

Polonnaruwa

Batticaloa

Nuwara
Eliya

Ella

Panama

Uda Walawe
National Park

Kataragama

Tangalle

**Culturele Driehoek**

In Anuradhapura, Polonnaruwa en Sigiriya klopt het culturele hart van het eiland, maar ook op andere locaties in de Culturele Driehoek getuigen historische monumenten van het grootse verleden van Sri Lanka. Zie blz. 166.

**De oostkust**

Het oosten staat helemaal in het teken van een nieuw begin. Goede wegen en een steeds groter aantal nieuwe onderkomens brengen de paradijselijke stranden weer onder de aandacht van vakantiegangers en ervaren surfers weten de weg naar de Arugam Bay weer te vinden. In de nog maar weinig bezochte nationale parken van het oosten laat Sri Lanka zich van zijn woeste kant zien. Zie blz. 246.

**Kandy en het hoogland**

Diepgroene theeplantages in plaats van strand en palmbomen, en een heel ander klimaat dan elders in Sri Lanka. De bergen nodigen uit tot avontuurlijke wandelingen en her en der zijn nog getuigen te vinden uit de tijd van de Britse koloniale overheersing. De laatste koningsstad Kandy ziet zichzelf als beschermster van de Sri Lankaanse tradities. Zie blz. 200.

# Reisinformatie, adressen, websites

Oude plantagevilla in het hoogland die nu dienstdoet als chic hotel

# Informatie

## Internet

Ook voor een reis naar Sri Lanka vormt het internet een nagenoeg onuitputtelijke bron van informatie, maar houd er wel rekening mee dat een flink aantal websites verouderd is.

### www.srilanka.travel

De officiële website van Sri Lanka Tourism overtuigt door een grote hoeveelheid bruikbare informatie. In verschillende talen te raadplegen, waaronder Engels en Duits.

### www.infolanka.com

Deze Engelstalige portal prijst zichzelf aan als toegangspoort tot Sri Lanka en biedt inderdaad links naar tal van lokale websites. Wie interesse heeft in de laatste nieuwtjes of wil weten welke Sri Lankaanse films in de bioscopen draaien, is hier aan het juiste adres.

### www.backpacktosrilanka.com

Deze particuliere website biedt goede tips en nuttige informatie voor wie op eigen gelegenheid naar Sri Lanka gaat.

### www.backpackeninazie.nl/ backpacken-sri-lanka

Allerlei interessante informatie voor wie van plan is om backpackend door Sri Lanka te trekken.

### www.lakdasun.org

Veel bijdragen en informatie van outdoor-enthousiastelingen over verschillende trektochten in Sri Lanka.

### www.jetwingeco.com

Website van een particuliere touroperator die gespecialiseerd is in ecovakanties. Interessante publicaties over de fauna van Sri Lanka, waarvan er verscheidene als download beschikbaar zijn.

### www.arugam.info

Wie van plan is om naar het surfersparadijs Arugam Bay te gaan, kan niet om deze website heen.

### www.museum.gov.lk

Website van het Department of National Museums met informatie over verschillende musea in Sri Lanka.

### www.lankarestaurants.com

Overzicht van restaurants in Sri Lanka, gesorteerd op keuken.

### www.peace-srilanka.org

Op de website van de National Peace Council of Sri Lanka (NPC) vindt u artikelen over en analyses van vraagstukken over de interculturele samenleving in Sri Lanka.

## Verkeersbureaus

### ... in Nederland en België

In Nederland en België is er geen vertegenwoordiging van het Sri Lankaans Verkeersbureau.

### ... in Sri Lanka

**Travel Information Centre**
Bandaranaike International Airport, tel. 011 225 24 11.
Dag en nacht open.
**Sri Lanka Tourism**
80 Galle Road, Kollupitiya, Colombo 3, tel. 011 242 69 00, hotline: 19 12, www.srilanka.travel, ma.-vr. 8.30-16.15, za. 8.30-12.30 uur.
Behalve Engelstalige brochures vindt u hier ook een *Accommodation Guide* met tal van overnachtingsmogelijkheden.

In vrijwel elke plaats in Sri Lanka is wel een internetcafé

De gids wordt elk halfjaar geactualiseerd.

## Kaarten

De grootste keuze aan kaarten vindt u ter plaatse in de boekhandels. Aan te bevelen zijn de *Road Atlas of Sri Lanka* (1:500.000) en de omvangrijke stadsplattegrond *A to Z Colombo*. Ook het Survey Department of Sri Lanka (www.survey.gov.lk), de Topografische Dienst, geeft allerlei kaarten uit, die echter alleen in Sri Lanka te koop zijn.

## Leestips

**Anema, Karin e.a.:** *Te gast in Sri Lanka*. Verhalen van auteurs die op het eiland hebben gewoond of gereisd.

**Ganeshananthan, V. V.:** *Love marriage*. Een onderhoudende familiesaga over Yalini, de dochter van Sri Lankanen die naar de Verenigde Staten zijn geëmigreerd.

**Kamalanathan, Sarogini:** *Sri Lanka food*. Honderd recepten uit de Sri Lankaanse keuken, bijeengebracht door een emigrante van het eiland.

**Kretser, Michelle de:** *The Hamilton case*. Indringende misdaadroman en een zinnenprikkelende presentatie van het Ceylon van de jaren dertig van de vorige eeuw.

**Ondaatje, Michael:** *De geest van Anil*. Uit deze roman spreekt Ondaatjes gevoel voor de schoonheid en tragiek van zijn geboorteland.

**Ondaatje, Michael:** *In de familie*. Anekdotisch en met humor vertelt Ondaatje de geschiedenis van zijn familie.

**Schaik, Ad van:** *Sri Lanka, een dictionnaire amoureux*. Verhalen over plaatsen en mensen van een journalist die het eiland vele keren heeft bezocht.

**Warakagoda, Deepal e.a.:** *Birds of Sri Lanka*. Beschrijvingen van ruim 350 vogels die in Sri Lanka voorkomen.

# Weer en reisseizoen

## Klimaat

Het klimaat van Sri Lanka wordt bepaald door twee moessons, waardoor de weersomstandigheden sterk verschillen van seizoen tot seizoen en van regio tot regio.

Terwijl de **zuidwestmoesson** tussen mei en oktober in het westen, het zuiden en het hoogland voor zware regenval zorgt, is het in die periode aan de oostkust overwegend droog. Ook de Culturele Driehoek en het noorden blijven dan nagenoeg verschoond van neerslag. Omgekeerd brengt de **noordoostmoesson** tussen november en februari regen in het oosten en het noorden, terwijl het dan in het zuiden en het westen van het land in de regel droog is.

Enkele regio's van Sri Lanka liggen in de regenschaduw, zoals de omgeving van Mannar in het noordwesten, het schiereiland Jaffna in het hoge noorden en de zuidoostpunt van het eiland. Daar valt circa 600 mm neerslag per jaar minder dan elders, hoewel ook in dit geval uitzonderingen de regel bevestigen. Vooral tijdens de overgangsmaanden oktober/november en maart/april kan het op het hele eiland regenen. In de bergen moet daarentegen het hele jaar door met neerslag rekening worden gehouden.

Aan de kust en op de vlakten ligt de gemiddelde **dagtemperatuur** het hele jaar rond de 30°C en 's nachts daalt het kwik maar zelden onder de 20°C. Vanwege de hoge luchtvochtigheid kan dit klimaat als heel onaangenaam worden ervaren, vooral in maart en april, wanneer de thermometer vaak meer dan 35°C aanwijst. In het hoogland moet u meestal al snel na zonsondergang iets warmers aantrekken; tussen november en maart daalt de temperatuur hier 's nachts zo nu en dan tot onder de 10°C. In de wintermaanden is de gemiddelde dagtemperatuur in de bergen ongeveer 20°C. De zeewatertemperatuur rond het eiland bedraagt het hele jaar door een aangename 25 tot 27°C.

## Beste reistijd

Dankzij de beide moessons is Sri Lanka het hele jaar door een aantrekkelijke reisbestemming. Van november tot en met april bepalen een blauwe lucht en een stralende zon het weer in het westen van het eiland, van mei tot en met oktober zijn de weersomstandigheden in het noorden en oosten optimaal.

Rond het Sri Lankaanse nieuwjaarsfeest (half april) en in de schoolvakanties (juli en augustus) zijn de kamerprijzen langs de oostkust een stuk hoger. Bovendien dient u voor deze perioden ver van tevoren een kamer te reserveren.

### Moesson

De term moesson wordt door veel mensen geassocieerd met regen, maar is afgeleid van *mausim*, het Arabische woord voor seizoen. Hiermee duidden Arabische zeelui de elk halfjaar wisselende wind in de Indische Oceaan aan, die tussen mei en oktober vanuit het zuidwesten waait en tussen november en februari vanuit het noordoosten. De Portugezen namen de term over en maakten er *monção* van. Na de publicatie in 1596 van de populaire reisbeschrijving *Itinerario* van zeevaarder Jan Huyghen van Linschoten raakte het Hollandse woord *monssoen* in zwang, dat later door de Engelsen werd overgenomen als *monsoon*.

Dankzij het tropische klimaat van Sri Lanka zijn strandvakanties het hele jaar mogelijk

## Reisbagage

U kunt het best kleding meenemen die gemakkelijk zit en er toch verzorgd uitziet. De een geeft de voorkeur aan katoenen shirts, de ander aan goed ademende en snel drogende shirts van kunstvezels. Houd rekening met de gewoonten van het land, want een korte broek en een strak T-shirt zijn op het strand geen probleem, maar niet geschikt voor de bezichtiging van culturele en religieuze locaties. Bij vrouwen worden diep uitgesneden of nauwsluitende kledingstukken als aanstootgevend beschouwd.

Slippers zijn niet alleen handig op het strand, maar ook in de gemeenschappelijke badkamer van eenvoudige verblijven: de vloer is daar vaak drijfnat. Wie van plan is om het hoogland in te trekken, moet beslist een dikke trui en een winddicht regenjack meenemen. Een halsdoek is een uitkomst in koele ruimten en voertuigen. Naast een goed samengestelde reisapotheek

horen een zakmes, een wereldstekker (zie blz. 38) en een zaklamp in uw bagage thuis. Draag waardevolle spullen op uw lichaam, bijvoorbeeld in een speciale gordel.

Het klimaat van Colombo

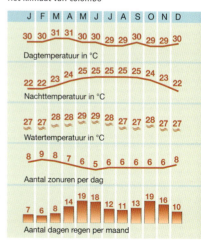

# Reizen naar Sri Lanka

## Douane

Reizigers uit Nederland en België dienen in het bezit te zijn van een **paspoort** dat na aankomst in Sri Lanka nog zes maanden geldig is; kinderen moeten een eigen paspoort hebben. Bovendien dient u minimaal vijf werkdagen voor vertrek via www.eta.gov.lk een **Electronic Travel Authorisation** (ETA) aan te vragen. Met dit elektronische visum kunt u maximaal dertig dagen in Sri Lanka verblijven (verlenging tot maximaal zes maanden is mogelijk, zie hierna). De kosten hiervoor bedragen $ 35 (kinderen tot 12 jaar gratis), die met een creditcard moeten worden betaald. Tegen een meerprijs van $ 5 p.p. kunt u ook bij aankomst in Sri Lanka een visum krijgen, maar u moet dan wel rekening houden met lange wachtrijen.

Wie van plan is langer dan dertig dagen in Sri Lanka te blijven, kan bij de Sri Lankaanse ambassade in Den Haag of Brussel (zie blz. 38) een visum voor **90 dagen** aanvragen (€ 78).

### Touroperators in Sri Lanka

**Aitken Spence Travels:** Aitken Spence Tower 2, 315 Vauxhall Street, Colombo, tel. 011 230 83 08, www.aitkenspence travels.com.
**Bernard Tours & Travels:** 86-2/1 Chatham Street, Colombo, tel. 011 401 42 05, www.bernardtours.com.
**Jetwing Eco Holidays:** Jetwing House II, 46/26 Nawam Mawatha, Colombo, tel. 011 238 12 01, www.jetwingeco.com.
**Walkers Tours:** Cinnamon Lakeside Commercial Complex, 117 Sir Chittampalam A. Gardiner Mawatha, Colombo, tel. 011 230 63 06, www.walkerstours.com.

### Visumverlenging in Sri Lanka

**Department of Immigration and Emigration:** Suhurupaya, Battaramulla, tel. 011 532 90 00, hotline: 19 62, www.immigration.gov.lk. Verlenging kan tot maximaal zes maanden.

## Douaneregels

In **Sri Lanka** mag u belastingvrij invoeren: 1,5 l sterkedrank en 2 flessen wijn, 250 ml eau de toilette, een kleine hoeveelheid parfum, en goederen (zoals geschenken) tot een waarde van $ 250. Buitenlandse betaalmiddelen boven een waarde van $ 15.000 moeten worden aangegeven. De invoer van wapens, munitie en pornografie is verboden. Reizigers vanaf 18 jaar mogen tabakswaren invoeren, maar daarover moet altijd invoerbelasting worden betaald.

Bij **vertrek** mag per persoon 10 kg Sri Lankaanse thee worden meegenomen. Voor de uitvoer van antiquiteiten – alle voorwerpen die meer dan vijftig jaar oud zijn – is een vergunning noodzakelijk: **Department of Archaeology,** Sir Marcus Fernando Mawatha, Colombo, tel. 011 269 47 27.

In **de EU** mag u belastingvrij invoeren: 1 l sterkedrank of 2 l mousserende wijn of 2 l likeurwijn, 4 l niet-mousserende wijn, 16 l bier en 200 sigaretten of 250 g tabak of 50 sigaren. Overige goederen mogen tot een waarde van € 430 belastingvrij worden ingevoerd.

Onder de **Convention on International Trade in Endangered Species of Wild Fauna and Flora** (CITES) mogen beschermde dieren en planten niet in- en uitgevoerd worden. Dit geldt ook voor producten die daarvan zijn gemaakt. Voor nadere informatie kijkt u op een van de volgende sites: www.rvo.

nl/cites of www.health.belgium.be/nl/dieren-en-planten/dieren/wat-cites.

# Heenreis

## Met het vliegtuig

Nog altijd komen vrijwel alle vluchten met toeristen aan op het **Bandaranaike International Airport** (BIA; ▶ B 17, tel. 011 225 28 61, www.airport.lk) in Katunayake, 30 km ten noorden van Colombo. Op het in 2012 geopende **Mattala Rajapaksa International Airport** (HRI; ▶ K 23), 18 km ten noorden van Hambantota, landen nog maar nauwelijks internationale vluchten. Vanwege de dominantie van luchtvaartmaatschappijen uit de Golfstaten gaan er geen rechtstreekse vluchten van Nederland en België naar Sri Lanka. Emirates onderscheidt zich met een fijnmazig netwerk in Azië en Europa; dagelijks gaan er vluchten van Amsterdam en Brussel naar Dubai (circa 6,5 uur), vanwaar twee à drie keer per dag op Colombo wordt gevlogen (circa 4,5 uur). Ook Qatar Airways vliegt dagelijks van Amsterdam en Brussel naar Doha (ruim 6 uur) en van daaruit drie keer per dag naar Colombo (circa 5 uur). Etihad Airways onderhoudt eveneens goede verbindingen tussen Europa en Colombo (via Abu Dhabi). Goede aanbiedingen vindt u bij de bekende onlineaanbieders, zoals www.vliegtickets.nl, www.cheaptickets.nl en www.vliegwinkel.nl.
**Emirates:** www.emirates.com.
**Etihad Airylines:** www.etihad.com.
**Qatar Airways:** www.qatarairways.com.

# Vervoer in Sri Lanka

## Met het vliegtuig

Gelet op de geringe afstanden en de steeds betere staat van de wegen is er nauwelijks vraag naar binnenlandse vluchten in Sri Lanka. **Helitours**, dat onderdeel uitmaakt van de Sri Lankaanse luchtmacht, vliegt drie keer per week (ma., wo. en vr.) van het **Colombo Ratmalana Airport** (▶ B 19/20), in het zuiden van de stad, naar Trincomalee (China Bay) en Jaffna (Palali). **Cinnamon Air** zet watervliegtuigen in en vliegt afhankelijk van het seizoen en bij voldoende vraag onder andere naar Dickwella, Hambantota, Koggalla, Kandy en Batticaloa.
**Helitours:** Sir Chithampalam Gardiner Mawatha, Colombo, tel. 011 314 49 44 of 314 42 44, www.helitours.lk.
**Cinnamon Air:** 11 York Street, Colombo, tel. 011 247 54 75, www.cinnamonair.com.

## Met de bus

Kluwens mensen die uit de openstaande deuren hangen, het gebrul van de motor en de woeste rijstijl van veel chauffeurs: een reis met een Sri Lankaanse bus is een absolute belevenis. Voor weinig geld en nog minder comfort kunt u vrijwel elke uithoek van het eiland bereiken. Behalve de meestal rode bussen van staatsbedrijf **Sri Lanka**

## Tips bij aankomst op de luchthaven

– geld wisselen bij een van de bankfilialen in de aankomsthal;
– bij het loket van Dialog of Mobitel een Sri Lankaanse simkaart kopen voor een extra mobiele telefoon of een surfstick;
– bij het Travel Information Centre van Sri Lanka Tourism in de aankomsthal naar de taxitarieven informeren (voor wie geen transfer naar zijn hotel heeft geboekt);
– alert zijn op taxironselaars en een rit naar uw bestemming bij een van de balies boeken.

**Transport Board** (SLTB, maar ook nog wel CTB – Ceylon Transport Board – genoemd) rijden er ook kwalitatief betere bussen van particuliere vervoerders rond. Op de hoofdverbindingen, zoals Colombo-Kandy, worden bovendien **intercitybussen** met airconditioning ingezet. Vooral de SLTB-bussen zijn vaak overvol en van slechte kwaliteit. Veel bagageruimte is er niet, zodat u desnoods maar een extra kaartje voor een zitplaats naast u moet kopen. De rij zitplaatsen helemaal achterin kunt u het best mijden, want daar voelt u werkelijk elke kuil in het wegdek. De twee voorste zitplaatsen zijn bestemd voor boeddhistische monniken (*clerics*).

## Met de trein

Vanaf het moment dat in 1864 de eerste stoomlocomotief door Sri Lanka tufte, is de trein een goedkoop, traag en dankzij de vele prachtige trajecten aantrekkelijk vervoermiddel (zie blz. 216). Bovendien laten veel stations het victoriaanse tijdperk herleven.

Er zijn drie klassen. De derde klas biedt voor weinig geld banken van hout of met een harde zitting van plastic. Iets comfortabeler zijn de tweedeklasrijtuigen, waar de ventilators aan het plafond – als ze het doen – voor enige verkoeling zorgen. Aan sommige treinen werden tot voor kort wagons van de Rajadhani Express (www.rajadhani.lk) of Expo Rail (www.exporail.lk) gekoppeld, maar ten tijde van het schrijven van deze gids hadden beide vervoerders hun diensten tijdelijk gestaakt.

## Met de huurauto of auto met chauffeur

**Autoverhuur** in Sri Lanka staat nog in de kinderschoenen en is alleen aan te bevelen voor reizigers die geen moeite hebben met links rijden en de lokale rijstijl. Niet zelden betaalt u voor een **huurauto** (vanaf € 50 per dag) meer dan voor een auto met chauffeur (zie hierna). Om een auto te mogen besturen in Sri Lanka hebt u een tijdelijke vergunning (*recognition permit*) nodig, die bij de **Automobile Association of Ceylon** (40 Sri Macan Markar Mawatha, Colombo 3, tel. 011 242 15 28, www.aaceylon.lk) verkrijgbaar is. Hiervoor dient u een internationaal rijbewijs en twee kleurenpasfoto's te overleggen.

Op tal van locaties worden **auto's met chauffeur** (vanaf € 40 per dag) aangeboden, zoals op de luchthaven, op stations en voor hotels. De prijs is een totaalbedrag voor de gewenste reis of periode, of wordt per kilometer berekend. Bij meerdaagse tochten doet u er verstandig aan het verloop van de reis en de voorwaarden nauwkeurig vast te laten leggen, bijvoorbeeld of kost en inwoning van de chauffeur en de benzine bij de prijs zijn inbegrepen.

In Sri Lanka wordt links gereden. De maximumsnelheid binnen de bebouwde kom is 56 km/u, erbuiten 72 km/u. Snelheidscontroles vinden vooral op goede wegen plaats, zoals op de A6 (Colombo-Trincomalee) en de Southern Expressway (Colombo-Matara).

## Met de taxi of tuktuk

Reguliere **taxi's** rijden alleen rond in Colombo en Kandy, maar net als elders in het land is in die steden de **tuktuk** – een driewielig voertuigje – de belangrijkste vorm van individueel vervoer. Alleen de taxi's in Colombo beschikken over een meter, dus in andere gevallen is onderhandelen over de prijs een must – doe dit voordat u instapt! Als richtprijs kunt u LKR 50 per kilometer hanteren. Toeristen worden vaak afgezet, vooral door tuktukchauffeurs die voor hotels of bezienswaardigheden staan te wachten. U kunt beter een paar honderd meter verderop een tuktuk aanhouden – dat is meestal goedkoper.

# Overnachten

Overnachtingsmogelijkheden zijn er te kust en te keur in Sri Lanka. Het aanbod varieert van eenvoudige pensions en traditionele *rest houses* tot liefdevol gerenoveerde villa's uit de koloniale tijd, chique boetiekhotels en luxueuze vijfsterrenresorts.

## Hoogseizoen

Mocht de huidige toeristenstroom naar Sri Lanka aanhouden, dan kan het ondanks het enorme aanbod aan accommodatie vooral in het hoogseizoen van oktober tot en met maart voorkomen dat verblijven zijn volgeboekt. Houd ook rekening met lokale festiviteiten en de nationale vakantiekalender. Kandy zit tijdens het veertiendaagse Esala Perahera in juli/augustus vrijwel helemaal vol, hetzelfde geldt voor Nuwara Eliya in de week na het Sri Lankaanse nieuwjaarsfeest (half april). Rond kerst worden de strandverblijven langs de west- en zuidkust in bezit genomen door buitenlandse toeristen, terwijl er tijdens de Sri Lankaanse zomervakantie in juli en augustus in de badplaatsen langs de oostkust vrijwel geen kamer meer te vinden is.

## Prijzen

Ook in Sri Lanka zorgt concurrentie voor lagere prijzen. Dat geldt in het bijzonder voor steden als Kandy en Negombo, waar een grote keuze aan accommodatie is. Buiten het hoogseizoen worden soms aanzienlijke kortingen gegeven.

In Colombo worden officieel vastgestelde minimumprijzen per kamer gehanteerd, van € 45 voor tweester-ren- tot € 95 voor vijfsterrenhotels. Daarmee is deze metropool een dure keus. Veel grote hotels en resorts hebben overeenkomsten gesloten met internationale touroperators; kijk eens op hun websites of ga langs bij uw reisbureau. De in deze gids genoemde prijzen gelden – voor zover niet anders aangegeven – voor een overnachting in een tweepersoonskamer tijdens het hoogseizoen, inclusief ontbijt en alle belastingen (zie kader hieronder).

## Resorts en hotels

Langs de stranden is er geen gebrek aan acceptabele tot zeer goede resorts. Als gevolg van het stijgende aantal toeristen worden nieuwe verblijven gebouwd, vooral langs de oostkust, waar een ware goudkoorts is uitgebroken. Maar ook in het binnenland, zoals in de Culturele Driehoek en in het hoogland, neemt

### Belastingen en toeslagen

Een blik op een Sri Lankaanse rekening kan wel eens tot enige verbijstering leiden, want aan het nettobedrag kunnen tot wel drie soorten belastingen en toeslagen worden toegevoegd. De meeste hotels en restaurants rekenen een **servicetoeslag** (*service charge* of SC) van 10%. Vier- en vijfsterrenhotels en dure restaurants tellen er bovendien een **btw** (*value added tax* of VAT) van 15% bij op. Ten slotte staat op sommige rekeningen ook nog een **wederopbouwbelasting** (*nation building tax* of NBT) van 2%, waarmee sinds 2009 gebieden worden gesteund die in het bijzonder te lijden hebben gehad onder de burgeroorlog.

het aantal hotels gestaag toe. De meeste bieden behalve restaurants, winkels en allerlei sportfaciliteiten vaak ook een wellnesscentrum.

Zo veel luxe heeft natuurlijk wel zijn prijs: voor een overnachting in een tweepersoonskamer moet bij goede viersterrenhotels minimaal € 100 worden afgerekend. Zakenhotels in de provinciesteden zijn iets goedkoper. U kunt veel geld besparen door uw hotelkamer al voor vertrek via internet te reserveren.

Bij de selectie van resorts voor deze gids is vooral gekeken naar verblijven die waarde hechten aan duurzaamheid en aandacht hebben voor het milieu (zie blz. 82). Dat zijn onder andere alle resorts van **Aitken Spence** (www.aitkenspencehotels.com) en **Jetwing** (www.jetwinghotels.com).

## Boetiek- en koloniale hotels

Kiest u voor een historisch pand op een theeplantage of een oude villa uit de Hollandse tijd met uitzicht op zee? Of neemt u toch liever uw intrek in de residentie van een voormalige premier? Steeds meer historische villa's

### Hotels: ronselaars en diefstal

Wie in Sri Lanka op zoek is naar zijn gereserveerde hotel doet er verstandig aan zich niets aan te trekken van tuktukchauffeurs of 'hulpvaardige' voorbijgangers die het betreffende hotel zwartmaken of beweren dat het gesloten is. Het gaat hen alleen maar om de provisie die ze in het door hen voorgestelde hotel willen incasseren.

Diefstal uit hotelkamers is een veelvoorkomend probleem. Berg uw waardevolle spullen zorgvuldig op!

worden omgebouwd tot chique boetiekhotels, die stuk voor stuk hun eigen charme hebben. Bovendien pronkt Sri Lanka met enkele eerbiedwaardige hotels uit de koloniale tijd, zoals het Galle Face (zie blz. 99) in Colombo en het Jetwing St. Andrews in Nuwara Eliya. Hiervoor moet echter wel diep in de buidel worden getast: een prijs voor een tweepersoonskamer van € 300 of meer is geen zeldzaamheid. Een groot aanbod van dergelijke onderkomens vindt u bij **Sri Lanka In Style** (www.srilankainstyle.com).

## Rest houses

Al in de Hollandse tijd werden in de voornaamste plaatsen en op belangrijke verkeersknooppunten pleisterplaatsen voor handelsreizigers ingericht. Dit netwerk werd onder de Britse overheersing uitgebreid, waardoor er vandaag de dag vrijwel geen grote plaats in Sri Lanka is die geen *rest house* heeft. Soms is het zelfs de enige reguliere accommodatie. De kwaliteit loopt sterk uiteen – sommige zien er ronduit bouwvallig uit, andere weten te bekoren door een prachtige locatie of een aangename sfeer, zoals in Anuradhapura, Kitulgala, Polonnaruwa en Sigiriya. Enkele gerenoveerde *rest houses* werken samen onder het label Heritage en er zijn er ook die worden beheerd door de Ceylon Hotels Corporation (www.chcresthouses.com).

## Guesthouses en particuliere pensions

Tot het laagste prijssegment behoren de *guesthouses*, die voor een eenvoudige tweepersoonskamer met ventilator (*fan*) vaak nog geen € 10 per nacht vragen. Van plaats tot plaats zijn er ech-

Luxe in een koloniale sfeer: het Mount Lavinia Hotel ten zuiden van Colombo

ter grote kwaliteitsverschillen. In het algemeen geldt dat hoe groter de concurrentie is des te beter de prijs-kwaliteitverhouding zal zijn. In dit soort verblijven is het echter sterk aan te bevelen om voordat u betaalt eerst de kamer te inspecteren, waartoe onder andere een matrastest en een kritische blik in de badkamer behoren. Voor gezinnen staan in tal van *guesthouses* familiekamers (*family rooms*) met drie of meer bedden ter beschikking.

Vooral in het binnenland van Sri Lanka zijn er veel **particuliere pensions,** waarvan de meestal inwonende eigenaren enkele kamers verhuren. Dit is een goede gelegenheid om in contact te komen met de lokale bevolking en de doorgaans smakelijke Sri Lankaanse keuken te leren kennen.

## Nuttige internetadressen

### www.booking.com

Met afstand de grootste onlineaanbieder van accommodatie, met een brede keuze in alle prijsklassen.

### www.expedia.nl of .be

Hotels, vluchten, maar ook combinaties van beide.

### www.reddottours.com

Op deze website van een in Sri Lanka gespecialiseerde touroperator vindt u stijlvolle en chique accommodatie en bovendien excursies op maat.

### www.hostelworld.com

Boekingsmachine voor jeugdherbergen en *guesthouses*.

# Eten en drinken

De Sri Lankaanse keuken laat zich in twee woorden samenvatten: rijst en curry. Bij het onvermijdelijke witte graan worden vrijwel altijd verschillende vis-, vlees- of groentencurry's geserveerd, die zich onderscheiden door hun geraffineerde, meestal vrij pikante specerijenmelanges – de gerechten van Sri Lanka behoren tot de pittigste van Azië. Voor de juiste balans mogen yoghurt, verse kruiden en *pickles* – in olie en specerijen ingelegde, gefermenteerde vruchten of groenten – niet ontbreken.

## Restaurants

Behalve in Colombo en enkele middelgrote steden als Kandy, Galle en Nuwara Eliya is het aanbod aan restaurants tamelijk overzichtelijk. In veel badplaatsen bent u bij gebrek aan alternatieven op uw eigen accommodatie aangewezen. Wie onderweg trek krijgt, kan terecht bij eenvoudige etablissementen die met 'hotel' worden aangeduid. Deze zijn weliswaar niet erg sfeervol en schoon, maar serveren vaak heel smakelijke voorgekookte currygerechten. U hebt er al een voor nog geen € 2. In een doorsneerestaurant voor toeristen kost een lunchbuffet circa € 5-6. Wie de authentieke keuken van Sri Lanka wil proberen, gaat naar een van de vele particuliere pensions. In goede restaurants in Colombo betaalt u nagenoeg West-Europese prijzen.

## Ontbijt

Een van de treurigste culinaire overblijfselen uit de koloniale tijd is het *continental* of *American breakfast* met sneetjes geroosterd witbrood, eieren, vette worst en een zoetige, kleverige brij die marmelade wordt genoemd. Maar gelukkig voor de smaakpapillen zijn er ook de Sri Lankaanse *hoppers* (*appa*), hoewel die meestal van tevoren moeten worden besteld. De mengeling van rijstedeeg, palmsuiker en kokosmelk wordt als een pannenkoek in de wok gebakken en samen met een spiegelei als *egg hopper* (*biththara appa*) opgediend, of door een zeef geperst als *string hopper* (*indhi appa*, dat veel weg heeft van een knot wol) geserveerd. In combinatie met een curry (vooral met kip) en *pol sambol* (zie blz. 29) hebt u een heerlijk ontbijt.

## Lunch en diner

In sommige restaurants zakken de tafeltjes bijna door onder het gewicht van de vele aardewerken schalen met currygerechten. Vijftien of meer gerechten als één maaltijd is geen zeldzaamheid. Als basis dient altijd gekookte **rijst** (*bath*), die jammer genoeg vaak van mindere kwaliteit is. Gezonder, want voedzamer, zijn de bruinachtige (*rathu kekulu haal*) en de gele rijst (*kaha bath*), waarvoor Indiase basmatirijst wordt gebruikt.

Uit de Sri Lankaanse keuken komt een schier oneindig aantal **curry's**. Deze variëren van viscurry (*malu hodhi*), viscurry met tomaten (*thakkali malu*), kreeftencurry (*kakul uwo*) en garnalencurry (*isso thel dhala*) tot diverse vleescurry's, zoals die met kip (*kukul mas*) of rundvlees (*harak mas*). Maar ook de groentencurry's zijn bijzonder smaakvol, bijvoorbeeld die met pompoen (*wattakka*), bananenbloemen (*kesel muwa*) of hibiscusbloemen (*sapattu mal*)..

Wat zeker niet op tafel mag ontbreken is **sambol**, een pikante dip die uit verschillende ingrediënten kan bestaan: geroosterde uitjes (*seeni sambol*), rode pepers en uitjes (*lunu miris sambol*), aubergine (*brinjal sambol*), bananenbloemen (*kesel muwa seeni sambol*) of kokosnoot, chilipoeder en uitjes (*pol sambol*).

Als uw mond inmiddels in brand staat, dan kunt u deze blussen met **parripu**, een puree van roze linzen. Culinaire belevenissen zijn **brinjal**, een puree van aubergine, **mallung**, fijngehakte groene kruiden (bijvoorbeeld basilicum) met chilipoeder, en **nelum ala**, met specerijen en veel andere ingrediënten op smaak gebrachte lotuswortel. Wat u ook beslist zou moeten proberen is **gotu kola**, een gezonde salade van fijngehakt tijgergras, vermengd met uitjes, chilipoeder, gedroogde vis, geraspte kokos en limoensap. Een overblijfsel uit de Hollandse tijd is **lamprais**. Hiervoor wordt rijst gekookt in een vleesbouillon en dan samen met groenten en vlees in een bananenblad gewikkeld en gebakken.

## Zoetigheid en desserts

Overal in Sri Lanka wordt u in de verleiding gebracht met zoete lekkernijen, zoals de traditioneel in aardewerken schaaltjes geserveerde **kiri pani**, kwark van buffelmelk met een donkerbruine palmsuikersiroop, en **wattalapam**, een gekaramelliseerde pudding met kokosmelk, palmsuiker en cashewnoten die uit de Maleise keuken afkomstig is. Ook **thalaguli** (sesamballetjes) en **bibikkan** (kokosgebak) zijn niet te versmaden, evenals het door Arabieren geïmporteerde **aluwa**, een mengsel van kleefrijst, palmsuiker, cashewnoten, kokosmelk en diverse specerijen. En dan is er nog **puhul dosi**, ingelegde zoete pompoen ...

## Dranken

Sri Lanka is niet alleen het land van de thee, maar ook van de **arrack** (arak). Zo noemen de Sri Lankanen de sterkedrank die uit het zoete sap van palmen wordt gestookt en hoofdzakelijk door mannen wordt gedronken. Het woord *arrack* is ontleend aan het Arabisch – wat overigens ook geldt voor 'alcohol' (van *al-kohl*, 'helder distillaat') – en betekent 'zoet' (*araq*). In gegiste vorm wordt het palmsap als *toddy* gedronken, dat bij overmatig gebruik leidt tot diarree en een fikse kater.

Veel gezonder en voedzamer zijn de vele **vruchtensapjes**, zoals *thambili* van de goudgele *king coconut*, dat in vergelijking met andere kokossappen wat steviger smaakt. Ook Zuid-Amerikaanse vruchten hebben hun weg naar Sri Lanka gevonden, zoals de passievrucht, waarvan het rinse sap in veel cocktails wordt gebruikt, de avocado, die populair is vanwege het extreem hoge eiwit- en oliegehalte, en de ananas. Bovendien is de uit het oosten van het Middellandse Zeegebied afkomstige granaatappel inmiddels helemaal ingeburgerd.

Van het bronwater uit het Sri Lankaanse hoogland worden met geïmporteerde hop heel smakelijke **bieren** gebrouwd. De lokale merken zijn Lion Lager en Three Coins, die naast buitenlandse bieren vrijwel overal verkrijgbaar zijn.

### Lekkernijen uit de Tamilkeuken

**Parripu vadai** – platte knoedels van roze linzen, in olie gebakken
**Thairu vadai** – met yoghurt gevulde deegenvelopjes
**Masala thosai** – pannenkoekjes van rijstdeeg met een vulling van groenten en specerijen
**Roti** – gevuld platbrood

Het eiland mag dan wereldberoemd zijn om de ceylonthee, toch is de geboden kwaliteit ervan in de meeste restaurants verrassend middelmatig. Dat komt mede doordat de Sri Lankanen hun **thee** graag met veel melk en suiker drinken. Deze variant kan bij Europeanen op maar weinig enthousiasme rekenen, wat overigens ook geldt voor de **koffie**, die de term slootwater eer aandoet. Er komen echter steeds meer alternatieven beschikbaar, want ook in Sri Lanka ontmoet de latte-macchiato-generatie elkaar het liefst in trendy cafés waar vers geurende koffiecreaties worden geserveerd.

## Vruchten-abc

Tot de vele tropische vruchten in Sri Lanka behoren ook de volgende onbekendere soorten:
**Doerian** – Vrucht ter grootte van een rugbybal met een harde, stekelige schil. Het zachte, gele vruchtvlees smaakt zoet, maar ruikt naar stinksokken, vandaar dat de vrucht ook wel stinkvrucht wordt genoemd.
**Jackfruit (nangka)** – Soms wel zo groot als een baby en met een ruwe, groene schil. Het vruchtvlees bestaat uit duimgrote gele parten, die heel zoet smaken.
**Mangoestan** – Onder de dikke roodbruine schil gaat wit, zoetig vruchtvlees schuil.
**Nelli (amalaka)** – Ter grootte van een kruisbes en met een geelgroene schil. Heel gezond, maar ook heel zuur.
**Ramboetan** – Ongeveer zo groot als een pruim en met een harde rode schil met zachte stekels. Het witte vruchtvlees oogt en smaakt hetzelfde als dat van de lychee.
**Zapote** – Een bruine schil als een aardappel en heel zacht, kleverig vruchtvlees met een zoete smaak.

# Typisch Sri Lankaans

Veel bezoekers van Sri Lanka moeten wennen aan de gewoonte van de bevolking om **met de hand** te eten. Zelfs in goede restaurants geven Sri Lankanen hier de voorkeur aan, omdat de smaak van de curry op die manier beter tot zijn recht zou komen. Wie zich wil aanpassen, moet eraan denken alleen de rechterhand te gebruiken – de linkerhand wordt als onrein beschouwd. Vanzelfsprekend dienen de handen voor het eten te worden gewassen. U kunt overigens ook altijd om bestek vragen.

**Alcohol** wordt alleen geschonken in etablissementen die daar een vergunning voor hebben. Op dagen dat het vollemaan is, de zogenaamde *poya days*, is het schenken en drinken van alcohol in het openbaar verboden. Toon respect aan de Sri Lankanen door u daaraan te houden.

# Kruiden en specerijen

**Curry:** afgeleid van *kari*, het Tamilwoord voor houtskool. Tegenwoordig wordt hiermee de specerijenmelange aangeduid die de basis van een gerecht vormt. De melange varieert van samenstelling, waardoor er grote verschillen in smaak zijn.
**Gember:** de wortelstokken van de gemberstruik zijn vanwege hun scherpe smaak een gewild ingrediënt van veel currygerechten. Zowel thee als massageolie van gember is een goed middel tegen verkoudheid en reuma.
**Kaneel:** uit de jonge scheuten van de kaneelboom, die vooral in het zuidwesten van Sri Lanka groeit, wordt in de regentijd de binnenbast gehaald. Eenmaal bevrijd van de buitenste laag van de tak rolt de bast zich ietwat op en transformeert in het bekende kaneelstokje.

Sri Lankaanse curry's onderscheiden zich door geraffineerde specerijenmelanges

**Kardemom:** met de sterk geurende zaden worden currygerechten en allerlei zoete desserts verfijnd.

**Komijn:** specerij dat gemaakt wordt van de langwerpige, geribbelde zaadjes van de kniehoge komijnplant, met een heel intense smaak.

**Koriander:** de blaadjes en de zaden van de korianderplant zijn uitstekend geschikt voor het kruiden van vis- en vleesgerechten.

**Kruidnagels:** deze knoppen van de tot wel 20 m hoge kruidnagelboom, die van oorsprong van de Molukken komt, worden twee keer per jaar geoogst en gedroogd tot een circa 2 cm lange, spijkervormige kern overblijft.

**Kurkuma (geelwortel):** deze specerij wordt gemaakt van de saffraangele wortels van de gelijknamige plant, die een licht bittere smaak hebben. Wordt gebruikt voor het kruiden en het kleuren van gerechten.

**Peper:** de groene bessen groeien in trosjes aan de klimplant *Piper nigrum* en worden gedroogd om tot zwarte peper te worden verwerkt of in water geweekt en van hun schil ontdaan om er witte peper van te maken.

**Spaanse peper:** de oorspronkelijk uit de Andes afkomstige *Capsicum* is aan het begin van de 16e eeuw door de Portugezen naar Azië gebracht en inmiddels in vele soorten verkrijgbaar. De lange zaden van de plant zijn vers het scherpst van smaak. Fijn gesneden en geroosterd worden ze in sauzen en curry's verwerkt.

**Vanille:** de tot 30 cm lange, vingerdikke peulen van deze klimplant kleuren tijdens het drogingsproces bruin en stoten de geurstof vanilline uit.

# Actieve vakantie, sport en wellness

Voor actieve vakantiegangers heeft Sri Lanka van alles te bieden, zoals duiken, raften en wandelen. Maar ook wie wel eens een boeddhistische meditatiecursus wil volgen, is hier aan het juiste adres. Bovendien speelt Sri Lanka met de vele aanbieders van ayurvedische kuren een grote rol in het gezondheidstoerisme. Golfers kunnen zich uitleven op diverse banen en met een kustlijn van 1330 km is het eiland gezegend met alle disciplines van de watersport.

## Ayurvedische kuren

Wie overweegt een ayurvedische kuur te ondergaan, zou er zich vooraf enigszins in moeten verdiepen: deze oeroude therapie moet niet worden verward met wellness! Nadere informatie en goede adressen vindt u op blz. 76.

## Duiken

De duiklocaties rond Sri Lanka kunnen zich weliswaar niet meten met die bij de naburige Malediven, maar evengoed biedt de onderwaterwereld hier zeer interessante landschappen met rotsen en kloven. De bekende koraalriffen in het **Hikkaduwa Marine National Park** (zie blz. 131) zijn jammer genoeg behoorlijk beschadigd, maar met het 300 km² grote **Bar Reef** en de **Kalpitiya Ridge** voor de kust van het schiereiland Kalpitiya (zie blz. 115) kan het land altijd nog bogen op twee prachtige riffen. Tot de toplocaties behoort ook een geologische formatie voor de zuidkust, die uit twee riffen bestaat: **Great Basses** en **Small Basses**. Deze functioneren als een soort beschermende wal en bieden uitstekende duikmogelijkheden.

Sri Lanka is ook een ideale bestemming voor wrakduikers (zie blz. 72). Voor de kust liggen meer dan tweehonderd scheepswrakken op de zeebodem die een mooi inkijkje bieden in het lange zeevaartverleden van Sri Lanka.

U kunt het hele jaar door duiken rond Sri Lanka: aan de west- en de zuidkust bieden duikscholen in Beruwela, Hikkaduwa, Unawatuna, Weligama en Tangalle van november tot en met maart hun diensten aan. In Uppuveli en Nilaveli aan de oostkust loopt het duikseizoen van april tot en met oktober. Uitgebreide informatie over de duiklocaties rond Sri Lanka vindt u op www.divesrilanka.com.

## Golfen

Sri Lanka heeft verscheidene golfbanen, waarvan sommige schitterend gelegen zijn. Dat geldt in het bijzonder voor die van het chique **Victoria Golf & Country Resort** (www.golfsrilanka.com), dat ten oosten van Kandy aan het Victoria Reservoir ligt. De oudste golfclubs van het land zijn de **Royal Colombo Golf Club** (www.rcgcsl.com, zie blz. 105) uit 1896 en de **Nuwara Eliya Golf Club** (zie blz. 233) uit 1889.

## Meditatie

Sommige theravada-boeddhistische kloosters in Sri Lanka organiseren ook meditatiecursussen voor buitenlanders. Geïnteresseerden moeten wel enige ervaring op het gebied van meditatie hebben, want de cursussen zijn zowel lichamelijk als psychisch nogal inspannend. De dag begint vaak al om 4 uur 's ochtends en zit tot 's avonds vol met oefe-

Wachten op de golven op Wewala Beach bij Hikkaduwa

ningen in staand en lopend mediteren. Zwijgen is verplicht, alcohol en sigaretten zijn taboe, en doorgaans wordt er na 12 uur 's middags geen eten meer geserveerd. Een verblijf is alleen interessant voor een periode van minimaal een week, omdat het enige tijd duurt voordat u gewend bent geraakt aan het levensritme in het klooster. Voor tips en adressen kijkt u op www.buddha net.info.

## Raften en kajakken

De interessantste locatie in Sri Lanka om te gaan **raften** zijn de stroomversnellingen van de rivier de Kelani bij Kitulgala. **The Rafter's Retreat** (www.raftersretreat.com; zie blz. 219) biedt hier zowel raftexcursies als accommodatie aan.

De vele lagunes en rivieren in het kustgebied lenen zich uitstekend voor **kajaktochten**. Tot de mooiste locaties behoren de monding van de Ging bij Waikkal (zie blz. 115), ten noorden van Negombo, de Bentota bij de gelijknamige plaats (zie blz. 124) aan de westkust en de Pottuvil Lagoon (zie blz. 260) aan de oostkust.

## Surfen, waterskiën en andere watersporten

Voor geoefende **windsurfers** is Bentota (zie blz. 128) aan de westkust een goede bestemming, **brandingsurfers** kunnen van november tot en met april hun hart ophalen in de zuidelijke baaien van Mirissa (zie blz. 154) en Midigama (zie blz. 152). De Arugam Bay (zie blz. 259 en 263) in het oosten van Sri Lanka behoort van april tot en met september zelfs tot de beste surflocaties ter wereld.

**Waterskiën** is mogelijk op de Bentota in de gelijknamige plaats (zie blz. 128) en wie wil **wakeboarden** gaat naar Waikkal (zie blz. 115) of Hikkaduwa (zie blz. 130). Voor de kust van het schiereiland Kalpitiya (zie blz. 115) kunt u proberen het **kitesurfen** onder de knie te krijgen (www.srilankakite school.com).

## Vogelobservatie

Met 236 inheemse en 203 trekvogelsoorten is Sri Lanka een interessante bestemming voor vogelaars. De beste periode is van november tot en met april, wanneer de minste regen valt en de trekvogels Sri Lanka aandoen. Wie geïnteresseerd is in de 33 soorten vogels die alleen in Sri Lanka voorkomen, moet naar het vochtige laagland in het zuiden van het eiland gaan, en dan vooral naar het **Sinharaja Forest Reserve** (zie blz. 242) en **Kitulgala** (zie blz. 219). In het hoogland zijn er goede observatiemogelijkheden op de **Horton Plains** (zie blz. 230) en in de **Hakgala Botanic Gardens** (zie blz. 228). Van de nationale parken hebben het **Uda Walawe** (zie blz. 244) en het **Yala** (zie blz. 163) het meest te bieden op vogelgebied. **Bundala** (zie blz. 161) is interessant vanwege de vele zeevogels die er voorkomen. Ook bij Colombo zijn er uitstekende locaties voor vogelaars, zoals het stuwmeer **Talangama Wewa** (zie blz. 106) in het zuidoosten en de vele **lagunes** langs de kust.

## Wandelen

De prachtige landschappen, de spectaculaire vergezichten en het gematigde klimaat maken van het hoogland van Sri Lanka de beste optie voor wandelaars. De aangenaamste periode is december tot en met maart, wanneer droge en zonnige dagen met temperaturen rond de 20 °C de beste randvoorwaarden bieden. Tot de interessantste gebieden in het hoogland behoren de **Knuckles Range** (zie blz. 214), ten oosten van Kandy, de **Horton Plains** (zie blz. 230) en de **omgeving van Ella** (zie blz. 202), **Haputale** (zie blz. 234) en **Nuwara Eliya** (zie blz. 221). De zeer inspannende beklimming van **Adam's Peak** (zie blz. 224) is alleen al vanwege de sfeer op deze pelgrimsroute een belevenis.

De meeste grote natuurreservaten, zoals Minneriya, Yala en Wilpattu, kunnen om veiligheidsredenen alleen per jeep worden verkend. Een uitzondering is het **Sinharaja Forest Reserve** (zie blz. 242), waar wandelpaden door de jungle voeren. Er komen hier veel bloedzuigers voor, dus trek beslist beschermende sokken aan.

Veel wandelingen kunnen op eigen gelegenheid worden gemaakt, maar het is aan te bevelen om via uw accommodatie of bij een touroperator ook eens een gids in te huren – dat biedt niet alleen meer veiligheid, maar ook een beter inzicht in de flora en fauna. Bovendien zijn er nauwelijks goede kaarten beschikbaar. Goede touroperators zijn **Nature Odyssey** (www.natureodyssey. com), **Jetwing Eco Holidays** (www.jet wingeco.com) en **Eco Team Sri Lanka** (www.srilankaecotourism.com).

## Wellness

Ook in Sri Lanka beschikken de meeste vakantieverblijven inmiddels over wellnessfaciliteiten, waar soms ook ayurvedische kuren (zie blz. 78) worden aangeboden. Net als overal zijn er ook op dit gebied grote verschillen in kwaliteit. Een uitstekende optie is bijvoorbeeld de **Angsana City Club & Spa Crescat City** (www.angsanaspa.com, zie blz. 104) in Colombo, waar ook enkele filialen van **Spa Ceylon** (www. spaceylon.com, zie blz. 104) te vinden zijn. Ook de gerenommeerde **Aitken Spence-groep** biedt wellnesscentra van hoog niveau in hun Heritance-hotels (www.heritancehotels.com). Ten slotte zijn nog de omvangrijke wellnessfaciliteiten van de **Jetwing Hotels-groep** (www.jetwinghotels.com) aan te bevelen.

## Zwemmen

Zie blz. 9.

# Feesten en evenementen

## Feesten en ceremonies

Sri Lanka heeft een bomvolle feestagenda met elk jaar meer dan 25 officiële feestdagen (zie blz. 38). Dit komt doordat er drie grote wereldreligies in het land vertegenwoordigd zijn en een van die religies (het boeddhisme) bovendien elke dag waarop het vollemaan is (*poya*) als feestdag beschouwt.

De data van vrijwel alle religieuze feesten zijn gebaseerd op de maankalender, die in engere zin echter een lunisolaire kalender is: de twaalf maanden hebben naargelang de maanfasen 29 of 30 dagen, maar worden om de twee tot drie jaar met een schrikkelmaand en een schrikkeldag aangepast aan de zonnekalender. Hierdoor variëren de feestdagen weliswaar van jaar tot jaar, maar blijven ze wel binnen een bepaalde tijdcyclus.

### Aluth Avurudu

Een uitzondering is het Sri Lankaanse nieuwjaarsfeest, dat de zonnekalender volgt. Evenals in India en enkele landen in Zuidoost-Azië wordt het altijd halverwege april gevierd. Astrologen berekenen exact het tijdstip waarop de zon overgaat van het sterrenbeeld Vissen naar dat van de Ram (13 of 14 april). Dit is voor zowel de hindoeïstische Tamils als de boeddhistische Singalezen zo belangrijk dat de momenten die tijdens de jaarwisseling geluk en ongeluk brengen tot op de minuut nauwkeurig in de media verschijnen. Om ervoor te zorgen dat de periode *nonagathe* (niettijd) tussen oud en nieuw geen ongeluk brengt, moeten de tijdstippen van de rituelen nauwkeurig in acht worden genomen.

Het nieuwe jaar wordt begroet met tromgeroffel, het luiden van de tempelklokken en vuurwerk. In het schoongemaakte fornuis wordt een nieuw vuur ontstoken, waarna men een pannetje melk laat overkoken ten teken van overvloed. Als eerste gerecht wordt rijstebrij (*kiri bath*) gegeten, dat ook symbool staat voor materieel welbevinden. Dan volgt het feestmaal, waarbij zo mogelijk de hele familie aanwezig moet zijn.

Met Nieuwjaar worden de goden gunstig gestemd met lotusbloemen

Er worden cadeautjes uitgewisseld en ook stapeltjes betelbladeren, als teken van respect.

In de week rond Nieuwjaar staat u bij winkels en restaurants meestal voor een gesloten deur omdat veel uitbaters op bezoek zijn bij familie of vakantie vieren.

## Islamitische feesten

De drie grootste feestdagen van de islam volgen de maankalender. Met het **Ied-al-Fitr** (Suikerfeest) wordt het einde van de ramadan gevierd, met het **Milad un-Nabi** de geboortedag van de profeet Mohammed en met het **Ied-al-Adha** (Offerfeest) het einde van de jaarlijkse bedevaartstocht naar Mekka. Banken en officiële instellingen zijn op deze dagen gesloten.

## Christelijke feesten

De aanwezigheid van het christendom blijkt uit versierde kerken met **Kerstmis**, passiespelen in de **Goede Week** en bijzonder feestelijke diensten met **Pasen**. Het bedevaartsoord Madhu (zie blz. 270) trekt op 2 juli (Onze-Lieve-Vrouwevisitatie) en 15 augustus (Maria-Tenhemelopneming) tienduizenden pelgrims.

# Evenementen

Het **literatuurfestival in Galle** trekt sinds 2007 elk jaar in januari zowel binnen- als buitenlandse auteurs, die gedurende vijf dagen met lezingen, symposia en workshops hun werken onder de aandacht brengen. Het rand-

# Feestagenda

## December/januari

**Duruthu Poya:** het eerste bezoek van Boeddha aan het eiland wordt in Kelaniya bij vollemaan gevierd met een prachtige processie.

**Thai Pongal:** tweedaags feest halverwege januari ter gelegenheid van het hindoeïstische oogstfeest, met onder andere versierde koeien en melk die men laat overkoken.

## Januari/februari

**Onafhankelijkheidsdag:** 4 februari, feestelijke plechtigheden en optochten.

**Navam Maha Perahera:** bij vollemaan trekt een processie om het Gangaramaya-klooster in Colombo heen (zie blz. 98).

**Thaipusam:** dit hindoeïstische feest van de overgave wordt eveneens bij vollemaan met processies gevierd, vooral in Colombo en Jaffna.

## Februari/maart

**Maha Shivarathri:** bij nieuwemaan roepen de hindoes met processies het huwelijk van Shiva en Parvati in herinnering.

**Medin Poya:** de herdenking bij vollemaan van Boeddha's preek voor 1250 verlichte discipelen (*arahat*) trekt veel gelovigen naar de verlichte kloosters.

## Maart/april

**Pasen:** op Goede Vrijdag worden in en rond Negombo passiespelen opgevoerd (zie blz. 115).

**Aluth Avurudu:** nieuwjaarsfeest (zie blz. 35).

## April/mei

**Vesak Poya:** ter gelegenheid van het belangrijkste vollemaanfeest vinden in de boeddhistische kloosters processies en ceremonies plaats.

programma omvat concerten, films en exposities. Als decor voor het festival dienen historische gebouwen, zoals het Fort Printers Hotel en de Hall de Galle. Nadere informatie vindt u op www.galleliteraryfestival.com.

De **Colombo Fashion Week** (meestal in februari) heeft zich tot een van de belangrijkste maatschappelijke evenementen in de Sri Lankaanse metropool ontwikkeld. Bij de presentatie van lokale ontwerpers geeft de high society acte de présence bij de catwalk (www.colombofashionweek.com).

Informatie over andere evenementen in Sri Lanka vindt u op www.event.lk, in de dagbladen en in het maandelijkse tijdschrift *Explore Sri Lanka* (www.exploresrilanka.lk).

# Uitgaansleven

Afgezien van enkele badplaatsen en Colombo stelt het uitgaansleven van Sri Lanka maar bitter weinig voor. In Colombo speelt het zich voornamelijk in de clubs van de hotels af, waar mannen altijd in de meerderheid zijn en met hun machogedrag soms aan slechte Bollywoodfilms doen denken. De dj's draaien overigens vaak goede beatmuziek en techno.

Colombo is ook de enige stad in Sri Lanka waar noemenswaardige live-optredens en interessante theatervoorstellingen plaatsvinden. De meest legendarische badplaatsen op uitgaansgebied zijn Hikkaduwa, waar wekelijks beachparty's plaatsvinden, Unawatuna en de Arugam Bay.

## Mei/juni

**Poson Poya:** ter nagedachtenis aan de bekering van koning Devanampiya Tissa tot het boeddhisme maken gelovigen in Mihintale bij Anuradhapura een bedevaartstocht naar de plaats van die gebeurtenis.

## Juni/juli

**Esala Poya:** vollemaan markeert het begin van de boeddhistische vastentijd, die drie maanden duurt. Gelovigen gaan op bezoek in kloosters.

## Juli/augustus

**Adi Vel:** met feestelijke processies, vooral in Colombo, wordt het huwelijk van oorlogsgod Skanda (Murugan) met godin Valli herdacht.

**Esala Perahera:** vijftiendaags feest ter ere van Boeddha in Kandy (zie blz. 54 en blz. 211) en Kataragama (zie blz. 165).

**Nallur-festival:** 26 dagen lang staat de Nallur Kandaswamy Kovil in Jaffna, de grootse hindoetempel van Sri Lanka, in het teken van dit festival (zie blz. 272).

## September/oktober

**Vap Poya:** de boeddhistische vastentijd eindigt bij vollemaan op de dag Vap Poya, die ook de terugkeer van Boeddha uit de Tavatimsa-hemel markeert – veel feestelijk verlichte tempels wijzen hem de weg.

## Oktober/november

**Diwali:** ter nagedachtenis aan de overwinning van Rama op de demonenkoning Ravana – zoals beschreven in het Ramayana-epos (zie blz. 58) – vieren de hindoes op de 15e dag van de maand Kartik met verlichte tempels en processies de terugkeer van de god in zijn geboortestad Ayodhya.

# Praktische informatie van A tot Z

## Alleenreizende vrouwen

Helaas komt seksuele intimidatie van westerse vrouwen regelmatig voor in Sri Lanka. Gewaagde kleding en al te vrij taalgebruik dienen daarom evenzeer te worden vermeden als avondwandelingetjes over eenzame stranden of wegen. In volle bussen en treinen kunt u toenaderingspogingen in de kiem smoren door u bij andere vrouwen te voegen. Een verhaal apart zijn de charmante *beach boys,* die op stranden naar buitenlandse toeristes speuren, hen bij voorkeur enkele verhalen over hun eigen ongeluk op de mouw spelden en zich verder maar voor twee dingen interesseren: seks en het geld van de dame in kwestie.

## Ambassades en consulaten

### ... in Nederland

**Ambassade van Sri Lanka**
Jacob de Graefflaan 2
2517 JM Den Haag
tel. 070 365 59 10
www.netherlands.embassy.gov.lk

### ... in België

**Ambassade van Sri Lanka**
Jules Lejeunestraat 27
1050 Brussel
tel. 02 344 55 85
www.srilankaembassy.be

### ... in Sri Lanka

**Nederlandse ambassade**
25 Torrington Avenue
Colombo
tel. 011 251 02 00
ma.-do. 14-16, vr. 11-13 uur (consulaire afdeling, alleen op afspraak)

België heeft geen ambassade in Sri Lanka. De bevoegde ambassade is die in het Indiase New Delhi (tel. +91 11 424 280 00).

## Apotheken

In elke plaats van enige omvang is wel een apotheek (*pharmacy*) te vinden. Vaak worden er binnenlandse producten of importartikelen uit India verkocht, die zeker niet slecht van kwaliteit hoeven te zijn. Een kritische blik op de algemene staat van uw aankoop en de houdbaarheidsdatum is desondanks aan te bevelen, omdat de hygiëne vaak te wensen overlaat. Wie medicijnen gebruikt, moet beslist een toereikend voorraadje van thuis meenemen. Ook een goed gesorteerde reisapotheek is aan te bevelen (zie ook blz. 39).

## Elektriciteit

De netspanning in Sri Lanka is gelijk aan die in Nederland en België, maar een wereldstekker hoort absoluut in uw bagage thuis. Op het eiland kunt u namelijk allerlei stekkerdozen tegenkomen; vooral die voor stekkers met drie platte pinnen wordt veel gebruikt.

Tegen het einde van de droge tijd en tijdens de regentijd is er na hevig onweer een grotere kans op stroomuitval. Neem daarom een zaklantaarn mee.

## Feestdagen

**Januari:** Duruthu Poya*.
**Februari:** Onafhankelijkheidsdag (4 februari), Thai Pongal, Navam Poya*, Maha Sivarathri.

**maart:** Medin Poya*.
**maart/april:** Goede Vrijdag.
**april:** Bak Poya*, Nieuwjaar (2 dagen).
**mei:** Dag van de Arbeid (1 mei), Wesak Poya* (2 dagen).
**juni:** Poson Poya*.
**juli:** Esala Poya*.
**augustus:** Nikini Poya*.
**september:** Binara Poya*.
**oktober:** Vap Poya*.
**november:** Diwali, Il Poya*.
**december:** Unduvap Poya*, Kerstmis (25 december).
*Poya = dag waarop het vollemaan is
Bovendien zijn er drie veranderlijke islamitische feestdagen (zie blz. 36).

# Fooi

In de betere restaurants wordt een *service charge* van 10% bij de rekening opgeteld (zie blz. 25), maar een fooi ter hoogte van 10% van het totaalbedrag is evengoed gepast. Dat geldt niet voor heel eenvoudige etablissementen, waar geen fooi wordt verwacht. De kruier in het hotel kunt u LKR 100 geven, het kamermeisje circa LKR 100 per nacht. Wie met een chauffeur of een gids reist, kan zijn tevredenheid met LKR 300-350 per reisdag tot uitdrukking brengen.

# Geld

De officiële munteenheid in Sri Lanka heet de **Sri Lankaanse roepie** (**LKR**), waarvan de naam is afgeleid van het Sanskritische woord *rupa* (zilver). Er zijn bankbiljetten van LKR 20, 50, 100, 500, 1000 en 5000 en munten van 25 en 50 cent cn LKR 1, 2, 5 en 10.

De meeste rekeningen worden in LKR opgemaakt. Grotere bedragen, zoals voor vliegtickets, georganiseerde rondreizen en accommodatie, worden vaak in Amerikaanse dollars ($) gepre-senteerd, en bij sommige hotels ook wel in euro's. Het is daarom aan te bevelen ook dollars en euro's mee te nemen.

In alle grotere plaatsen kunt u bij banken **contant geld** wisselen, maar **travellercheques** verzilveren is niet altijd mogelijk. Zelfs op het platteland beschikken veel bankfilialen over een geldautomaat (ATM = *Automatic Teller Machine*), die zowel **bankpassen** met het Cirrus- of Maestro-logo als internationale **creditcards** met pincode accepteert. Kijk voor het maximale bedrag dat u per dag kunt opnemen en de kosten van dit soort transacties op de website van uw bank. Met een **V Pay-card** van VISA kunt u geen geld opnemen in Sri Lanka.

**Wisselkoers** (juni 2017):
€ 1 = LKR 171, $ 1 = LKR 153
LKR 100 = € 0,58 = $ 0,65

# Gezondheid

Sluit voor vertrek een **reisverzekering met werelddekking** af waarbij ook de kosten van medische zorg en repatriëring naar Nederland of België zijn inbegrepen. Bewaar eventuele rekeningen als bewijs van de kosten die u hebt gemaakt, zodat u die eenmaal thuis kunt declareren. Wie voor aankomst in Sri Lanka een gebied heeft bezocht waar **gele koorts** heerst, dient te zijn ingeent tegen die ziekte. Andere **inentingen** zijn niet verplicht, maar een Hepatitis A- en een DTP-vaccinatie worden wel aanbevolen. Dat geldt ook voor een vaccinatie tegen mazelen, maar dan alleen voor mensen die na 1964 zijn geboren, niet tegen mazelen zijn ingeënt en geen mazelen hebben doorgemaakt, en voor kinderen ouder dan 6 maanden die nog niet zijn ingeent met het BMR-vaccin.

Volgens de Wereldgezondheidsorganisatie (WHO) is Sri Lanka sinds september 2016 officieel **malariavrij**, zodat bescherming tegen deze infectieziekte niet noodzakelijk is. Mocht u na een reis naar Sri Lanka toch hevige koorts krijgen, laat u dan onmiddellijk op malaria testen.

In de maanden mei tot en met juli en oktober tot en met december wordt door de geneeskundige diensten regelmatig een toename van het aantal gevallen **dengue** (knokkelkoorts) geconstateerd. Dit betreft weliswaar vrijwel uitsluitend Sri Lankanen, maar desondanks is het verstandig u zo goed mogelijk tegen muggenbeten te beschermen door kleding met lange mouwen en lange pijpen te dragen, de onbedekte huid in te smeren met een insectenwerend middel, bij voorkeur met DEET, en 's nachts onder een klamboe te slapen.

Kijk voor nadere informatie op de website van het Landelijk Instituut Reizigersadvisering (www.lcr.nl), die van het Instituut voor Tropische Geneeskunde (www.itg.be) of op www.vacciweb.be.

## Hygiëne

Veel infecties worden overgedragen door verontreinigde voedingsmiddelen. Neem daarom de regels van de Wereldgezondheidsorganisatie (WHO) ter harte en eet alleen gekookte, gebraden of geschilde etenswaren. Drink in geen geval water uit de kraan en ook uw drankje kunt u beter zonder ijsblokjes bestellen.

## Internet en media

Vrijwel alle cafés en accommodaties bieden **wifi** aan, en nog meestal gratis ook. Alleen in de cafés wordt meestal wel verwacht dat u ook een drankje bestelt.

Wie onafhankelijk wil zijn, koopt een **lokale prepaidsimkaart** (bijvoorbeeld in de aankomsthal op de luchthaven), maar controleer wel eerst of uw smartphone simlockvrij is. Er zijn diverse Sri Lankaanse providers, die allemaal verschillende databundels aanbieden. De medewerkers in de talloze telefoonwinkels helpen u graag verder.

In Sri Lanka verschijnen diverse Engelstalige **kranten**, waaronder de conservatieve *Daily News* en de liberalere *The Island* en *Daily Mirror*. Ook op zondag is er genoeg leesvoer over actualiteiten verkrijgbaar, zoals *The Sunday Leader*, *Sunday Observer* en *The Sunday Times*. Verder zijn aan te bevelen het economisch tijdschrift *LMD*, dat maandelijks verschijnt, en het magazine *Explore Sri Lanka*, met voor toeristen interessante onderwerpen.

## Kinderen

Eindeloze zandstranden, dieren in het wild en een uiterst kindvriendelijke bevolking: ook voor kinderen is Sri Lanka een zeer geschikte bestemming. Een goede reisvoorbereiding is echter onontbeerlijk. Neem voor de eerste dagen voldoende luiers en babyvoeding mee en reserveer een zo rustig mogelijk hotel aan het strand om een poosje te acclimatiseren. Eenmaal in Sri Lanka is het belangrijk om nog meer op hygiëne te letten dan thuis en ervoor te zorgen dat uw kinderen niet te lang achtereen worden blootgesteld aan de zon.

In veel *guesthouses* en hotels zijn familiekamers (*family rooms*) met drie of meer bedden beschikbaar. De comfortabelste en flexibelste manier van vervoer met kinderen is een huurauto met chauffeur. Let er ook op dat u op één dag niet al te grote afstanden aflegt. De kleintjes zullen veel plezier beleven aan het strand, maar dat geldt ook voor de

**Elephant Orphanage** in Pinnawela (zie blz. 213) en de **nationale parken**. Of wat denkt u ervan om met uw spruiten thee te gaan plukken?

# Medische verzorging

Enkele uitzonderingen in Colombo daargelaten zijn de klinieken en dokterspraktijken in Sri Lanka niet van hetzelfde niveau als u in Nederland of België gewend bent. Maar dankzij de korte afstanden is een acceptabel ziekenhuis doorgaans niet al te ver weg. Zelfs op het platteland is een arts vrij moeiteloos te vinden. Twee nuttige adressen zijn: **Asiri Hospital**, 181 Kirula Road, Colombo, tel. 011 452 33 00, www.asiri hospitals.com, en **Central Hospital**, 114 Norris Canal Road, Colombo, tel. 011 466 55 00, www.thecentral.lk.

# Noodgevallen

## Colombo

**Alarmnummer:** 011 243 33 33.
**Politie:** 011 242 11 11.
**Toeristenpolitie:** 011 242 14 51.
**Ongeval:** 011 269 11 11.
**Ambulance:** 011 422 22 22.
**Brandweer:** 011 242 22 22.

## Landelijk

**Brandweer/ambulance:** 110.
**Politie:** 119.

# Omgangsvormen

**Afdingen:** op markten en bij souvenirkraampjes is afdingen een ritueel, in winkels en supermarkten worden vaste prijzen gehanteerd.
**Kleding:** te strakke, smerige of slonzige kleding wordt niet op prijs gesteld door de Sri Lankanen. Shirtjes zonder mouwen, naveltruitjes, korte broeken en minirokjes vallen buiten het strand helemaal uit de toon. Topless zonnebaden is niet toegestaan.
**Lichaamstaal:** laat liefdesbetuigingen in het openbaar zoveel mogelijk achterwege. Streel kinderen niet over hun hoofd. Een handdruk is in de zakenwereld gebruikelijk, maar niet op het platteland. Daar volstaat een glimlach en een licht hoofdschudden, wat in het zuiden van Azië een teken van bevestiging is. De linkerhand wordt als onrein beschouwd, dus gebruik die nooit om iets aan iemand te geven of in ontvangst te nemen. Voor het betreden van een huis of tempel dient u meestal uw schoenen uit te trekken (vraag dit bij twijfel na).
**Cadeaus:** geef nooit zomaar iets cadeau, zoals een lippenstift of een pen aan kinderen! Als u bij Sri Lankanen bent uitgenodigd, zorg dan dat u een leuk souvenir uit Nederland of België voor uw gastheer en -vrouw bij u hebt. Geef nooit een alcoholische drank cadeau, want het nuttigen van alcohol is niet alleen in moslimkringen verboden.
**Fotograferen:** het is verboden om militaire bases en personen in uniform te fotograferen. Vraag voordat u iemand op de foto zet altijd eerst toestemming aan diegene. Fotografeer nooit personen naast een beeld of afbeelding van Boeddha.
**De juiste toon:** kritiek uiten of een klacht indienen kunt u beter vriendelijk en kalm doen dan op hoge toon.

# Openingstijden

**Banken:** in de regel ma.-vr. 9-15 uur.
**Officiële instanties:** meestal ma.-vr. 9-16.30 uur. Tussen 11.30 en 14 uur zijn soms minder loketten open.
**Postkantoren:** ma.-vr. 8.30-17, za. 8.30-13 uur.

**Winkels:** niet wettelijk geregeld, maar meestal dag. vanaf 10 uur tot in de avond. Islamitische winkeleigenaren werken niet op vrijdag, christelijke niet op zondag.

## Post

In elke grotere plaats is wel een postkantoor (*post office*) te vinden. Een luchtpostzending (*airmail*) naar Europa is ongeveer een week onderweg; voor een ansichtkaart betaalt u LKR 25, voor een brief tot 20 g LKR 75. Geef uw post rechtstreeks af bij het postkantoor, want brievenbussen zijn schaars en onveilig. Pakjes en pakketten doen er als zeepost (*surface mail*) twee tot drie maanden over en als luchtpost ongeveer twee weken. Voor een spoed- of belangrijke zending kunt u ook een internationaal koeriersbedrijf als DHL, FedEx of TNT inschakelen. Deze zijn aanzienlijk duurder, maar wel betrouwbaarder.

### Prijzen

Voor West-Europese begrippen is Sri Lanka een tamelijk goedkoop vakantieland. Het **openbaar vervoer** is spotgoedkoop: voor een busrit of treinreis in de tweede klas van Colombo naar Kandy betaalt u nog geen € 2. Zelfs voor een goede huurauto met airconditioning én chauffeur betaalt u maar ongeveer € 50 per dag. Ook het **eten** is heel bescheiden geprijsd. Eenvoudige rijstgerechten zijn er al voor minder dan € 5 en in de iets betere restaurants bent u voor een goed gerecht vanaf € 7 kwijt.

De **entreeprijzen** nemen daarentegen een flinke hap uit uw reisbudget: een gezin met twee kinderen van 11 en 13 jaar moet bijvoorbeeld voor een bezoek aan de Elephant Orphanage in Pinnawala een bedrag van rond de € 40 neertellen en voor de rotsvesting Sigiriya ongeveer € 85.

Bij de **accommodatie** is de prijs afhankelijk van de locatie, het seizoen en de categorie. Is de concurrentie groot, dan kunt u in een eenvoudig onderkomen al een tweepersoonskamer voor € 10 krijgen. In een middenklassenhotel bent u gemiddeld € 30-40 per nacht kwijt, in vier- of vijfsterrenhotels natuurlijk flink meer.

## Reizen met een handicap

In Sri Lanka zijn de faciliteiten voor reizigers met een handicap bijzonder slecht. Liften die ontbreken, steile trappen, slechte trottoirs, hoge stoepranden: toegankelijkheid ziet er echt anders uit.

## Roken

In openbare ruimten is roken niet toegestaan en een in 2012 van kracht geworden wet bepaalt zelfs dat op straat niet mag worden gerookt. Restaurants en hotels moeten een speciale rookruimte ter beschikking stellen. In de praktijk wordt de wetgeving echter nauwelijks gehandhaafd.

## Souvenirs

In Sri Lanka is een breed assortiment kunstnijverheidsproducten te koop, zoals **snij- en kantwerken**, **batiks** en **producten van messing**. Voor dergelijke souvenirs kunt u terecht bij filialen van staatswinkel Laksala, die in elke grotere stad te vinden zijn.

Tot de populairste souvenirs behoren kleurrijke **maskers**, die vooral in Ambalangoda aan de zuidwestkust worden vervaardigd. In de bergen vinden natuurlijke producten als **thee** en **specerijen** gretig aftrek. Het in het zuidwesten van het hoogland gelegen Ratnapura is als stad van de **edelstenen** een goede locatie om saffieren, topazen en andere kostbaarheden te kopen. U doet er echter verstandig aan om alleen iets te kopen bij een handelaar met een vergunning en om een rekening te vragen. Wie zijn gekochte edelstenen op echtheid wil laten testen, kan terecht bij de National Gem & Jewellery Authority in Colombo (tel. 011 239 06 45, www.ngja.gov.lk).

## Telefoon

Dankzij **wifi** kunt u vanuit cafés en hotels met uw eigen smartphone of tablet telefoongesprekken voeren via **Skype** of **WhatsApp**. Wie regelmatig wil bellen of internetten met zijn smartphone kan het best een lokale prepaidsimkaart aanschaffen. In de aankomsthal van de luchthaven of bij een van de vele telefoonwinkels elders in het land hebt u op vertoon van uw paspoort al een simkaart voor nog geen € 5. De beste providers zijn Dialog, Mobitel en Etisalat. In sommige delen van het hoogland hebt u overigens geen bereik. Als u gebruikmaakt van uw eigen simkaart, houd er dan rekening mee dat u ook betaalt als u wordt gebeld.

In de meeste steden zijn er zogenaamde *communication centres*, waar u heel goedkope telefoongesprekken met het buitenland kunt voeren. Deze centra worden hoofdzakelijk bezocht door de Sri Lankanen zelf.

### Toegangsnummers

**Naar Sri Lanka:** +94, netnummer zonder 0, abonneenummer.
**Naar Nederland:** +31, netnummer zonder 0, abonneenummer.

**Naar België:** +32, netnummer zonder 0, abonneenummer.

## Veiligheid

Sinds het einde van de burgeroorlog, in 2009, wordt Sri Lanka beschouwd als een veilige reisbestemming. Wel moet in het noorden en het oosten van het land rekening worden gehouden met een nadrukkelijkere aanwezigheid van militairen en controleposten langs de wegen. Kleine criminaliteit is er vooral in de vorm van **tasjesdiefstal**, waarbij de dieven het liefst gebruikmaken van het gedrang in bussen en op markten. Ook **kleine oplichterij** komt voor. Wees bijvoorbeeld op uw hoede als u benaderd wordt door een vriendelijke man, die een product of een dienst aan u opdringt om er geld aan te verdienen. Deze man neemt vaak de gedaante aan van een tuktukchauffeur, die provisie kan krijgen als hij toeristen aanbrengt bij hotels, restaurants of winkels. Tot handtastelijkheden tegenover toeristen komt het maar zelden, en in die indicentele gevallen is er vrijwel altijd sprake van alcohol of drugs.

De natuur herbergt ook bepaalde risico's. Kijk bijvoorbeeld 's avonds en 's nachts goed uit waar u loopt, want **slangen** gaan het liefst in het donker op pad. Ook de **zee** is misschien verraderlijker dan u denkt, want de gevaren van golven, stromingen en onderstromen worden vaak onderschat. Informeer altijd eerst naar de plaatselijke omstandigheden voordat u het water induikt.

**Waardevolle spullen en reisdocumenten** kunt u het best in het kluisje van uw hotelkamer achterlaten of eenmaal onderweg in een speciale gordel opbergen. Het is aan te bevelen om voor vertrek het actuele reisadvies op de site van het ministerie van Buitenlandse Zaken te bekijken.

# Kennismaking – Feiten en cijfers, achtergronden

De kleurenpracht in boeddhistische tempels is nauwelijks te overtreffen

## Feiten en cijfers

**Ligging en oppervlakte:** Sri Lanka ligt tussen 6° en 10° noorderbreedte en 79° en 82° oosterlengte in het uiterste zuiden van het Indiase subcontinent. Met 65.525 km² is het druppelvormige eiland ongeveer anderhalf keer zo groot als Nederland. De afstand tussen Point Pedro in het noorden en Dondra in het zuiden bedraagt 435 km, terwijl het eiland van west naar oost maximaal 225 km meet.

**Hoofdstad:** Sri Jayawardenepura Kotte (bij Colombo).

**Officiële talen:** Singalees en Tamil.

**Aantal inwoners:** ongeveer 21 miljoen.

**Munteenheid:** Sri Lankaanse roepie (LKR).

**Tijdzone:** in Sri Lanka is het 4,5 uur later dan in Nederland en België, in de zomertijd 3,5 uur.

**Toegangsnummer:** +94.

**Nationale vlag:** rechts op de zogenaamde leeuwenvlag staat een gouden leeuw met een sabel in zijn opgetilde rechterpoot, tegen een karmozijnrode achtergrond en in een gouden kader. In de hoeken symboliseren de bladeren van de bodhiboom de vier boeddhistische deugden: liefdevolle aandacht, begrip, kalmte en delen in vreugde. Links op de vlag prijken twee verticale banen in de kleuren oranje en groen, die staan voor de bevolkingsgroepen Tamils en moslims.

## Geografie

Sri Lanka kan op basis van hoogte in drie regio's worden onderverdeeld: laagvlakte, middelgebergte en centraal hoogland. De laagvlakte, die her en der wordt onderbroken door rotsige uitstulpingen en heuvelruggen, bereikt vrijwel nergens meer dan honderd hoogtemeters en beheerst vooral het landschap langs de 1330 km lange kust, in de Culturele Driehoek en in het noorden. Rond Kandy strekt zich het middelgebergte uit, dat hoogten tot 1800 m bereikt. Het centrale hoogland in het hart van het eiland wordt gekenmerkt door een op sommige plaatsen steil aflopend plateau. Bij Nuwara Eliya ligt de hoogste top van Sri Lanka, de 2524 m hoge Pidurutalagala.

## Geschiedenis

Met de immigratie van Singalezen en Tamils vanaf de 5e eeuw v.Chr. begint de nationale geschiedenis van Sri Lanka. Tijdens de ruim duizend jaar dat Anuradhapura het middelpunt van de Sri Lankaanse beschaving is, komt het eiland tot culturele bloei. Na de annexatie van Sri Lanka door de Chola-dynastie uit Zuid-India, in de 10e en 11e eeuw, is Polonnaruwa gedurende 150 jaar de hoofdstad van het eiland. De komst van de Portugezen in 1505 luidt een periode van Europese suprematie in. Vanaf 1658 hebben de Hollanders het hier voor het zeggen, vanaf 1796 de Britten. Sinds 4 februari 1948 is Sri Lanka een onafhankelijke democratie. De recente geschiedenis wordt overschaduwd door de burgeroorlog tussen de regering en Tamilseparatisten, die pas in 2009 wordt beëindigd.

## Staat en bestuur

De Democratische Socialistische Republiek Sri Lanka is sinds de invoering van de huidige grondwet in 1978 een presidentiële democratie. Staatshoofd en regeringsleider is de president, die om de zes jaar rechtstreeks door het volk wordt gekozen. Het parlement telt 225 volksvertegenwoordigers, die eveneens om de zes jaar worden gekozen. Sinds januari 2015 is Maithripala Sirisena president. De laatste algemene verkiezingen vonden in augustus 2015 plaats, waarbij het United National Front (UNP) met 45,7% van de stemmen de grootste partij werd, gevolgd door de United People's Freedom Alliance (UPFA) met 42,4%.

## Economie en toerisme

Ooit lokten edelstenen en specerijen Arabische zeevaarders en Europese mogendheden naar Sri Lanka, maar voor het bruto binnenlands product (bbp) zijn beide nauwelijks nog relevant. Edelstenen maken maar zo'n 5% van de totaalopbrengst van de export uit. De landbouwsector heeft nog altijd een aandeel van 11,2%, wat vooral te danken is aan de export van thee; Sri Lanka is de op twee na grootste thee-exporteur ter wereld. Ook kokosnoten en rubber spelen een belangrijke rol in de handel met het buitenland.

De industriële sector neemt een derde van het bbp voor zijn rekening. Dat is vooral toe te schrijven aan de textielindustrie, die werk biedt aan circa 250.000 overwegend jonge vrouwen. Andere branches zoals de elektrotechnische en de keramische industrie zijn van marginale betekenis.

Na jaren van stagnatie is ook het toerisme weer aan een opmars bezig. In 2016 kwamen er ruim twee miljoen bezoekers naar het land, die een omzet van ongeveer 3,3 miljard dollar genereerden. De toeristensector biedt werk aan ongeveer 350.000 mensen en is bovendien de op drie na grootste bron van deviezen.

## Bevolking

De Singalezen maken ongeveer 75% van de bevolking uit. De op een na grootste bevolkingsgroep zijn de Tamils, die in twee groepen uiteenvallen. De Sri Lankaanse Tamils (11% van de bevolking) wonen voornamelijk in het noorden en het oosten, de Indiase Tamils (4%) – van wie de voorouders in de koloniale tijd uit India werden gehaald om op de plantages te werken – in het hoogland. De islamitische Moren (9 %) wonen vooral in het oosten. Dan zijn er nog bijna 40.000 zogenaamde Burghers van gemengd bloed, met Hollandse of Portugese voorouders. De Vedda, de oorspronkelijke bewoners van het eiland, zijn nu een minderheid van een paar duizend mensen.

## Taal

In de grondwet zijn het Singalees en het Tamil als officiële talen vastgelegd. Een kleine elite in de steden en de Burghers spreken nog het Engels uit de koloniale tijd als eerste taal.

## Religie

De overgrote meerderheid van de bevolking (70%) is boeddhistisch, maar ook andere geloofsovertuigingen zijn vertegenwoordigd. De hindoes (13%) ontmoeten elkaar in hun op Zuid-India geïnspireerde tempels, de moslims (10%) in hun moskeeën en de 7% christenen (vier op de vijf katholieken) in hun kerken, waarvan de meeste nog uit de koloniale tijd stammen. De Singalezen zijn overwegend boeddhistisch, van de Tamils is de meerderheid hindoeïstisch en ongeveer 20% christelijk. De islam wordt vrijwel uitsluitend door de Moren aangehangen.

### Prehistorie en vroegste geschiedenis

**50.000 v.Chr.** Eilandbewoners in het paleolithicum laten sporen achter, zoals beenderen en stenen werktuigen.

**6000 v.Chr.** In grotten op het eiland wonen mensen, de zogenaamde *Homo sapiens balangodensis.*

**Vanaf de 5e eeuw v.Chr.** Immigratie van Arische kolonisten uit Noord-India en Dravidische volksstammen uit Zuid-India. In de kroniek Mahavamsa wordt deze migratie beschreven in de legende van prins Vijaya. De stamvader van de Sri Lankanen behoorde tot een tweede generatie die voortkwam uit de gemeenschap van een prinses en een leeuw. Vanwege zijn opstandigheid werd hij uit India verdreven, waarna hij met zijn gevolg op de kust van Sri Lanka landde. De nieuwe bewoners noemden zichzelf Singalezen, leeuwachtigen, naar de afkomst van Vijaya.

### Anuradhapura-tijdperk

**3e eeuw v.Chr.** De voor zover bekend eerste koning van Sri Lanka is Devanampiya Tissa, die door de Indiase monnik Mahinda tot het boeddhisme wordt bekeerd.

**2e eeuw v.Chr.** Onder koning Dutthagamani wordt Anuradhapura het centrum van een verenigd rijk.

**1e eeuw v.Chr.** Sri Lanka is een belangrijk tussenstation voor de Aziatische zeehandel. In het zesde boek van zijn *Naturalis Historia* voert de Romeinse geleerde Gaius Plinius Secundus het eiland op als Taprobane.

**274-301** Heerschappij van koning Mahasena, onder wie een irrigatiesysteem met tal van kunstmatige meren (*wewa*) wordt aangelegd.

**5e eeuw** Koning Dhatusena wordt vermoord door zijn zoon Kassapa, die de rotsvesting Sigiriya laat bouwen en van daaruit achttien jaar lang het rijk bestuurt. Zijn halfbroer Moggallana slaagt erin de troon te heroveren met hulp van Zuid-Indiase huursoldaten.

**6e eeuw** Monniken schrijven de Mahavamsa, de 'Grote Kroniek'.

**Eind 10e eeuw** Eerste van drie invasies door het Zuid-Indische Chola-rijk. In een oorlogachtige sfeer gaat Anuradhapura, nog altijd de meest bloeiende stad op het eiland, haar ondergang tegemoet.

**1017-1070** De Chola verbannen koning Mahinda V naar Zuid-India en nemen de heerschappij over het eiland over. Polonnaruwa wordt de regeringszetel. Alleen het kleine vorstendom Ruhuna in het zuidoosten van het eiland blijft onafhankelijk.

## Tweede bloeitijd en ondergang

**1070** Koning Vijayabahu I weet de Chola-dynastie te verdrijven. Drie jaar later wordt Polonnaruwa hoofdstad.

**1153-1196** Onder Parakramabahu I begint een fase van wederopbouw. Hij laat verbeteringen aanbrengen in het irrigatiesysteem en sticht tal van boeddhistische kloosters. Onder zijn opvolger Nissanka Malla zet na een korte periode van bloei de ondergang van het rijk in.

**1215-1255** Koning Magha uit het Zuid-Indiase Kalingha heerst als een tiran over het eiland.

**13e-15e eeuw** Het land is verscheurd. Op het schiereiland Jaffna ontstaat een Tamilrijk. In 1341 wordt in Gampola bij Kandy een tweede Singalese monarchie gesticht, naast Kotte bij Colombo.

## Europese suprematie

**1505** De Portugezen zetten voet op een eiland dat in drieën is gedeeld.

**Eind 16e eeuw** De Portugezen vestigen handelsposten op Ceilão, zoals ze het eiland noemen, en regelen van daaruit de hele kaneelhandel. Katholieke orden stichten missieposten en scholen.

**1597** Kandy wordt hoofdstad van een onafhankelijk koninkrijk.

**1656** Bij confrontaties met de Hollanders raken de Portugezen hun belangrijkste havensteden kwijt, waaronder Colombo, en zien zich gedwongen het eiland te verlaten. De Hollanders krijgen de controle over het hele kustgebied en bovendien een monopolie op de handel, op de naleving waarvan door de Vereenigde Oostindische Compagnie (VOC) wordt toegezien.

**1796** Na een veldtocht van ongeveer acht maanden tegen de Hollanders wordt het Britse rijk de derde Europese koloniale macht op rij in Sri Lanka.

## Britse kroonkolonie

**1802** Het eiland wordt officieel gedoopt tot de British Crown Colony of Ceylon.

**1815** Nadat de laatste koning van Kandy, Sri Vikrama Rajasimha, is afgezet, heeft het Britse rijk de controle over het hele eiland.

**1862** De stichting van het genootschap ter verspreiding van het boeddhisme betekent de eerste poging om de religie van de Verlichte te hervormen.

| | |
|---|---|
| **1867** | De Schot James Taylor introduceert in Loolecondera de eerste thee-plantage op het eiland. Negen jaar later gaat de rubberteelt van start. |
| **Eind 19e eeuw** | Uit Zuid-India komen de eerste Tamils om te gaan werken op de plantages. De Tamilminderheid krijgt een voorkeurspositie van de Britten, ten koste van de Singalese meerderheid. |
| **20e eeuw** | Langzaam ontwaakt een nationaal bewustzijn in Sri Lanka. |
| **1919** | Met de oprichting van het Ceylon National Congress worden voor het eerst de belangen van diverse maatschappelijke groepen vertegen-woordigd. |
| **1931** | Aan de algemene verkiezingen voor een staatsraad mogen alle man-nen en vrouwen vanaf 21 jaar deelnemen. |
| **1942** | Japanse troepen vallen de haven van Trincomalee aan. Twee jaar later kiest het Britse opperbevel Kandy als basis. Onder leiding van Louis Mountbatten richt men zich op de herovering van Zuidoost-Azië. |

## Onafhankelijkheid

| | |
|---|---|
| **4 feb. 1948** | Sri Lanka wordt onafhankelijk, D.S. Senanayake is de eerste premier. |
| **1956-1959** | Premier S.W.R.D. Bandaranaike is de spreekbuis van een Singalees-boeddhistisch nationalisme en verleent het Singalees de status van enige officiële taal van het land. Hij wordt in 1959 vermoord. |
| **1960** | Bandaranaike's weduwe, Sirimavo, wordt de eerste vrouwelijke pre-mier ter wereld en zet een nationalisatieprogramma in gang dat fa-taal is voor de economie. Een deel van de Indiase Tamils wordt naar India gerepatrieerd. |
| **1972** | De naam van het land wordt veranderd in Democratische Socialisti-sche Republiek Sri Lanka. Een hoog werkloosheids- en inflatiecijfer verlammen de economie. |
| **1976** | Onder leiding van Velupillai Prabhakaran richten jonge radicale Ta-mils de terreurbeweging Liberation Tigers of Tamil Eelam (LTTE) op. |
| **1978** | Een nieuwe grondwet bezorgt de president volmachten om besluiten en wetten door te voeren. |

## Burgeroorlog

| | |
|---|---|
| **juli 1983** | De aanval van de LTTE op militairen in Jaffna leidt in het hele land tot geweld tegen Tamils. Tienduizenden vluchten naar het buiten-land. Deze Zwarte Juli geldt als het begin van de burgeroorlog. |

| 1987-1990 | De Indian Peace Keeping Force (IPKF) moet de rust herstellen in het noorden en oosten, maar de LTTE wordt alleen maar sterker. Tegelijkertijd terroriseert de links-radicale partij Janatha Vimukthi Peramuna (JVP) het land. De partij wordt in 1989 bruut de kop ingedrukt door het regeringsleger, waarbij meer dan 60.000 mensen omkomen. |
|---|---|
| 1993 | President Ranasinghe Premadasa en oppositieleider Lalith Athulathmudali worden vlak na elkaar door de LTTE vermoord. |
| 1995 | Onder presidente Chandrika Bandaranaike Kumaratunga veroveren regeringstroepen het schiereiland Jaffna. |
| 2001 | Onder aanvoering van Ranil Wickremasinghe wint de liberale United National Party (UNP) de verkiezingen. Het jaar daarop ondertekent de premier een wapenstilstandsverdrag met de LTTE. |
| 2004 | De United People's Freedom Alliance (UPFA) wint de parlementsverkiezingen, Mahinda Rajapaksa wordt premier. Op 26 december treft een tsunami de kust van Sri Lanka, waarbij meer dan 35.000 mensen omkomen en honderdduizenden dakloos worden. |
| 2005 | Mahinda Rajapaksa wordt president en reageert met militaire acties op het toenemende aantal terreurdaden van LTTE. |
| 2008 | In januari zegt de regering het wapenstilstandsverdrag op en geeft het startsein voor militaire operaties in het noorden van het eiland. |
| 17 mei 2009 | De LTTE capituleert. Een dag later wordt hun leider, Velupillai Prabhakaran, gedood. Volgens schattingen van de VN vinden alleen al in de laatste vijf oorlogsmaanden 40.000 burgers de dood. Meer dan 300.000 Tamils worden in opvangkampen geïnterneerd. |

## Verenigd land

| 2010 | In januari wordt Mahinda Rajapaksa voor de tweede keer tot president gekozen. Bij de daaropvolgende parlementsverkiezingen krijgt zijn United People's Freedom Alliance ruim 60% van de stemmen. De Rajapaksa-clan heeft de macht stevig in handen. |
|---|---|
| 2015 | In januari worden de presidentsverkiezingen verrassend gewonnen door Maithripala Sirisena. Bij de vervroegde parlementsverkiezingen wordt het United National Front (UNP) met 45,7% van de stemmen de grootste partij, gevolgd door de United People's Freedom Alliance (UPFA) met 42,4%. |
| 2017 | De 5% economische groei betekent een sterke opleving, maar Sri Lanka kampt met een hoge inflatie (5%) en een dito schuldenlast. |

Volgens de kroniek Mahavamsa begint de geschiedenis van Sri Lanka met drie bezoeken van Boeddha. Sinds de monnik Mahinda in de 3e eeuw v. Chr. koning Devanampiya Tissa van de leer van de Verlichte wist te overtuigen, is het eiland een centrum van het theravada-boeddhisme. Op een reis door het land wordt duidelijk hoezeer het leven van de Sri Lankanen doortrokken is van deze religie, die ook tot unieke bouwwerken heeft geïnspireerd.

## Architectonische getuigen

In de kunst en de architectuur zijn de invloeden van het boeddhisme overduidelijk aanwezig. In vrijwel elke plaats staat wel een klooster. De zichtbaarste getuige is de stoepa, het oudste en belangrijkste symbool van deze religie. In Sri Lanka wordt het bouwwerk overigens meestal dagoba genoemd, een aanduiding die teruggaat op het Sanskritische woord *dhatugarbha* ('ruimte

# Eiland van de Verlichte – boeddhisme in Sri Lanka

Voordat de monnik Mahinda koning Devanampiya Tissa (regeerperiode circa 250-210 v. Chr.) in de boeddhistische leer ging onderwijzen, wilde hij door middel van een intelligentietest eerst zekerheid krijgen over diens verstandelijke vermogens. De monarch doorstond de test en sindsdien zijn de Singalezen zo nauw verbonden met de religie van de Verlichte dat hun land wordt beschouwd als centrum van het boeddhisme.

Volgens de kroniek Mahavamsa, die vol staat met legenden, bezocht de Indiase grondlegger van het boeddhisme het eiland zelfs in hoogsteigen persoon. De eerste keer reisde hij naar Mahiyangana (ten oosten van Kandy), de tweede keer deed hij het eiland Nagadipa (het huidige Nainativu bij Jaffna) aan en ten slotte bracht hij een bezoek aan Kelaniya bij Colombo. Ook de beroemdste boeddhistische relikwie bevindt zich in Sri Lanka: een hoektand van Boeddha, die in de Tempel van de Tand in Kandy wordt bewaard.

voor relikwieën'). Ook stoepa is een woord uit het Sanskriet en betekent 'oprichten', 'verhogen'. In Sri Lanka zijn de meeste dagoba's op de traditionele manier opgebouwd: een vierkant platform, een bouwwerk in de vorm van een halve bol en erboven een kubusvormige constructie en een spits met een bol. De dagoba herinnert gelovigen aan het pad naar verlichting dat Boeddha heeft gevolgd. Door drie keer met de klok mee om de stoepa heen te lopen nemen ze hun toevlucht tot Boeddha, zijn leer (*dharma*) en zijn gemeenschap (*sangha*).

## Iconografie

Ook de beeltenissen van Boeddha die overal in het land te vinden zijn, herinneren aan de grote asceet. Of het nu gaat om een beeld in een tempel of een

Symbool van het boeddhisme: de stoepa

# Tip

## Het grootste Boeddhafeest van Sri Lanka

In de vijftien dagen voorafgaand aan vollemaan in juli of augustus (Esala Poya) wordt in Kandy met indrukwekkende processies het **Esala Perahera** gevierd, een eerbetoon aan de hoektand van Boeddha die als een relikwie wordt bewaard. De eerste dagen vinden er kleinere processies en ceremonies plaats in de tempels (*devale*) van de vier beschermgoden van Sri Lanka – Natha, Vishnu, Kataragama en Pattini. Avond na avond worden de processies (*perahera*) pompeuzer en langer. Voorop loopt de ere-olifant van de zogenaamde Dalada-groep met de reliekhouder, begeleid door twee andere olifanten en tal van dansers en muzikanten. Ze worden gevolgd door de andere ere-olifanten en de dans- en muziekgroepen uit de vier tempels van de beschermgoden. Op de dag dat het vollemaan is, wordt het relikwie voor de laatste keer door de stad gevoerd. Het Esala Perahera wordt sinds het regentschap van Kirti Sri Rajasimha (1747-1782) in Kandy gevierd, maar de traditie gaat terug tot de eerste koningssteden. Zo staat in de kroniek Mahavamsa dat koning Sirimeghavanna (regeerperiode 301-328) het decreet uitvaardigt dat het relikwie een keer per jaar door Anuradhapura moet worden gevoerd.

kolossaal monument in de jungle, altijd is de houding van de handen en de positie van het lichaam nauwkeurig bepaald. Beide verwijzen naar gebeurtenissen in zijn leven of aspecten van zijn leer. Een liggende figuur refereert aan de dood van Boeddha en het volledig opgaan in de oneindigheid (*parinirvana*), een staande figuur aan zijn terugkeer uit de hemel van de 33 goden (*tavatimsa*), waar hij volgens de legende een regentijd lang lesgaf. Het vaakst wordt Boeddha in meditatiezit afgebeeld, met gekruiste benen, en maar zelden in 'Europese' zithouding met gestrekte benen.

## Van het lijden naar het nirwana

Met de 'leer van de ouderen', het theravada, is in Sri Lanka de oorspronkelijke vorm van het boeddhisme verspreid. Het theravada-boeddhisme is terug te voeren op Siddharta Gautama (de oorspronkelijke naam van Boeddha), wiens leer in de Pali-canon bijeen is gebracht. De Noord-Indiase prins Siddharta, in de 5e eeuw v.Chr. in een adellijke familie geboren, raakte na een losbandige jeugd in een diepe crisis nadat hij een oude, een zieke, een arme en een dode man had gezien, en ging op zoek naar de zin van het leven, een zoektocht die jarenlang zou duren. Mediterend onder een bodhiboom werd hij de Ontwaakte, de Boeddha.

Met de Vier Edele Waarheden analyseerde hij het oorzakelijk verband tussen leven en lijden: 1. Het leven is lijden; 2. De oorzaak van alle lijden is begeerte en verknochtheid; 3. Alleen door de volledige uitroeiing van hebzucht en haat kan het lijden worden overwonnen; 4. Om dat te bereiken, moet het Edele Achtvoudige Pad worden gevolgd (een verzameling gedragsregels, waaronder ethisch handelen, streven naar kennis en meditatie).

Boeddha was ervan overtuigd dat alle verschijnselen niet geïsoleerd, maar in een onderlinge afhankelijkheid van elkaar bestaan en onderworpen zijn aan het voortdurende proces van geboorte en dood. Zo is er wat hem betreft een eeuwig goddelijk wezen noch een onveranderlijke zelf, zoals het hindoeïsme betoogt. Het geloof daarin is pure illusie en veroorzaakt lijden. Om die reden is er geen ziel en dus ook geen reïncarnatie daarvan. Wedergeboren wordt wel de in de loop van een leven verzamelde karmische energie die ontstaat wanneer denken en doen (*karma*) door hebzucht, haat en verblinding zijn gemotiveerd. Pas wanneer iemand volledig vrij is van deze eigenschappen kan hij een einde maken aan de kringloop van wedergeboorte (*samsara*) en volledig opgaan in de oneindigheid (*parinirvana*).

## Opbouwen van een goed karma

Het leven van een boeddhist begint dus niet met een wedergeboren ziel, maar met een nieuw 'saldo', dat hij of zij door het opbouwen van een goed karma (Singalees: *pin kama*) moet aanvullen. Hiervoor moet een boeddhist de Gulden Middenweg bewandelen en niet radicale ascese beoefenen of een losbandig leven leiden. Ook de vijf fatsoensregels (niet doden, niet stelen, geen misstappen op seksueel gebied begaan, niet liegen en geen bedwelmende middelen tot zich nemen) helpen bij het verzamelen van goede verdiensten. Maar de kans op een betere wedergeboorte wordt vooral groter door grootmoedigheid, giften aan monniken en kloosters, meditatie en bestudering van de leer.

Het hindoeïsme is prominent aanwezig in Sri Lanka, vooral in het noorden en het oosten. Ongeveer 13% van de bevolking hangt deze religie aan. Dit betreft vrijwel uitsluitend Tamils, maar ook boeddhisten vereren enkele hindoegoden. In het beroemde Indiase epos Ramayana speelt het eiland Lanka een centrale rol als verblijfplaats van de demonenkoning Ravana.

Vollemaan in februari. In de straten van Jaffna is het een drukte van belang. Duizenden gelovigen vieren het Thaipusam-feest en begeleiden een praalwagen die van onder tot boven versierd is met bloemenslingers, vruchten en betelbladeren. Boven op de wagen troont een beeld van Skanda, de jongste zoon van Shiva en diens gemalin Parvati. Met het feest wordt herdacht dat oorlogsgod Skanda de *vel* van zijn moeder kreeg, een magische speer voor de strijd tegen een machtige demon.

Om te demonstreren dat ze niet onderdoen voor Skanda doorboren sommige mannen hun wangen met pijlen en dragen een versierd houten of stalen frame (*kavadi*) op hun schouders. Anderen hebben haken in hun rug en benen gestoken en bungelen aan touwen die aan verrijdbare stellages zijn bevestigd. Toch laat het hindoeïsme zich niet vaak van zo'n barbaarse kant zien. Tot het dagelijks leven van de hindoes behoren de *pujas* ter ere van de betreffende hoofdgod, die een paar keer per dag in de tempels (*kovils*) worden gehouden. Onder begeleiding van de schrille klan-

# De ondoorzichtige godenwereld van het hindoeïsme

De tempel in Matale lijkt wel een 3D-prentenboek van de hindoeïstische mythologie

ken van een muziekensemble houden de slechts in een witte wikkelrok gehulde hindoepriesters verschillende ceremonies in de heiligste ruimte van de tempel, nemen offergaven van gelovigen in ontvangst en voeren rituelen met vuur en bloemen uit. Als zegening drukken ze bij de aanwezigen met poederpasta een stip (*tilak*) op het voorhoofd.

## Veelzijdig hindoegeloof

Van de wereldreligies is het hindoeïsme misschien wel het verwarrendst, omdat het de meest uiteenlopende en vaak tegenstrijdige denkbeelden in zich verenigt. Is er eigenlijk wel een god? En zo ja, hoeveel dan? In het hindoeïsme bestaat de abstracte voorstelling van een almachtige naast het geloof in een leger van demonen, geesten en goden, aan wie niets menselijks vreemd is en die soms een nogal ingewikkelde geschiedenis hebben. Er wordt gemediteerd, maar ook extatisch gedanst. De hindoes zijn verenigd in hun geloof in een reïncarnatie, de gedachte dat hun individuele zelf na de dood een nieuwe gedaante aanneemt. Hoe ze worden wedergeboren, hangt af van hun karma, oftewel van de daden in hun leven.

Deze religieuze veelzijdigheid komt niet in de laatste plaats doordat zich in de loop van een vierduizend jaar lange geschiedenis de meest uiteenlopende filosofieën, religieuze rituelen, mythologieën en voorstellingen van God op het Indiase subcontinent hebben

ontwikkeld. Die worden pas sinds 1830 onder het hindoeïsme geschaard.

## Klein goden-abc

Het hindoeïsme heeft ontelbare goden. De belangrijkste hindoegoden die in Sri Lanka worden vereerd zijn:

**Durga:** de Ontoegankelijke is een gemalin van Shiva en representeert het zorgzame maar ook het destructieve. Ze wordt vaak afgebeeld als Mahishasura Mardini, de doder van de waterbuffeldemon.

**Ganesha:** de oudste zoon van Shiva en Parvati wordt afgebeeld met een menselijk lichaam en de kop van een olifant. Pillaiyar, zoals de Tamils hem noemen, wordt aangeroepen bij alledaagse aangelegenheden en moet ook reizigers tegen gevaren beschermen. Zijn rijdier is de rat.

### Ramayana-epos

Sri Lanka is een van de belangrijkste locaties in het epos Ramayana, dat in de 1e eeuw door de Indiase goeroe Valmiki werd geschreven en het dramatische verhaal van Rama, Sita en de demonenkoning Ravana vertelt. Terwijl Ravana de aarde met zijn boosaardige praktijken beheerst, incarneert Vishnu als prins Rama in het koningshuis van Ayodhya en trouwt met prinses Sita. Na hun bruiloft wordt Rama verbannen, waarna hij samen met Sita en zijn halfbroer Lakshmana in het Dandaka-bos belandt. Als de demonenkoning hoort van de mooie Sita laat hij haar op slinkse wijze naar zijn eiland Lanka ontvoeren. Met hulp van de apengeneraal Hanuman slaagt Rama erin zijn gemalin op te sporen, haar na enerverende gevechten te bevrijden en Ravana te doden.

**Lakshmi:** de gemalin van Vishnu wordt ook wel Shri genoemd en is de godin van de schoonheid, de rijkdom en het geluk.

**Mariamman:** de moeder (*amman*) van de regen (*mari*) is een van de populairste godheden van de Tamils. Volgens verschillende legenden is ze geïnfecteerd met het pokkenvirus en en is ze een wraakzuchtige godin, die ziekten en ellende kan brengen.

**Parvati:** de dochter van de bergen is een gemalin van Shiva en de moeder van hun twee zonen Ganesha en Skanda. Tot haar attributen behoren een bidsnoer, een spiegel en een kroon.

**Shiva:** aan de populairste hindoegod in Sri Lanka zijn ook de meeste tempels gewijd. Ook Adam's Peak is met Shiva verbonden: Tamils noemen de markante berg *Sivanoli patha malai* (bergpad van Shiva). De god wordt in verschillende gedaanten vereerd: in de vorm van een lingam, als danser, maar ook als asceet. Tot de belangrijkste attributen van Shiva behoren de drietand, de halve maan en het verticale oog van wijsheid. De god is ook te herkennen aan zijn rijdier, de witte stier Nandi.

**Skanda:** de jongste zoon van Shiva en Parvati is omgeven met verschillende legenden en overleveringen. Zo zou hij hebben samengeleefd met het Veddameisje Valli. In zijn twaalf handen heeft de zeskoppige oorlogsgod verschillende wapens en zijn rijdier is de pauw. Tamils noemen hem Murugan, Singalezen Kataragama.

**Vishnu:** de Beschermer nam steeds weer aardse vormen aan om de wereld te redden. Incarnaties van hem zijn onder andere Rama en Krishna. Zijn tiende wederkomst als het paard Kalki laat nog op zich wachten. Tot zijn attributen behoren de schelp, de discus, de lotus en de knots. Zijn rijdier is de vogel Garuda. In Sri Lanka is hij ook bekend onder de naam *Upulvan* (Blauwe Lotus).

Bijna een op de zes inwoners van Sri Lanka is Tamil, van wie velen in het noorden en oosten van het eiland wonen. De Indiase Tamils zijn in de Britse koloniale tijd uit Zuid-India gehaald om op de plantages te werken. De Tamilminderheid heeft eeuwenlang overwegend vreedzaam naast de Singalezen gewoond, maar de recente geschiedenis wordt overschaduwd door een bloedige burgeroorlog.

stammen namelijk scherven van aardewerk met Tamilinscripties, die op veel plaatsen in Sri Lanka zijn gevonden. De kroniek Mahavamsa (zie blz. 48) maakt gewag van een generaal Elara uit Zuid-India, die zich in 145 v.Chr. de troon van Anuradhapura zou hebben toegeëigend en 45 jaar lang zou hebben geheerst. Een van de meest dramatische perioden in de Sri Lankaanse geschiedenis was de heerschappij van twee Zuid-Indiase Chola-koningen in de 10e en 11e

# Minderheid met zelfbewustzijn – de Tamils

Vrouwen in kakelbonte sari's, Tamil-popmuziek, de geur van pikante curry's bij eetstalletjes, het geprevel van hindoepriesters in tempels: in Jaffna hangt de sfeer van een Zuid-Indiase stad. Ook wie een wandeling gaat maken door de straten van Trincomalee of Batticaloa zal een dergelijke ervaring hebben. In het noorden van het eiland en langs de oostkust is de cultuur van het Indiase subcontinent veel prominenter aanwezig dan die van Sri Lanka zelf. Maar ook in het hoogland springen de Tamils in het oog, vooral op de theeplantages waar ze bladeren plukken. Deze zogeheten Indiase Tamils behoren weliswaar tot dezelfde etnische groep als hun volksgenoten in het noorden en het oosten – de Sri Lankaanse Tamils –, maar er is meer dat hen scheidt dan hen bindt.

## Lange geschiedenis

De Tamils wonen in elk geval sinds de 2e eeuw v.Chr. op het eiland. Uit die tijd

eeuw, die tot een immigratiegolf van Tamilkooplieden en -soldaten leidde. Halverwege de 13e eeuw vestigde zich na de ondergang van Polonnaruwa een zelfstandig Tamilrijk op het schiereiland Jaffna, dat tot de komst van de Portugezen, driehonderd jaar later, onafhankelijk was. In de Britse koloniale tijd hadden de Tamils een voorkeurspositie omdat ze doorgingen voor ijverig en betrouwbaar.

## Etnische groep zonder rechten

Het gouden tijdperk van de koloniale economie aan het einde van de 19e eeuw en de rap stijgende vraag naar arbeidskrachten door de bliksemsnelle uitbreiding van de plantages leidde tot een massale immigratie van Tamils uit het arme zuiden van India. Voor een karig loon werkten ze zich in het zweet op de thee- en rubberplantages. In 1910 maakten ze al bijna 13% van de bevolking uit. Na de onafhankelijkheid in 1948 raakten deze Tamils onder de eerste premier Senanayake hun burgerrechten kwijt. Omdat ze tot de lagere kasten behoorden, ondervonden ze nauwelijks steun van de Sri Lankaanse Tamils. Maar ook die zouden algauw het nakijken hebben. Nadat S.W.R.D. Bandaranaike dankzij zijn populistische *Sinhala Only*-campagne in 1956 tot premier was gekozen en het Singalees de status van enige officiële taal had verleend, kwam het steeds vaker tot gewelddadigheden van nationalistische Singalezen tegenover de minderheden. Pas nadat de Tamil Federal Party protest had aangetekend tegen het taalbesluit en autonome gebieden in het noorden en het oosten van het land had geëist, gaf de premier toestemming om het Tamil als ambtelijke taal te gebruiken. Na de moord op Bandaranaike zette zijn weduwe en opvolgster Sirimavo de populistische politiek van haar echtgenoot voort. In 1964 kwam ze met de premier van India overeen dat de helft van de circa één miljoen Indiase Tamils zou worden gerepatrieerd.

## Het kastenstelsel

De Tamilsamenleving in Sri Lanka wordt net als in buurland India gerangschikt op basis van het kastenstelsel. Helemaal bovenaan in de hiërarchie staan de Brahmanen, maar getalsmatig en in maatschappelijk opzicht domineren de Vellala. Deze kaste van landeigenaren en boeren omvat ongeveer de helft van de Tamilbevolking. Hierna volgen de kasten van de vissers (Karaiya) en kooplieden (Chetti). Helemaal onderaan in de rangorde zijn de Paraiyar te vinden. Dit betreft de mensen die niet tot een kaste behoren en van wie de verengelste naam paria synoniem is geworden met verstoteling.

## Bloedige burgeroorlog

De dagelijkse uitingen van discriminatie en de achterstellingen op allerlei gebied – zoals in de universiteitsreglementen – leidden ertoe dat de Tamilgemeenschap steeds meer gefrustreerd raakte en ging radicaliseren. In 1976 richtte de pas 21-jarige Velupillai Prabhakaran met gelijkgezinden de militante Liberation Tigers of Tamil Eelam (LTTE) op om de stichting van een onafhankelijke staat met geweld af te dwingen. De aanval van zijn Tamiltijgers op een militaire patrouille in Jaffna, op 23 juli 1983, leidde tot een golf van geweld tegen de Tamilminderheid. Dit was het begin van een bloedige burgeroorlog, die aan tienduizenden mensen het leven zou kosten en honderdduizenden Tamils ontheemd zou maken. Ook de politiek van de eilandstaat werd volledig beheerst door het etnische conflict.

Na talloze aanslagen, grootschalige militaire operaties, een mislukte vredesoperatie door Indiase troepen en een wapenstilstand van enkele jaren kwam er na 26 jaar een bloedig einde aan de afmattende burgeroorlog. Toen na een maandenlang militair offensief nog maar een smalle kuststrook bij Mullaitivu in handen van de LTTE was, moesten de Tamiltijgers op 17 mei 2009 toegeven: 'This battle has reached its bitter end.' Vrijwel alle kopstukken van de organisatie vonden de dood. Volgens schattingen van de VN in 2011 waren alleen al in de laatste vijf maanden van de burgeroorlog circa 40.000 burgers omgekomen.

Ook al zijn zowel de Singalezen als de Tamils blij dat het bloedige conflict ten einde is, een politieke oplossing voor het etnische vraagstuk is nog niet in zicht. Nog altijd namelijk voelt de zelfbewuste Tamilminderheid zich onvoldoende vertegenwoordigd.

# Klein eiland, grote verscheidenheid – flora en fauna

Dankzij de afwisselende landschappen heeft Sri Lanka een indrukwekkende soortenrijkdom te bieden voor een eiland van dergelijke afmetingen. Het volgende nationale park is meestal niet ver weg, zodat u hier uitstekend op safari kunt. En waar nog meer hebt u zo'n grote kans om op een en dezelfde dag zowel het grootste zeezoogdier (de blauwe vinvis) als het grootste landzoogdier (de olifant) ter wereld te spotten?

Tussen de tempelruïnes van Polonnaruwa is er mot. Met veel gekrijs stormt een groep ceylonkroonapen op een paar indringers af om ze uit hun territorium te verdrijven. Algauw gaat de leider van de rivaliserende apenfamilie er met zijn gezelschap vandoor. Enkele grijze hoelmans volgen de hele vertoning van een afstandje en wijden zich vervolgens weer aan hun favoriete bezigheid: het

nuttigen van jonge boombladeren. Opgeschrikt door het rumoer vliegt boven de boomtoppen een zwerm halsbandparkieten op.

Alleen al bij een bezoek aan een van de ruïnesteden krijgt u een flinke portie wild voorgeschoteld. Zo komen in Polonnaruwa maar liefst vier van de vijf apensoorten voor die inheems zijn op het eiland: de ceylonkroonaap, de hoelman, de grijze slanke lori en de alleen in Sri Lanka voorkomende witbaardlangoer. De vijfde apensoort in Sri Lanka is de rode slanke lori, die vooral in het zuiden en het zuidoosten van het eiland voorkomt.

## Kleurrijke dierenwereld

Op het tropische eiland leven in totaal 125 soorten zoogdieren, waarvan er 14 inheems zijn. Naast apen en olifanten

Ongeveer een kwart van de 242 vlindersoorten komt alleen op Sri Lanka voor

(zie blz. 64) komen hier – vooral in de nationale parken – luipaarden, lippenberen, axisherten en sambars (eveneens een hertensoort) voor. Ook heel indrukwekkend zijn de tot wel 2 m lange varanen, die zich graag ophouden in de buurt van huizen en volkomen ongevaarlijk zijn. Veel meer respect moet worden betoond aan de meer dan tachtig soorten slangen, ook al is daarvan maar een op de tien giftig. Tot die laatste behoren de koningscobra, de gewone en de Sri Lankaanse krait met hun opvallende strepen en de bruinachtige Russells adder, die te herkennen is aan zijn vlekken.

Liefhebbers van vlinders kunnen zich verheugen op 242 soorten, waarvan ongeveer een kwart alleen maar in Sri Lanka voorkomt. De vogelwereld is bepaald niet minder gevarieerd. Volgens de Ceylon Bird Club (www. ceylonbirdclub.org) zijn tot nog toe 236 inheemse en 203 trekvogelsoorten geregistreerd. Hiervan komen 33 soorten alleen maar in Sri Lanka voor, waaronder de lafayettehoen, het nationale dier. Deze geelrode vogel vertoeft het liefst in de droge streken, net als de trotse pauw. Wie de vele verschillende watervogels wil leren kennen – waaronder aalscholvers, reigers, ijsvogels en witbuikzeearenden – moet een kijkje gaan nemen in de open gebieden rondom de waterreservoirs en de lagunes in het kustgebied. In het middelgebergte komen halsband- en grote alexanderparkieten voor, die goed te herkennen zijn aan hun krijsende roep.

Vijf verschillende zeeschildpadden leggen hun eieren op de stranden van Sri Lanka: echte en onechte karetschildpadden, dwergzeeschildpadden, soepschildpadden en de tot wel 2 m lange lederschildpadden. In de vrije natuur zult u ze waarschijnlijk niet tegenkomen, maar de schildpadkwekerijen laten u graag kennismaken met deze dieren.

In de zee rond het eiland en de lagunes in het kustgebied dartelen niet minder dan zes dolfijnensoorten rond. Bovendien hebt u vrijwel overal langs de kust een goede kans om de grootste zeezoogdieren ter wereld te spotten: voor de kust van Mirissa, Kalpitiya en Trincomalee komen onder andere blauwe vinvissen, potvissen en zwaardwalvissen voor.

## Rijke plantenwereld

Ook de flora van Sri Lanka is verrassend gevarieerd. Tot op heden zijn ongeveer 6800 soorten geregistreerd, waaronder 314 soorten varens (waarvan 20% alleen in Sri Lanka voorkomt) en 172 soorten orchideeën (waarvan 41% alleen in Sri Lanka voorkomt). Ook de biodiversiteit in de bossen is groot, hoewel die slechts een vijfde van het totaaloppervlak van het eiland beslaan – een eeuw geleden was dat nog twee derde. Overblijfselen van de oorspronkelijke jungle zijn nog te vinden op de Ritigala, in het Sinharaja Forest Reserve en in het Udawattakele Sanctuary bij Kandy.

In de moessonwouden staan veel waardevolle bomen, zoals leveranciers van teak, ebbenhout en ijzerhout. De aantrekkingskracht voor de bosbouw is hun op veel plaatsen noodlottig geworden.

Vijgenbomen zijn gewild vanwege hun schaduwgevende kwaliteiten of worden gebruikt voor religieuze doeleinden gebruikt, zoals de wurgvijg met zijn luchtwortels, de eucalyptus, te herkennen aan zijn glanzende bladeren, en de vereerde bodhiboom, waarvan het oudste exemplaar al meer dan 2300 jaar in Anuradhapura staat.

In de wat hogergelegen regionen staan de bomen en struiken waaraan Sri Lanka zijn reputatie als specerijeneiland te danken heeft. De ayurvedische geneeskunde maakt gebruik van het heilzame potentieel van verschillende planten, zoals het sap en de bladeren van de niem, de bast van de dita en de zaden van de braaknotenboom.

## Beschermde natuurgebieden

Al in de 3e eeuw v.Chr. riep koning Devanampiya Tissa het gebied rond Mihintale uit tot beschermd natuurgebied en in de 12e eeuw verbood Nissanka Malla het doden van dieren in de omgeving van zijn koningsstad Polonnaruwa. Beide regenten streefden hiermee het boeddhistische ideaal van het niet-doden na, maar hun religie kon niet voorkomen dat met name de Britse koloniale overheersers roofbouw pleegden op de natuur. Omvangrijke jachtpartijen en grootschalige ontbossing voor de aanleg van plantages dunden de dierenpopulatie en het bomenbestand dermate uit dat de Britse bosbeschermer Clark in 1889 een protest indiende bij zijn regering. In 1938 werden in Yala en Wilpattu grotere gebieden uitgeroepen tot beschermd natuurgebied.

Nu zijn er 93 beschermde natuurgebieden in Sri Lanka – waarvan 21 nationale parken –, die circa 13% van het landoppervlak beslaan en onder het Department of Wildlife Conservation in Colombo vallen.

### De dieren van dichtbij bekijken

Wie dieren wil observeren, kan het best naar een van de volgende locaties gaan:
**Dolfijnen** – Kalpitiya, Trincomalee
**Luipaarden** – Wilpattu, Yala West
**Lippenberen** – Wilpattu, Yala West
**Olifanten** – Bundala, Gal Oya, Kaudulla, Minneriya, Yala West, Uda Walawe
**Zeeschildpadden** – Rekawa bij Tangalle
**Primaten** – Anuradhapura, Hakgala, Polonnaruwa, Sigiriya
**Vogels** – Bundala, Horton Plains, Sinharaja, Uda Walawe, Yala West
**Walvissen** – Mirissa, Kalpitiya

# De grijze reuzen – Sri Lanka's olifanten

Er is geen dier dat zo nauw verbonden is met Sri Lanka als de olifant. Of het nu gaat om de religie, de kunst of de geschiedenis, de grijze dikhuid speelt er een prominente rol in. Vandaag de dag leven er ruim 5800 olifanten in het wild op het eiland. Dat aantal is ongeëvenaard in Azië, maar het natuurlijke leefgebied van de dieren wordt bedreigd.

De cricketspelers hadden een ongebruikelijke toeschouwer gehad. Op hun opgewonden kreten was een nieuwsgierige jonge olifant uit het nabijgelegen Lahugala National Park afgekomen om te kijken waar die geluiden precies vandaan kwamen. Na een paar kritische blikken op hun spel was hij er weer vandoor gegaan. Minder enthousiast over de regelmatige bezoekjes van de dikhuiden zijn de bewoners van het dorpje Suduwella, dat in de buurt van Ampara ligt. 'Wij leven in constante angst dat er een olifantenkudde naar ons dorp komt. De dieren verwoesten onze akkers en brengen schade toe aan onze huizen,' klagen ze.

Hun voorkeur voor bananen, rijstplanten en suikerriet heeft ervoor gezorgd dat de jumbo's en de eilandbevolking niet bepaald dikke vrienden zijn. Een volwassen olifant verslindt elke dag ongeveer 200 kg voedsel. Er gaat vrijwel geen dag voorbij of er is wel een kudde – soms wel van veertig dieren – die een bezoek brengt aan een of meer akkers en er een ravage achterlaat. Ook dorpen zijn niet veilig voor de olifanten. Bij pogingen om de dierlijke indringers te verdrijven, komen elk jaar ongeveer vijftig mensen om het leven. Tussen de 150 en 200 plunderende olifanten worden elk jaar doelbewust gedood.

## Krimpend leefgebied

In Sri Lanka komen twee ondersoorten van de Aziatische olifant voor: de Ceylonese olifant (*Elephas maximus maximus*) en de Ceylonese moerasolifant (*Elephas maximus vilaliya*). De dieren hebben verschillende habitats, die variëren van open terreinen – zoals de savanne – tot de dichte jungle. Ook (stuw)meren en vochtige streken behoren tot de favoriete leefgebieden.

De Aziatische olifant staat al lange tijd op de Rode Lijst van bedreigde diersoorten. Waren er in Sri Lanka aan het einde van de 19e eeuw nog meer dan 15.000 olifanten in het wild, bij de laatste telling in augustus 2011 waren het er maar 5800. Toch stemt dat cijfer optimistisch, want bij de telling in 1993 werden nog geen 2000 dieren geregistreerd. Ook zijn er nog ongeveer 150 gedomesticeerde olifanten.

In het verleden was vooral de jacht de oorzaak van de decimering van de olifanten, maar tegenwoordig is de krimp van hun natuurlijke leefgebied de boosdoener. Zo heeft sinds de jaren zeventig van de vorige eeuw 3642 km² oerbos plaats moeten maken voor landbouwgebied als onderdeel van het Mahaweli-ontwikkelingsproject. Bijna twee derde van het bos was een toevluchtsoord voor olifanten. De nieuw gecreëerde beschermde natuurgebieden en corridors, waaronder de nationale parken Minneriya en Kaudulla, hebben dit verlies maar ten dele kunnen compenseren.

## Geëerd en bejaagd

Ondanks de voornoemde conflicten staat de *aliya* of *yanai*, zoals de olifant respectievelijk in het Singalees en het Tamil wordt genoemd, hoog in aanzien bij de Sri Lankanen. Bij het jaarlijkse Esala Perahera in Kandy (zie blz. 54 en 211) mag de ere-olifant, Maligawa Atha genaamd, de reliekhouder met een kopie van Boeddha's hoektand door de straten van Kandy voeren. In de mooiste gewaden gehuld en door twee soortgenoten begeleid is het dier het absolute middelpunt van de processie. Ook in de boeddhistische architectuur is de olifant terug te vinden: veel tempels zijn met reliëfs van de dieren versierd.

Olifantgod Ganesha speelt een belangrijke rol in het leven van gelovige hindoes, die tal van schrijnen en tempels aan hem hebben gewijd. Bovendien zien veel Sri Lankanen de grijze reus als beschermer van de jungle.

Vroeger werd het bezit van een witte olifant beschouwd als garantie voor het geluk van het koninkrijk. Ook in de ge-

### Massabijeenkomst

De jaarlijkse 'massabijeenkomst' van de olifanten in het Minneriya National Park (zie blz. 181) wordt aangeprezen als *The Gathering*. Op het hoogtepunt van de droge tijd – de maanden juni tot en met augustus –, wanneer het water schaarser wordt, komen er 's ochtends en 's avonds 150 tot 200 olifanten bijeen bij het antieke stuwmeer in het park. Nergens anders in Azië hebt u zo'n goede gelegenheid om zo veel dikhuiden in het wild bij elkaar te zien. Dat trekt natuurlijk een heleboel belangstellenden – te veel, vinden de autoriteiten. Mogelijk worden er daarom in de nabije toekomst grenzen gesteld aan het aantal bezoekers per dag. Actuele informatie over de Sri Lankaanse olifanten vindt u onder andere op www.srilankaelephant.com.

schiedschrijving worden de sensitieve dikhuiden telkens weer aangehaald. Zo valt te lezen dat paus Leo X in 1514 een olifant uit Ceylon cadeau kreeg van de koning van Portugal. De nabijheid van de pontifex maximus leek de *Elephas maximus* evenwel niet bijzonder goed te bekomen: twee jaar later al blies Hanno – zoals hij was genoemd – zijn laatste adem uit.

Ook in de vele oorlogen die op het eiland zijn gevoerd was het imposante dier onontbeerlijk. Zo wordt geschreven dat koning Rajasimha I in 1586 met zijn leger en 2200 'uitstekend getrainde' olifanten tevergeefs het Portugese fort in Colombo belegerden.

De Britten hadden op hun beurt een tamelijk prozaïsche relatie met de olifant. Ze gebruikten gedomesticeerde olifanten op de plantages en jaagden in hun vrije tijd op wilde soortgenoten. Ene majoor Thomas Rogers ging er prat op dat hij in een tijdsbestek van vier jaar 1500 olifanten had gedood.

Olifantgod Ganesha staat voor wijsheid, intelligentie en elk nieuw begin

Ceylonthee is synoniem met uitgelezen theesoorten en diepgroene plantages. Geen enkel ander land is zo nauw verbonden met deze populaire drank als Sri Lanka. Het eiland is de op twee na grootste thee-exporteur ter wereld en kijkt terug op een enerverend succesverhaal van de Camellia sinensis. Zijn doorbraak heeft de thee te danken aan een ramp – en aan een Schotse visionair.

In 1852 was James Taylor op 16-jarige leeftijd vanuit het Schotse Kincardineshire naar Ceylon vertrokken. Sindsdien had hij op de koffieplantages van Loolecondera gewerkt, die zich ten zuidoosten van Kandy uitstrekten. Maar de vooruitziende plantagebezitters wilden niet afhankelijk worden van de zwarte bonen en stuurden de Schot naar India, waar hij zich het productieproces van thee eigen moest maken.

# De geschiedenis van thee in het kort

Misschien was de geschiedenis heel anders verlopen en ceylonkoffie het handelsmerk van het eiland geweest, als niet in 1869 als vanuit het niets de *Hemileia vastratrix* was opgedoken, een roestzwam die binnen de kortste keren vrijwel de gehele koffieaanplant had aangetast en de bladeren van een geelachtige kleur had voorzien – een catastrofe voor de plantagebezitters. Na decennia van bloei voor de koffieproductie, waarin het teeltoppervlak van 20.234 ha in 1847 dertig jaar later ongeveer het vijfvoudige had bereikt, was er geen houden aan de neergang van de zwarte bonen. Maar toen verscheen een reddende engel: James Taylor.

## Experimenten in Loolecondera

De jonge Schot James Taylor gebruikte de veranda van zijn bungalow als proeflaboratorium. Hij had genoeg aan een houtskooloven en een tafel met een rol om de eerste Sri Lankaanse kwaliteitsthee te produceren.

Een jaar later, in 1867, plantte Taylor de eerste 7,7 ha theestruiken. Nog eens vijf jaar verstreken alvorens hij een echte theefabriek in gebruik kon nemen. In 1873 werd de eerste 10 kg thee van Loolecondera naar de haven van Londen getransporteerd. Het merk ceylonthee was een feit.

Het duurde niet lang of er stonden ook theestruiken op andere plantages in de omgeving van Kandy, maar ook in Nuwara Eliya, Ratnapura en de provincie Uva. In veel gevallen namen ze de plaats in van de aangetaste koffiebomen. De aanvankelijk bloeiende handel in koffie had een eerdere carrière van thee in de weg gestaan, want al in 1824 waren de eerste struiken van de *Camellia sinensis* vanuit China naar Ceylon getransporteerd, waar ze voor experimentele doeleinden in de botanische tuin van Peradeniya waren geplant. Maar pas nadat er in 1833 een einde was gekomen aan het handelsmonopolie op thee van de East India Company, de Britse Oost-Indische Compagnie, werd de commerciële aanbouw van thee op het eiland winstgevend.

## Een naam als merk

Er is nog iemand die nauw verbonden is met de ceylonthee: Thomas Johnstone Lipton. In 1890 besloot de 42-jarige koopman zijn geluk te beproeven in de lucratieve theebusiness en kocht vijf plantages in de Britse kolonie. Nog geen tien jaar later was de zoon van Ierse immigranten, die in een arbeiderswijk van Glasgow een kruidenierszaak hadden, eigenaar van 2200 ha.

Onder het motto *direct from the tea gardens to the teapot* omzeilde Lipton de tussenhandelaren en kon hij bij de verkoop in zijn 150 winkels in Groot-Brittannië betaalbare prijzen hanteren. Op die manier wist hij binnen enkele jaren een enorm imperium op te bouwen. Dankzij een innovatieve marketingstrategie – als van de eersten maakte Lipton gebruik van advertenties in gedrukte media – was zijn naam weldra nauw verbonden met thee. In 1898 werd hij door koningin Victoria, van wie hij de hofleverancier was, in de adelstand

verheven. Tot zijn dood in 1931 bezocht sir Thomas keer op keer zijn favoriete plantage in Dambatenne bij Haputale, waar nog altijd een uitkijkpunt aan hem herinnert: Lipton's Seat (zie blz. 234).

## Nummer drie in de thee-export

Vandaag de dag is thee met afstand het belangrijkste landbouwproduct van Sri Lanka. De gemiddeld 1 m hoge struiken worden verbouwd op een totaaloppervlak van 2210 km², waarmee het eiland een aandeel heeft van 7% in het wereldwijde oppervlak dat voor de aanbouw van thee wordt gebruikt (een vierde plek). Bovendien is Sri Lanka na Kenia en China de nummer drie in de mondiale thee-export. De belangrijkste

### Thee-abc

**Broken Orange Pekoe (BOP):** mild, want van jonge bladeren en bloesems.
**Broken Pekoe (BP):** gebroken, middelgrote bladeren zonder bloesems.
**Broken Pekoe Souchong (PS):** grof gehakte grote bladeren.
**Dust:** fijngemalen en daarom heel sterk.
**Fannings:** stukjes voor theezakjes.
**Flowery BOP:** van de beste kwaliteit, want de bladeren komen van de uiteinden van de takken.
**Orange Pekoe (OP):** van de langwerpige bladeren van de scheuten.
**Pekoe (P):** van de zachte jonge bladeren.
**Souchong (S):** stevige, grote bladeren, die grof worden gehakt.

Een vertrouwd beeld in het hoogland: theepluksters aan het werk

afnemers zijn Rusland en de landen in het Nabije Oosten. De actuele exportcijfers worden gepubliceerd door de Sri Lanka Tea Board (www.pureceylontea.com).

De kwaliteit van de thee is afhankelijk van waar de theestruiken zijn geplant: op een hoogte van rond de 600 m groeien de bladeren weliswaar sneller, maar leveren ze aanmerkelijk in op aromatisch gebied. Op hogere locaties neemt de smaakintensiteit toe. Het beste aroma wordt bereikt bij theestruiken die boven de 1200 m staan. De veelal Tamilvrouwen plukken in de droge tijd één keer per week en in de regentijd om de drie dagen de twee jongste bladeren van een struik en de bloesem aan het uiteinde van een scheut. Voor de circa 16 tot 18 kg die ze gemiddeld op een dag plukken, ontvangen ze een magere LKR 600-800 (€ 3,5-5). Wel krijgen ze van de plantagebezitters – meestal grote conglomeraten zoals Aitken Spence, Finlays en Hayleys – gratis huisvesting, gezondheidszorg en onderwijs.

Nadat de bladeren in de theefabriek zijn aangekomen, moeten ze eerst ongeveer 13 uur drogen en vervolgens door rollen en pletten worden kleingemaakt. Dan worden ze bij een hoge luchtvochtigheid gefermenteerd, want pas door de verbinding met zuurstof krijgt de thee zijn aroma. Om een adequaat kwaliteitsniveau te bereiken zijn nog meer droog- en sorteerprocessen noodzakelijk. Voordat de vervaardigde producten naar de veiling in Colombo worden gebracht en van daaruit in theezakjes verpakt naar alle uithoeken van de wereld worden getransporteerd, testen theecontroleurs de smaak ervan in het laboratorium.

# Palmen voor elk doel

De zachtjes in de wind wiegende kokospalmen van Sri Lanka maken voor de meeste Europese bezoekers deel uit van het romantische beeld dat ze van de tropen hebben. Voor de lokale bevolking zijn de bomen in de eerste plaats van praktisch nut. Ze zijn een verrijking voor de lokale gerechten, dienen als bouwmateriaal en verfraaien tot cosmetica verwerkt huid en haar. Veel andere palmen hebben een vergelijkbare gebruikswaarde. De toepassingsmogelijkheden zijn schier onuitputtelijk.

De tropische koorddansact begint in de ochtenduren. Op een angstaanjagende hoogte balanceren de palmwijntappers als lichtvoetige acrobaten op touwen net onder de kroon van de palm om het zurig ruikende, melkachtige sap te verzamelen dat in de daarvoor opgehangen kommetjes is gestroomd. Daarna maken ze nieuwe inkepingen in de kroon zodat het sap blijft lopen. Vervolgens balanceren de *durava* of *toddy tappers*, zoals de tappers worden genoemd, over touwen naar de volgende kokospalm. 's Avonds herhaalt dit schouwspel zich. Het is een vertrouwd beeld langs de westkust van Sri Lanka, waar zich reusachtige kokosnootplantages uitstrekken. Een volgroeide boom kan tot wel 270 l sap per jaar leveren. Het gewonnen palmsap wordt tot suiker (*jaggery*) gekookt, tot palmwijn (*toddy*) vergist of tot Sri Lanka's nationale brandewijn *arrack* gedistilleerd.

Voor de fijnste palmsiroop van Sri Lanka is weer een andere palmensoort verantwoordelijk: de kitul- of vissenstaartpalm, die hoofdzakelijk in het centrale hoogland te vinden is. Het sap van deze palm wordt net zo lang gekookt tot er een suikerzoete melasse (*treacle*) ontstaat. Deze palmsiroop wordt vaak in combinatie met kwark van buffelmelk geserveerd: een absolute traktatie.

## De koningin onder de palmen

Bij de aanblik van een kokosnoot loopt vakantiegangers – maar ook de Sri Lankanen zelf – het water in de mond, want wat is er lekkerder dan het verse sap van een geelgroene *king coconut*? Het vruchtvlees, dat in Sri Lanka *kobra* wordt genoemd, is – gedroogd, geraspt of tot olie geperst – niet meer weg te denken uit de lokale keuken. Er komt hier geen curry op tafel of er is wel op de een of andere manier kokosnoot in verwerkt.

Kokosolie bewijst ook zijn waarde als grondstof van zeep, zonnebrandcrème en shampoo. De schaal van de kokosnoot is op zijn beurt geschikt als brandstof of mest, en in bewerkte vorm als interieurdecoratie of keukengerei. Van de week gemaakte vezels van het buitenste omhulsel wordt touw gedraaid of ze worden verwerkt tot bezems, borstels of matten. Zelfs autostoelen en matrassen worden met de vezels bekleed. Het hout van de stam wordt sinds mensenheugenis gebruikt voor de bouw van huizen en schepen. De palmbladeren zijn ten slotte uitstekend geschikt voor daken en omheiningen of voor de vervaardiging van rietwerk.

## Om mee te bouwen of op te kauwen

Een minder bekende, maar niet minder veelzijdige palmensoort is de palmyra, die voornamelijk op de uitgestrekte vlakten in de droge zone groeit. In het oud-Indiase vers *Tāla Vilāsam* staan maar liefst 801 toepassingsmogelijkheden van de palm. Van het sap van de waaierpalm – die wel 30 m hoog kan worden – wordt net als bij de kokospalm *jaggery, toddy* of *arrack* gemaakt. De vuistgrote vruchten zijn eetbaar, de stam is geschikt als bouwmateriaal en de palmbladeren worden gebruikt voor de fabricage van verpakkings- en afdekkingsmaterialen.

In veel parken en tuinen in Sri Lanka is de areka- of betelpalm te vinden, die als een naald de lucht in priemt. In de groene en gelige vruchten die onder de kroon groeien, bevindt zich de betelnoot, die fijngehakt en in een blad van de palm gewikkeld door de lokale bevolking wordt gepruimd. Een stuk onopvallender en alleen in de jungle te vinden zijn de smalle, stekelige stammen van de rotanpalmen, die na het ontschorsen, drogen en modelleren als rotanmeubilair in woonkamers over de hele wereld belanden. Langs de oevers van veel lagunes en rivieren steken bladeren van nipa's boven het water uit. Deze zijn zeer gewild als dakbedekking.

### Palmbladmanuscripten

'Toen ze zagen dat de mensen zich steeds meer vervreemdden van de leer kwamen de monniken bijeen om deze op schrift te stellen, opdat de ware leer zou voortbestaan,' zo staat in de kroniek Mahavamsa. In de 1e eeuw v. Chr. krasten ongeveer vijfhonderd monniken de complete boeddhistische Pali-canon in bladeren van de parasolwaaierpalm. Vanaf dat moment waren deze stevige, vezelachtige bladeren (die olabladeren worden genoemd) niet meer weg te denken bij de vervaardiging van manuscripten, want op die manier konden waardevolle documenten onder droge omstandigheden eeuwenlang worden bewaard.

# Armada onder de zeespiegel

Voor de kust van Sri Lanka liggen in de diepten van de oceaan ruim tweehonderd scheepswrakken. Als een geheimzinnige nalatenschap van meer dan twee millennia zeevaartgeschiedenis getuigen ze van het belang van het eiland als tussenstation in de zeehandel tussen Oost en West. Het zijn echter ook gedenktekens van bloedige slagen, zware moessons en menselijk falen.

## HMS Hermes

Op 9 april 1942 was het helder weer voor de kust van Sri Lanka, maar toch pakten de loodgrijze wolken van de Tweede Wereldoorlog zich hier onheilspellend samen. Een paar maanden na de val van Singapore dreigde een aanval van de Japanse luchtmacht op de Britse marinebasis in Trincomalee. Om 10.35 uur gebeurde waarvoor men had gevreesd: aan de horizon verschenen 85 Japanse gevechtsvliegtuigen, die in de wateren voor de kust van Batticaloa de *HMS Hermes* onder vuur namen. Het eerste vliegdekschip ter wereld, dat in 1924 door de Britten in gebruik was genomen, voer samen met de torpedobootjager *HMAS Vampire* vanuit Trincomalee richting zuiden. Binnen enkele minuten werden beide schepen door de zee verzwolgen en namen 315 bemanningsleden met zich mee.

Nu ligt de *HMS Hermes* op een diepte van ongeveer 40 m voor de oostkust en is het schip een van Sri Lanka's populairste attracties voor wrakduikers. Door het naar boven gerichte luchtafweerkanon ziet het vliegdekschip er nog altijd dreigend uit, maar de ontelbare scholen barracuda's, makrelen en snappers trekken zich er niets van aan. Ze cirkelen rond de roestige scheepsschroeven en verdwijnen in de imposante buik van het meer dan 180 m lange stalen gevaarte.

## Geklungel voor de zuidkust

Het zeilschip *Avondster*, dat onder de vlag van de Vereenigde Oostindische Compagnie (VOC) voer, ging simpelweg door menselijk falen ten onder. Op 2 juli 1659 zonk de wendbare driemaster, het laadruim vol met betelnoten, in de haven van Galle. In een brief aan de VOC in Batavia (het huidige Jakarta) schreef de Hollandse gouverneur Rijcklof Volckertsz. van Goens berouwvol: 'Met leetwezen moeten u Ed bekent maken hoe 't schip d'avontster door enckel achteloosheyt en versuym by lieflyck schoon weder in de bay van gale syn touw aen de klippen doorvylt synde aan de wal gedreven ende verongeluct is.' ('Wij betreuren het u te moeten meedelen dat de *Avondster* door achteloosheid en verzuim bij helder weer op de kust gelopen en gezonken is in de baai van Galle, nadat zijn touwen door de rotsen waren doorkliefd.') Nu ligt het wrak circa 50 m uit de kust op een diepte van slechts 5 m. Pas in 1993 werd het geïdentificeerd en in de jaren daarna door onderwaterarcheologen onderzocht, waarbij tal van keramische voorwerpen en kanonskogels werden gevonden. De vondsten werden overgebracht naar het Maritime

Archaeology Museum van Galle, waar een groot deel verloren is gegaan bij de tsunami van 2004.

Met 25 interessante overblijfselen uit het verleden is de baai van Galle een walhalla voor duikers. Behalve de *Avondster* behoort ook de op 22 mei 1661 gezonken *Hercules* tot de historische schatten. Het in 1655 in Zaandam gebouwde zeilschip stond op het punt zijn reis te vervolgen naar Batavia in Nederlands Oost-Indië – het huidige Indonesië – toen ook in dit geval de matrozen het lieten afweten: bij het lichten van het anker knapten de touwen, waarop de *Hercules* een speelbal van de golven werd, op de rotsige kust liep en zonk. Hierbij gingen 1700 zakken met kaneel en rijst verloren. De inscriptie op de scheepsklok klinkt als een zeemans-testament: 'Amor Vincit Omnia [Liefde Overwint Alles]. Anno 1625'.

## Scheepskerkhof voor de kust van Hikkaduwa

De onrustige zee tijdens de moesson eist langs de westkust telkens opnieuw slachtoffers, waaronder op 3 juni 1903 de *Conch*. De eerste olietanker ter wereld, vanaf 1892 varend voor het Britse bedrijf Shell, was onderweg van het Russische Novorossiejsk aan de Zwarte Zee naar Madras in India. Voor de kust van Hikkaduwa voer de 3555 brutoregisterton zware tanker op de Akarta Rock en zonk. Het wrak ligt op een diepte van 20 m en behoort dankzij de goede bereikbaarheid tot de populairste bestemmingen van wrakduikers in Sri Lanka. Dat komt ook doordat de aantrekkingskracht hier behalve in het wrak zelf ook in de rijkdom aan vissen zit. In het ingewand van de oude olietanker zwemmen onder andere grote zeebaarzen, egelvissen, trekkervissen en reuzenmurenen rond.

In de buurt van de *Conch* getuigt de tien jaar eerder gezonken *Earl of Shaftsbury* met een lengte van 85 m en een breedte van 13 m van de vroegere grandeur van de Britse zeevaart. De viermaster met de stalen romp liep in 1883 van stapel op de werf van Ramage & Ferguson in het Schotse Leith bij Edinburgh en was onderweg van het Indiase Bombay naar Tasmanië toen het schip voor de kust van Sri Lanka verging.

Ook in de jaren daarna is in de onrustige wateren voor de westkust van Sri Lanka nog menig kapitein in de problemen gekomen, zoals die van het vrachtschip *Lord Nelson*, dat in het jaar 2000 met een lading cement tijdens een storm ten onder ging – tot droefenis van de rederij, tot genoegen van de wrakduikers.

### Het fascinerende wrakduiken

Een schat aan informatie over de bekendste wrakken voor de kust van Sri Lanka vindt u op de website www.divesrilanka.com. De man achter de website, Dharshana Jayawardena, heeft ook een interessant boek over de wrakken geschreven: *Ghosts of the Deep*.

Enkele gevestigde duikcentra op het eiland zijn:
**Blue Deep Diving**
www.bluedeepdiving.com
**Nilaveli Diving Centre**
www.nilavelidiving.com
**Poseidon Diving Station**
www.divingsrilanka.com
**Underwater Safaris**
www.underwatersafaris.org
**Unawatuna Diving Centre**
www.unawatunadiving.com
**Submarine Diving School**
www.divinginsrilanka.com
**Weligama Bay Dive Centre**
www.scubadivingweligama.com

De eerste twee koningssteden van Sri Lanka, Anuradhapura en Polonnaruwa, liggen midden in de droge zone. Met behulp van uitgekiende irrigatiewerken konden de monarchen de bevloeiing van de landbouwgebieden in hun rijk waarborgen. In de loop der eeuwen werden duizenden waterreservoirs aangelegd, die tot op de dag van vandaag van vitaal belang zijn.

De schemering valt rond het stuwmeer Giritale Wewa, dat een paar kilometer ten noorden van Polonnaruwa ligt. Een kudde olifanten loopt naar de rand van het water en schrikt een zwerm zilverreigers op, die met veel misbaar wegvliegen. Boven de vogels draaien twee witbuikzeearenden hun rondjes, terwijl de lucht bloedrood kleurt. Dit idyllische plaatje zou niet mogelijk zijn geweest zonder de inspanningen van koning Aggabodhi II (regeerperiode 604-614). Deze in Anuradhapura residerende heerser liet het stuwmeer namelijk aan het begin van de 7e eeuw aanleggen.

Hiermee volgde de koning het voorbeeld van veel van zijn voorgangers, die ook alles in het werk hadden gesteld om de irrigatiewerken op het eiland uit te breiden. Ze hadden ook geen andere keus, want bij een jaarlijks neerslaggemiddelde van 1900 mm was elke druppel water kostbaar. Zonder een *wewa* of

# Tot de laatste drup – de irrigatiewerken van Sri Lanka

Goed voor de landbouw, fataal voor dieren in het wild: de Mahaweli-stuwdam

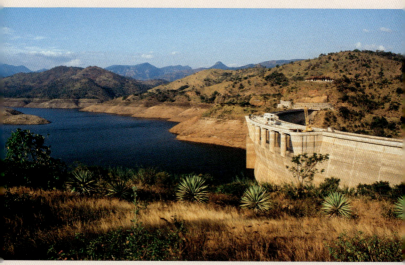

*kulam,* zoals de stuwmeren in het Singalees respectievelijk het Tamil worden genoemd, kon de voedselvoorziening voor een groeiende bevolking niet worden gegarandeerd. Om dezelfde reden had vrijwel elk dorp ook de beschikking over een eigen waterreservoir.

## Meesters in de hydraulica

Om de landbouwgebieden van water te kunnen voorzien, waren bovendien grote reservoirs nodig. Voor de aanleg hiervan moesten veel arbeidskrachten worden gemobiliseerd. Maar niet alleen hierbij werd een beroep gedaan op het organisatietalent van de monarchen, ook de daaropvolgende toedeling van het water moest worden vastgelegd en bovendien dienden de irrigatiewerken regelmatig aan een controle te worden onderworpen. Keer op keer werden gebreken geconstateerd, die verholpen moesten worden. Een voor die tijd enorme krachtsinspanning.

De irrigatiepionier onder de koningen is Devanampiya Tissa, die in de 3e eeuw v.Chr. in Anuradhapura het naar hem genoemde Tissa Wewa liet graven. Een van de ijverigste monarchen was koning Mahasena (regeerperiode 274-301), aan wie zestien waterreservoirs worden toegeschreven. Nog altijd wordt de uitvinding van de vierkante sluis in de 1e eeuw als technisch hoogstandje beschouwd. Met deze zogenaamde *bisokotuwa* kon de waterdruk nauwkeurig worden gereguleerd, wat een gelijkmatige bevloeiing mogelijk maakte. Vanaf dat moment waren er in grote delen van de droge zone tot wel drie rijstoogsten per jaar mogelijk.

Koning Parakramabahu I (regeerperiode 1153-1186), die algemeen als een visionair wordt beschouwd, heeft ooit gezegd: 'Er mag geen regendruppeltje in zee terechtkomen, hoe klein ook, voordat mensen ervan hebben geprofiteerd.' Volgens de geschiedschrijving liet hij 3910 kanalen en meer dan 2500 waterreservoirs restaureren of aanleggen, waaronder het 21,65 km² grote Parakrama Samudra bij Polonnaruwa.

## Belangrijke biotopen

Met de ondergang van de grote koninkrijken vanaf de 13e eeuw raakte ook het irrigatiesysteem in verval. Toch zijn door de eeuwen heen duizenden *wewa* bewaard gebleven, waarvan sommige pas in het recente verleden zijn gerestaureerd. De reservoirs zijn niet alleen belangrijk voor de watervoorziening, maar ook waardevolle biotopen voor watervogels, olifanten en andere dieren. Bovendien drukken ze een stempel op het fascinerende cultuurlandschap in de droge zone.

### Het Mahaweli-ontwikkelingsproject

Met een stroomgebied van 10.000 km² is de rivier de Mahaweli de belangrijkste waterbron van Sri Lanka, die deel uitmaakt van het grootste, maar niet omstreden ontwikkelingsproject van het land. Het in 1978 gestarte **Mahaweli Ganga Development Project** heeft ingrijpende veranderingen teweeggebracht langs de 335 km lange rivier. Duizenden mensen moesten verhuizen en er zijn verscheidene kleine en vier grote stuwdammen gebouwd, waaronder die van het Victoria en het Randenigala Reservoir ten oosten van Kandy. Door een uitgekiend irrigatiesysteem is de afgelopen decennia weliswaar 3642 km² nieuwe landbouwgrond gecreëerd, maar met fatale gevolgen voor het wild, dat een waardevol leefgebied kwijtraakte.

# Ayurveda – oude wetenschap van een lang leven

De oeroude gezondheidsleer ayurveda mag zich ook in West-Europa in een grote populariteit verheugen. De meer dan twee millennia geleden in India ontstane leer geldt als een van de oudste systematische therapieën ter wereld. Professioneel geleide ayurvedaresorts in Sri Lanka bieden intensieve kuurvakanties aan. Een goede voorbereiding hierop is echter beslist noodzakelijk.

Ontspannen ligt de blonde schoonheid op een ligbedje. Boven haar hangt een vergulde schaal, waaruit langzaam olie op haar voorhoofd druppelt. Op de achtergrond klinkt zachte sitarmuziek en er is een walmend rookvaatje te zien. Met dit soort televisiereclames wordt puur genot gepresenteerd als de sleutel tot gezondheid en geluk. Maar komt dat overeen met de werkelijkheid?

Sri Lanka is een van de populairste bestemmingen voor ayurvedische behandelingen, zodat in de catalogi van de touroperators en op internet tal van aanbiedingen op dat gebied te vinden zijn. Ook de grote vakantiehotels zijn goed voorbereid, want ze beschikken vrijwel allemaal over een wellness- of een ayurvedisch centrum. Maar niet overal waar 'ayurveda' op de deur staat, wordt ook ayurveda geboden. De wetenschap van een gezond, lang leven (*ayur* = gezond, lang leven, *veda* = wetenschap) is meer dan wellness, namelijk een oeroude therapie met een holistische kijk op de mens. De eerste fundamentele werken dateren uit de 1e en de 2e eeuw. In de *Charaka Samhita* wordt een beschrijving gegeven van het menselijk lichaam, met verwijzingen naar voeding en geneeskrachtige planten, de *Sushruta Samhita* is een leerboek van de chirurgie.

## Leven in balans

Centraal in de ayurvedische leer staat de mens in zijn individualiteit. Als deel van de kosmos wordt hij aan de ene kant beïnvloed door elementen van buitenaf, zoals het klimaat, het seizoen en voeding. Anderzijds zorgen drie bio-energiestromen die vanaf de geboorte tot ontwikkeling komen voor de balans van lichaam, geest en ziel. Deze drie dosha's worden gevormd uit de vijf basiselementen – ether, lucht, vuur, water, aarde – en hebben verschillende functies: *vata* (van lucht en ether) oefent controle uit over het bewegingsmechanisme, de zintuigen en het zenuwstelsel, *pitta* (van vuur en water) stuurt de stofwisseling, de spijsvertering en de emoties aan, *kapha* (van aarde en water) is verantwoordelijk voor de lichaamsbouw, het weerstandsvermogen en de geestelijke balans.

Omdat de dosha's ook het universum vormen, kan de mens alleen maar als onderdeel van het kosmisch geheel worden beschouwd. Als hij door invloeden van binnenuit of van buitenaf uit balans raakt, komt het onvermijdelijk tot aandoeningen of ziekten. Invloeden vanuit de omgeving en levensomstandigheden spelen dus evenzeer een rol in de gezondheid als het individuele leefpatroon.

## Holistische genezing

Problemen met de stofwisseling, slaapstoornissen, hoge bloeddruk of overgewicht: deze en andere 'beschavingsziekten' zijn typische symptomen van een disbalans van de dosha's. Het doel van een ayurvedische behandeling is om de bio-energiestromen in harmonie te laten lopen, zodat de persoon weer 'in lijn is met zichzelf'. Die situatie wordt in de ayurveda aangeduid met het Sanskritische woord *swastha* (dat letterlijk vertaald 'in zichzelf staan' betekent).

De individuele samenstelling van de dosha's wordt door de ayurveda-arts onder meer vastgesteld met behulp van een polsdiagnose. Hierop baseert hij een behandelplan, dat vooral gericht is op de stofwisseling. Een persoonlijk dieet maakt evenzeer deel uit van de therapie als kruidenstoombaden, oliemassages en natuurlijk geneesmiddelen, waarvoor meer dan honderd ingrediënten ter beschikking staan. Onthouding van alcohol en nicotine is een vanzelfsprekendheid, maar ook vlees is verboden omdat dierlijke eiwitten het lichaam erg lang bezighouden en het opruimen van giftige stoffen in de weg staat, terwijl dit toch juist de basis van de behandeling is.

## Panchakarma-kuren

Een panchakarma-kuur is het belangrijkste gedeelte van een ayurvedische behandeling en duurt in het beste geval dertig dagen, maar op zijn minst twee weken. De kuur is gebaseerd op de aanname dat er door een onbalans van de drie dosha's concentraties van afvalstoffen en toxinen in de weefsels en kanalen van het lichaam ontstaan. Een grondige reiniging van het organisme is daarom een voorwaarde voor een succesvol genezingsproces.

### Ayurvedaresorts

Touroperators die gespecialiseerd zijn in ayurvedareizen zijn bijvoorbeeld SpaDreams (www.spadreams.nl) en Puurenkuur.nl (www.puurenkuur.nl). U kunt natuurlijk ook boeken via een buitenlandse touroperator, bijvoorbeeld het Duitse Aytour (www.aytour. de).

Dit zijn enkele interessante resorts in Sri Lanka:

**Aida Ayurveda & Spa:** 12A Managala Mawatha, Bentota, tel. 034 227 11 37, www.aidaayurveda.com. In de beide complexen Bentota River Side en Induruwa Beach Side wordt een omvangrijk kuurprogramma aangeboden, ook voor een paar dagen.

**Greystones Villa:** Diyatalawa, bij Bandarawela, contact via Nandhi Ayurvedic Therapies, Christophstraße 5, D-70178 Stuttgart, tel. +49 711 234 81 44, www.ayurveda-kuur.nl. Ayurvedabehandelingen op vaste tijdstippen in een mooie villa in het hoogland van Sri Lanka.

**Jetwing Ayurveda Pavilions:** Ethukale, Negombo, tel. 031 227 67 19, www.jetwingayurvedapavilions.com. Voortreffelijk resort met twaalf bungalows, exquise gerechten en een aangename sfeer.

**Ayurveda Centrum Hill Paradise:** 47 Waulagoda, Hikkaduwa, tel. 091 438 32 99, www.ayurvedakurlaub.de. Resort met slechts veertien kamers, ervaren personeel en een persoonlijke benadering.

**Lotus Villa:** 162/19 Wathuregama, Ahungalla, tel. 091 226 40 82, www.lotus-villa.com. Dit aan het strand gelegen resort met negentien kamers heeft de uitstraling van een kuurkliniek. Het hooggekwalificeerde personeel staat garant voor een zeer persoonlijke benadering.

**Ayu Suwathaa:** 18/3 Fisheries Harbour Road, Galbokka, Kosgoda, tel. 091 226 44 21, www.ayurvedaceylon.com. Knusse gelegenheid met tien kamers, op loopafstand van het strand.

Voor elke gast een persoonlijk middel: voor de bereiding van massageoliën, badessences en geneesmiddelen staan meer dan honderd ingrediënten ter beschikking

Panchakarma laat zich vertalen als 'vijfvoudige handeling' (*pancha* = vijf, *karma* = handeling). De gedachte hierachter is dat er vijf manieren zijn om het lichaam te reinigen: overgeven (*vomana*), ontlasten (*virechana*), klysma's zonder olie (*niruha-basti*), klysma's met olie (*anuvasana-basti*) en een reiniging van het hoofd (*nasya*). In de voorbereidingsfase ligt de nadruk op het ontslakken. Oliebehandelingen van het voorhoofd (*shirodhara*) en massages, kruiden- en zweetbaden moeten de afvalstoffen in het hoofd respectieve-lijk in het weefsel elders in het lichaam losmaken en naar het spijsverteringsstelsel transporteren. De hoofdfase is gewijd aan de reiniging – met laxeermiddelen en klysma's worden de afvalstoffen uit het spijsverteringsstelsel verwijderd – en de wederopbouw van het gereinigde organisme. In de eindfase wordt het lichaam met yoga, ontspanningsoefeningen en ayurvedische voeding weer in balans gebracht. Volgens de ayurvedische traditie moeten dergelijke kuren twee keer per jaar worden ondergaan.

Als geen ander heeft Geoffrey Bawa een stempel gedrukt op de architectuur van Sri Lanka. Zijn gevoel voor het karakter van een locatie, zijn verwijzingen naar de bouwtradities van het eiland en zijn omgang met vormen en materialen hebben de in 2003 overleden toparchitect wereldberoemd gemaakt. Bawa is een voorbeeld voor en een inspiratiebron van een hele generatie architecten.

Vrijwel niemand zal begin jaren zestig hebben vermoed dat de man die in een Silver Cloud Rolls Royce door de straten van Colombo cruisete ooit een van de invloedrijkste architecten van Sri Lanka zou worden. Het leven van Geoffrey Bawa was typerend voor dat van een verwend kind uit een goed nest. Hij werd in 1919 geboren in een welgesteld Burgher-gezin, als zoon van een succesvolle islamitische advocaat en een moeder van Nederlands-Singalese afkomst. Vlak voordat de Tweede Wereldoorlog uitbrak, vertrok Bawa naar Groot-Brittannië om rechten te gaan studeren. In 1946 studeerde hij af en was korte tijd werkzaam als advocaat in Colombo. Vervolgens ging hij op wereldreis, die hem onder andere naar Italië voerde. Vanuit dat land keerde Bawa in 1948 terug naar Sri Lanka. Een jaar later kocht hij de verlaten rubberplantage Lunuganga bij Bentota, die hij naar Italiaans voorbeeld ging verbouwen.

# Architect voor de zintuigen – Geoffrey Bawa

Bawa's buitenverblijf, natuurlijk door hemzelf ontworpen: Lunuganga bij Bentota

# Tropisch modernisme

In 1951 trad Geoffrey Bawa in dienst bij het architectenbureau Edwards, Reid & Begg in Colombo, maar drie jaar later reisde hij opnieuw naar Groot-Brittannië om in Londen architectuur te gaan studeren. Na zijn afstuderen in 1957 ging de toen 38-jarige Bawa opnieuw aan de slag bij het architectenbureau, maar nu in de functie van directeur, die inmiddels vacant was geworden. Samen met bevriende architecten, onder wie de Deen Ulrik Plesner, gaf hij zijn bouwwerken een modernisme mee dat op de lokale omstandigheden was afgestemd en traditionele elementen omvatte.

Al uit zijn eerste projecten, zoals een woonhuis in Colombo dat hij in 1961 ontwierp – het huidige Gallery Café –, kwam zijn signatuur duidelijk naar voren: een samenspel van open ruimten, licht en water. Bawa maakte graag gebruik van lokale en koloniale bouwelementen. Aan de Portugese architectuur ontleende hij de zuilen en de grote vensters met luiken, aan de gebouwen uit het Hollandse koloniale tijdperk de bungalowstijl, de binnenplaats en de veranda's, en aan zijn geboorteland lokale materialen zoals stammen van kokospalmen en halfronde dakpannen van gebakken klei. Bij enkele ontwerpen is het zonneklaar dat Bawa naar historische voorbeelden heeft gekeken. Zo herinnert het dak van het nieuwe parlementsgebouw bij Colombo aan de traditionele schilddaken van Kandy.

## Architectuur als totaalbeleving

Een van Bawa's belangrijkste stelregels, die hij naarmate hij ouder werd steeds consequenter ging volgen, was dat je gebouwen met al je zintuigen moet kunnen beleven. Zo vond hij de genius loci, het karakter van een bepaalde plaats, zo belangrijk dat hij die als uitgangspunt voor zijn architectuur ging hanteren. Een geslaagd voorbeeld hiervan is de in 1984 voltooide University of Ruhuna bij Matara. Bawa ontwierp de gebouwen zodanig dat ze opgaan in een heuvellandschap en uitzicht bieden op de nabijgelegen kust. In 1994 wist de meester dit ook te bereiken bij het Heritance Kandalama Hotel bij Dambulla, dat uitkijkt over een antiek waterreservoir en lijkt te versmelten met de erachtergelegen bergrug.

Vorm, materiaal en ruimte tot een totaalbeleving verenigen – maar weinig architecten zijn hier zo goed in geslaagd als Geoffrey Bawa. Zijn nalatenschap doet nog altijd van zich spreken. Daarvoor zorgt niet alleen zijn belangrijkste medewerkster en geestelijk opvolgster Channa Daswatte, maar ook een nieuwe, door hem geïnspireerde generatie architecten.

### Belangrijke projecten van Geoffrey Bawa

- Lunuganga, Bentota (1948)
- Nazareth Convent, Bandarawela (1961)
- Bentota Beach Hotel, Bentota (1967)
- Heritance Ayurveda Maha Gedara, Beruwela (1976)
- Seema Malaka, Colombo (1978)
- University of Ruhuna, Matara (1984)
- Heritance Ahungalla, Ahungalla (1981)
- Nieuw parlementsgebouw, Kotte bij Colombo (1982)
- Heritance Kandalama, bij Dambulla (1994)
- Jetwing Lighthouse, Galle (1997)
- The Blue Water, Wadduwa (1998)

# Het hotel en zijn dorp

Het Jetwing Vil Uyana staat te boek als een geslaagd voorbeeld van duurzaam toerisme. Bovendien biedt het luxeuze ecoresort, dat verscholen ligt in het cultuurlandschap bij de rotsvesting Sigiriya, mensen uit de omgeving perspectief op de arbeidsmarkt en een vast inkomen. Ook steeds meer andere hotels zijn milieubewust en maatschappelijk betrokken.

Allereerst gingen ze op bezoek bij de abt van het kleine klooster Rangirigama, in de buurt van Sigiriya. Met hem bespraken de initiatiefnemers van Jetwing Hotels hun idee om op een braakliggend terrein aan de rand van een dorp een luxueus resort met een hoge ecologische standaard te bouwen. Ze beloofden de lokale bevolking werkgelegenheid en het dorp een nieuwe weg. Bovendien zegden ze toe de plaatselijke

gewoonten te zullen respecteren. De boeddistische monnik ging ermee akkoord dat alle bewoners van het dorp werden uitgenodigd voor een bijeenkomst in het klooster om van gedachten te wisselen over het plan. Dat was het begin van een vruchtbare samenwerking tussen de Jetwing-groep en het dorp.

## Hotel als banenmotor

'De beste manier om de samenwerking met de lokale bevolking te zoeken, is via een boeddhistisch klooster,' vindt Hiran Cooray, de directeur van Jetwing Hotels. In het geval van het Vil Uyana-project ging die bewering zonder meer op, want de alom gerespecteerde abt van het klooster Rangirigama steunde het initiatief niet alleen uit ideeël oogpunt, maar stelde ook ruimten ter beschikking voor bijeenkomsten en scholingen.

Meteen al aan het begin van het project stichtte de onderneming het Jetwing Youth Development Project (JYDP) om de vele werkloze jongeren in de landelijke omgeving een opleiding in het hotelwezen te geven. Maar ook alleenstaande vrouwen van 40 jaar en ouder kregen de kans om zich te bekwamen in het hotelvak. Van de aanvankelijk 120 geïnteresseerden had bij de opening in 2006 de helft een baan in het hotel. Aan een volgende opleiding, drie jaar later, namen ook jongeren deel die uit gebieden kwamen waar de burgeroorlog had gewoed, onder wie de toen 18-jarige Nalaka. 'Als kind wilde ik per se kok worden,' herinnert hij zich. Zijn droom werd werkelijkheid. Nu bereidt het talent de meest exquise gerechten in de hotelkeuken. Ook de natuur op het terrein van het resort profiteert van de betrokkenheid van het personeel: op het ooit verwaarloosde stuk grond worden tegenwoordig biologische groenten en rijst verbouwd en op veel plekken zijn waardevolle biotopen voor planten en dieren ontstaan.

## Toerisme tegen de armoede

'Elke onderneming heeft een verantwoordelijkheid om zich bezig te houden met problemen zoals armoede en onderontwikkeling. Dat kan eraan bijdragen dat de wereld een beetje leefbaarder wordt,' vindt de Britse professor Harold Goodwin, een denker op het gebied van duurzaam toerisme. Gelet op het belang van het vreemdelingenverkeer voor Sri Lanka nemen steeds meer ondernemingen Goodwins denkbeelden serieus.

De gerenommeerde Aitken Spence-groep, een van de grootste conglomeraten in de toeristenindustrie in Sri Lanka, heeft zonder meer een voortrekkersrol vervuld. Toen de onderneming aan het begin van de jaren negentig een luxehotel aan het Kandalama Wewa bij Dambulla wilde gaan bouwen, leidde dit uit angst voor milieuschade en sociaal verval algauw tot een storm van protesten. Monniken, politici en zelfs buitenlandse ondernemingen in de toeristensector sloten zich aan bij de critici. Na tal van gesprekken wist de Aitken Spence-groep de lokale bevolking uiteindelijk toch voor zich te winnen. Zo kon het Heritance Kandalama, dat naar een ontwerp van de gerenommeerde architect Geoffrey Bawa (zie blz. 80) is gebouwd, in 1994 zijn deuren openen en sindsdien tal van milieucertificaten en -prijzen in ontvangst nemen. Ook de andere hotels van Aitken Spence hanteren inmiddels een hoge standaard op zowel milieu- als maatschappelijk gebied. De betrokkenheid heeft zin, want per slot van rekening wil Sri Lanka ook in de toekomst zijn reputatie van tropisch paradijs kunnen blijven waarmaken.

### Duurzaam geleide vakantieverblijven moeten ...

- qua ontwerp zijn aangepast aan de omgeving;
- bij de bouw milieuvriendelijke materialen gebruiken;
- biologische producten gebruiken;
- de drie r'en – *reuse, reduce, recycle* (hergebruiken, reduceren, recyclen) – hoog in het vaandel hebben staan;
- een groot percentage lokale medewerkers hebben;
- zich bekommeren om de verdere ontwikkeling van het personeel;
- de voorkeur geven aan lokale toeleveranciers;
- maatschappelijk betrokken zijn.

# Onderweg in
# Sri Lanka

's Avonds gaan de Sri Lankanen de straat op om te winkelen of alleen een stukje te lopen

# Colombo en omgeving

## Op ontdekkingsreis

**Wijk van de diversiteit – het multiculturele Pettah:** tijdens een wandeling door de wijk Pettah openbaart zich in een paar straten de culturele diversiteit van Colombo. Moslims, Tamils en Singalezen leven hier doorgaans vreedzaam naast elkaar. Hindoetempels staan niet ver van moskeeën en kerken, en de winkels ertussen puilen uit van de kleurrijke sari's, de nette pakken en de glimmende sieraden. Zie blz. 92.

## Bezienswaardigheden

**National Museum:** in dit prachtige neoclassicistische gebouw wordt u een mooi inkijkje geboden in de geschiedenis van Sri Lanka. Vooral de zalen met voorwerpen uit Anuradhapura en Polonnaruwa zijn de moeite waard. **24** Zie blz. 99.

**Lionel Wendt Art Centre:** dit cultureel centrum is het toneel van exposities, concerten en toneelvoorstellingen. **7** Zie blz. 105.

Wijk van de diversiteit – het multiculturele Pettah

## Actief

**Galle Face Green:** wandelend over de promenade kunt u de zoutige zeelucht opsnuiven en komt u een dwarsdoorsnede van Colombo's bevolking tegen. **15** Zie blz. 95.

**Oase in de grote stad:** ten oosten van Colombo strekt zich rond het stuwmeer Talangama Wewa een stuk wildernis uit waar meer dan honderd soorten vogels en de zeldzame witbaardlangoer voorkomen – een must voor natuurliefhebbers. Zie blz. 106.

## Sfeervol genieten

**Dutch Hospital:** met de stijlvolle cafés, restaurants en winkels is dit voormalige ziekenhuiscomplex uit de 17e eeuw een van de hipste adressen van de stad. **7** Zie blz. 95 en 104.

**Galle Face Hotel:** de sfeer in dit koloniale hotel is uniek in Colombo. **17** Zie blz. 95 en 99.

**Angsana City Club & Spa:** deze wellnessoase in winkelcentrum Crescat City biedt uitstekende massages en therapieën. **1** Zie blz. 104.

## Uitgaan

**The Red Bar:** wie een bezoek brengt aan deze bar in het Paradise Road Tintagel Colombo wordt teruggeplaatst in de Franse barok. **6** Zie blz. 105.

**Rhythm & Blues:** in dit muziekcafé worden regelmatig liveoptredens gegeven. **9** Zie blz. 105.

# Metropool met vele gezichten

De voormalige hoofdstad van Sri Lanka brengt bij bezoekers heel wisselende reacties teweeg. Colombo heeft geen futuristische gebouwen zoals andere grote steden in Azië en ook geen spectaculaire bezienswaardigheden. Bovendien is haar meer dan duizendjarige geschiedenis de stad bepaald niet aan te zien.

De aan zee gelegen metropool met 2,5 miljoen inwoners geeft zich pas bij een nadere blik bloot en spreidt dan een fascinerende veelzijdigheid tentoon. Op sommige plaatsen, zoals in het World Trade Center, laat ze zich van haar mondaine en moderne kant zien, elders is ze weer snobistisch en koloniaal, zoals in de wijk Cinnamon Gardens. Nu eens is ze kleurrijk en levendig, zoals in de bochtige straatjes van de wijken Fort en Pettah, dan weer trendy en chique, zoals in de boetieks en cafés van Kollupitiya. Kerken, hindoetempels en moskeeën staan vreedzaam naast elkaar.

Langs de kust verrijzen nieuwe gebouwen van glas en beton, niet ver van imposante victoriaanse villa's. Ook wie van winkelen en lekker eten houdt, is in Colombo aan het juiste adres.

## Colombo ▶ B 19

De naar Sri Lankaanse begrippen kolossale metropool strekt zich schier eindeloos uit langs de kust. De oude kern wordt gevormd door de wijken **Fort** en **Pettah**. Ten noordoosten van dit centrum ligt **Kotahena**, waar nog enkele historische kerken staan, ten zuiden ervan de zakenwijk **Slave Island** tussen de twee armen van het **Beira Lake**. Langs de Galle Road, waar het verkeer permanent vast lijkt te staan, liggen de dicht bebouwde wijken **Kollupitiya** en **Bambalapitiya**. Verder naar het oosten in **Cinnamon Gardens** bevinden zich

## INFO

**Kaart:** ▶ B/C 19

### Informatie

**Sri Lanka Tourism:** 80 Galle Road, Colombo, tel. 011 243 70 55/59/60, www.srilanka.travel, ma.-vr. 9-16.45, za. 9-12.30 uur. Het toeristenbureau publiceert onder andere een *Accommodation Guide* met veel adressen van overnachtingsmogelijkheden.

### Reis en vervoer

Het Bandaranaike International Airport (BIA) ligt 30 km ten noorden van Colombo in Katunayake. Voor informatie over luchtvaartmaatschappijen en vluchten zie blz. 23. De rit naar het centrum via de Colombo-Katunayake Expressway duurt 20-50 min., afhankelijk van het tijdstip en de bestemming. Bij de uitgang van de aankomsthal kunt u een taxirit boeken bij een van de aanbieders, de ritprijs is een kwestie van onderhandelen. Bij de balie van Sri Lanka Tourism kunt u vragen wat een redelijke prijs is. Vanaf station Colombo-Fort rijden treinen naar Jaffna in het noorden, Trincomalee in het noordoosten, Kandy en Badulla in het hoogland en Matara aan de zuidkust. Ook de verschillende busmaatschappijen vertrekken vanuit Colombo-Fort naar bestemmingen in het hele land.

De torens van het World Trade Center staan voor het moderne Colombo

de mooiere woonwijken, met tal van villa's uit de koloniale tijd.

## Geschiedenis

Voor de Arabische zeevaarders was de monding van de rivier de Kelani al in de 10e eeuw een belangrijk tussenstation voor hun handel tussen Oost en West. De Marokkaanse wereldreiziger Abu Abdullah Mohammed ibn Battuta beschreef in de 14e eeuw de havenstad Kalanbu als 'de mooiste en grootste' van het eiland.

In de eeuwen daarna drukten vooral de Europese handelsmogendheden hun stempel op Colombo. In 1517 bouwden de Portugezen een fort, dat de Hollanders in 1656 veroverden en verder uitbreidden. Er is maar weinig van bewaard gebleven, want in 1796 lijfden de Britten het kleine eiland in bij hun reusachtige rijk en gaven Colombo een

nieuw gezicht: brede boulevards en prachtige victoriaanse gebouwen.

Na de onafhankelijkheid in 1948 beleefde Colombo als hoofdstad van het toenmalige Ceylon een periode van economische bloei. Maar vanaf de jaren tachtig had de stad net als de rest van het land te lijden onder de bloedige burgeroorlog. Telkens weer was Colombo het toneel van verwoestende aanslagen. Investeerders bleven weg en het culturele leven stond stil. Sinds mei 2009, toen de wapens werden neergelegd, is dat allemaal veranderd. Het aantal bouwprojecten neemt gestaag toe en Colombo laat zich weer van haar optimistische en energieke kant zien.

## Fort

De naam van de wijk **Fort** herinnert nog aan het tijdperk waarin op deze kwetsbare landtong in zee een vesting lag

die oorspronkelijk door de Portugezen was gebouwd. Vanaf het moment dat de Britten in 1872 de dikke muren van het stervormige complex slechtten en op het vrijgekomen terrein prachtige panden met een representatieve functie bouwden, ademen de straten en steegjes een zweempje *old empire*. Maar met het World Trade Center en het hoofdkantoor van de Bank of Ceylon heeft ook een stukje moderniteit haar intrede in de stad gedaan.

## President's House en omgeving

Om de architectonische hoogtepunten in Colombo Fort te bekijken, hoeft u maar een korte wandeling te maken. Beginpunt is de **Clock Tower** 1 (1857) op de kruising van Chatham Street en Janadhipathi Mawatha, een ontwerp van de echtgenote van gouverneur Henry G. Ward. Tien jaar na de bouw werd het gevaarte als vuurtoren in gebruik genomen, maar verloor algauw zijn functie omdat het achter hoge gebouwen verdween.

Als u vanaf hier de Janadhipathi Mawatha in noordelijke richting volgt, ziet u aan uw linkerhand het imposante **President's House** 2, dat in 1856 werd gebouwd als zetel van de gouverneur en tegenwoordig dienstdoet als officiële residentie van de president van Sri Lanka. Het neoclassicistische gebouw en de bijbehorende tuin zijn dan ook niet te bezichtigen. Ertegenover verheft zich het prachtige **General Post Office** 3, dat toparchitect

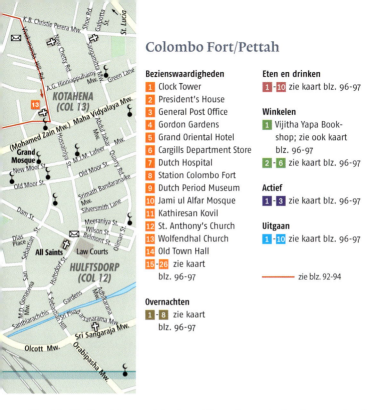

# Colombo Fort/Pettah

**Bezienswaardigheden**

1. Clock Tower
2. President's House
3. General Post Office
4. Gordon Gardens
5. Grand Oriental Hotel
6. Cargills Department Store
7. Dutch Hospital
8. Station Colombo Fort
9. Dutch Period Museum
10. Jami ul Afar Mosque
11. Kathiresan Kovil
12. St. Anthony's Church
13. Wolfendhal Church
14. Old Town Hall
15 - 26 zie kaart blz. 96-97

**Overnachten**

1 - 8 zie kaart blz. 96-97

**Eten en drinken**

1 - 10 zie kaart blz. 96-97

**Winkelen**

1. Vijitha Yapa Book-shop; zie ook kaart blz. 96-97
2 - 6 zie kaart blz. 96-97

**Actief**

1 - 3 zie kaart blz. 96-97

**Uitgaan**

1 - 10 zie kaart blz. 96-97

——— zie blz. 92-94

---

Wapchie Marikar (1829-1925) in 1895 eveneens in neoclassicistische stijl heeft ontworpen.

De **Gordon Gardens** 4 , waarvan de ingang zich op de hoek van Flagstaff Street en Church Street bevindt, zijn jammer genoeg niet toegankelijk. Sla daarom na het voormalige postkantoor rechts af Sir Baron Jayathilake Mawatha in, waar zich diverse representatieve bankgebouwen bevinden.

## York Street en het Dutch Hospital

In York Street, die van de haven naar het World Trade Center loopt, staan enkele koloniale gebouwen, waaronder dat van het eerbiedwaardige **Grand Oriental Hotel** 5 (2 York Street, zie blz. 102) op de hoek van Church Street. Zijn hoogtijdagen beleefde het in 1875 geopende hotel in de decennia dat veel reizigers tussen Europa en Azië een tussenstop maakten in Colombo en dan meestal in het Grand Oriental overnachtten omdat het dicht bij de haven lag. Onder hen waren ook enkele grote namen, zoals de Filipijnse vrijheidsstrijder José Rizal, Karl May en Hermann Hesse.

Een klein stukje zuidelijker wordt de aandacht getrokken door de roodwitte gevel van **Cargills Department Store** 6 (40 York Street, hoek Sir Baron Jayatilaka Mawatha), de hoofdvestiging van de Sri Lankaanse supermarktketen. Al in 1844 had oprichter Saim Cargill op deze plaats zijn eerste ▷ blz. 95

# Wijk van de diversiteit – het multiculturele Pettah

**Tijdens een wandeling door de wijk Pettah openbaart zich in een paar straten de culturele diversiteit van Colombo. Moslims, Tamils en Singalezen wonen hier doorgaans vreemdzaam naast elkaar. Hindoetempels staan niet ver van moskeeën en kerken, en de winkels ertussen puilen uit van de kleurrijke sari's, de nette pakken en de glimmende sieraden.**

**Stadsplattegrond:** zie blz. 91.
**Startpunt en duur:** deze 2 à 3 uur durende wandeling kunt u het best beginnen bij station Colombo Fort in Olcott Mawatha.

**Dutch Period Museum** 9 : 96 Prince Street, Colombo, www.stichting netherlandssrilanka.nl, di.-za. 9-17 uur, LKR 500, kinderen LKR 300.
**Wolfendhal Church:** Sir Ratnajothi Sarvanamuttu Mawathe (Wolfendhal Street), Colombo, di.-zo. 8-17 uur, gift vanaf LKR 100.
**Old Town Hall:** Main Street, Colombo, raadzaal ma.-vr. overdag, LKR 100 fooi.

'Je ziet hier de ene winkel na de andere, en wie bepaalde geuren schuwt doet er goed aan plaats te nemen in een van de alomtegenwoordige riskja's en ergens naartoe te rijden waar de luchtjes verdwenen zijn,' aldus Karl May in zijn boek *Et in terra pax* ('En vrede op aarde') over de sfeer in Pettah tijdens zijn bezoek aan Sri Lanka in oktober 1899. De waarschuwing van de Winnetoubedenker geldt ook nu nog, want de drukke straatjes, de knetterende tuktuks, de vochtig-warme lucht en het Babylonische geroezemoes weten werkelijk alle zintuigen te prikkelen.

## Een bewogen verleden

Nergens anders is de multiculturele samenleving in Colombo zo nadrukkelijk aanwezig als in Pettah. Deze levendige wijk ligt tussen Fort in het westen, de spoorlijn in het zuiden en de wijken Kotahena en Hultsdorf in het noordoosten respectievelijk het oosten.

Al vele generaties is de bevolking van de wijk zo kleurrijk als nu. Toen de Hollandse koloniale machthebbers in de 17e eeuw hun machtige fort met een gracht omgaven, streken er ten oosten van het vestingwerk steeds meer eilanders neer om handel te drijven. Het duurde niet lang of de wijk had de naam Pettai gekregen, het Tamilwoord voor nederzetting, waarvan de verengelste naam Pettah is afgeleid.

Een van de donkerste bladzijden uit de geschiedenis van de wijk is Zwarte Juli in 1983, toen het na een aanslag van de militante LTTE op een militaire patrouille in Jaffna in het hele land tot bruut geweld tegen de Tamilminderheid kwam. Vooral de Tamils van Pettah werden hierdoor getroffen, maar de wonden zijn vandaag de dag grotendeels geheeld.

## Levendige bazaarwijk

De wijk lijkt wel één grote bazaar. De wirwar van straatjes en stegen staat vol met allerlei koopwaren, variërend van kleurrijke stoffen, sieraden en huishoudelijke artikelen tot specerijen en groenten. Net als elders in Azië zijn winkels met een vergelijkbaar aanbod in bepaalde straten geconcentreerd. Zo zijn in **Front Street** overwegend lederwaren te vinden, in de evenwijdig lopende **1st Cross Street** winkels met elektronica en in de weer een stukje verder naar het oosten gelegen **3rd Cross Street** hoofdzakelijk stoffen. Wie op zoek is naar sieraden, kan het best koers zetten naar **2nd Cross Street** en Sea Street.

## Zwerftocht door de geschiedenis

Voor een verkenning van de wijk gaat u vanuit **station Colombo Fort** 8 in Olcott Mawatha allereerst 1st Cross Street en even verderop rechtsaf Prince Street in, waar het **Dutch Period Museum** 9 de Hollandse koloniale tijd in herinnering roept. Het gebouw waarin het museum is gevestigd, heeft vier jaar (1693-1697) dienstgedaan als residentie van gouverneur Thomas van Rhee en vervolgens tot 1796 als internaat. Ook een postkantoor was hier enige tijd ondergebracht, maar vanaf 1982 biedt het gebouw onderdak aan het museum. De museumstukken wekken de indruk enigszins lukraak bij elkaar te zijn gezocht, maar geven u een goed inkijkje in het leven in die tijd. Op de benedenverdieping bevinden zich grafstenen, wapens en een in 1768 gegoten klok van de Vereenigde Oostindische Compagnie (VOC), op de bovenverdieping staan voornamelijk meubels. Op de knusse binnenplaats kunt u even een luchtje scheppen.

Via 2nd Cross Street loopt u naar de rood-wit gestreepte **Jami ul Alfar Mosque** 10, een van de mooiste islamitische godshuizen van Colombo. De moskee is in 1909 gebouwd en nog altijd een belangrijke ontmoetingsplaats voor het wekelijkse vrijdaggebed, het *salat al-djuma*.

De rood-wit gestreepte Jami-ul-Alfar-moskee zult u niet snel over het hoofd zien

In de smalle Sea Street, iets verder naar het noordoosten, vindt u tal van goudwinkeltjes en bovendien een oude en een nieuwe **Kathiresan Kovil** 11, twee hindoetempels die gewijd zijn aan de oorlogsgod Skanda. Tijdens Adi Vel (zie blz. 106), dat elk jaar in juli of augustus plaatsvindt, zijn deze tempels het decor van indrukwekkende processies.

Sea Street komt uit op St. Anthony's Mawatha, waarvan de naam refereert aan de paar honderd meter verderop gelegen **St. Anthony's Church** 12. De neobarokke kerk is een mooi voorbeeld van multiculturaliteit, want de wonderdadige relikwie van de hier vereerde Antonius van Padua trekt niet alleen katholieken, maar ook boeddhistische Singalezen en hindoeïstische Tamils.

Via K.B. Christie Perera Mawatha en Vivekananda Hill Road komt u bij de **Wolfendhal Church** 13, eveneens een markant sacraal bouwwerk. De naam van de kerk is afgeleid van de oude Hollandse naam van de wijk, Wolvendaal. Het vestingachtige godshuis is gebouwd in de vorm van een Grieks kruis. Op 6 maart 1757, acht jaar na de eerstesteenlegging, werd de kerk ingewijd en sindsdien is dit de plaats van samenkomst van de protestantse gemeente. Tot de hoogtepunten in het interieur behoren de banken met de mooie houtsnijwerken en de graven van vooraanstaande personen.

Loop na uw bezoek aan de kerk via Sir Ratnajothi Saravanamuttu Mawatha – die voor een deel nog wordt aangeduid met Wolfendhal Street – terug naar het centrum van Pettah en sla daar rechts af Main Street in. Hier staat meteen aan uw linkerhand de historische **Old Town Hall** 14. Van 1873 tot 1928 kwam hier het stadsbestuur bijeen en daarna was het gebouw in gebruik bij de handelaren van de naburige markt. Wie het aandurft om via de krakende trap naar de eerste verdieping te lopen, vindt in de voormalige raadzaal zestien levensgrote houten figuren die een raadsvergadering uit 1906 verbeelden (het voorzitterschap is in handen van ene W. Shakespeare ... ). Hier kunt u zien dat het stadsbestuur toen al tamelijk multicultureel van samenstelling was. Doordeweeks is er meestal wel iemand te vinden die voor LKR 100 de raadzaal voor u opendoet. Minder interessant is het museum met oud schrijfgerei en oude hulpmiddelen voor de wegenbouw dat eveneens in de Old Town Hall is ondergebracht.

Een paar honderd meter ten zuiden van het oude raadhuis bevindt zich de fotogenieke **Pettah Manning Market**, die evenwel op de nominatie staat om te worden verplaatst naar de verder naar het noorden gelegen wijk Peliyagoda.

winkel geopend. Het huidige, tamelijk vervallen gebouw dateert uit 1906.

Tussen Hospital Street en het World Trade Center staan de gebouwen van het **Dutch Hospital** `7` (Bank of Ceylon Mawatha). In dit voormalige ziekenhuis uit de 17e eeuw zijn tegenwoordig leuke restaurants, cafés, boetieks en een wellnesscentrum gevestigd.

## Pettah

`8` -`14`: zie blz. 92-94.

## Galle Face Green en omgeving

Waar de chic in de koloniale tijd naar paardenrennen keek, speelt de jeugd tegenwoordig cricket. Maar de meeste mensen komen naar het aan zee gelegen stadspark **Galle Face Green** `15`, ten zuiden van het Fort, om een wandelingetje over de boulevard te maken. Anders dan vroeger is de in 1859 '*in the interest of the ladies and children of Colombo*' aangelegde groenstrook nu een ontmoetingsplaats voor alle sociale lagen van de stad. De naam Face is afgeleid van het Engelse woord *fosse* (gracht) en verwijst naar het vroegere fort.

### Old Parliament `16`

Op de hoek van Galle Road en Lotus Road staat een prachtig neobarok gebouw, waar van 1930 tot 1947 de Legislative Council bijeenkwam. Daarna zetelde hier het parlement, wat de naam van het gebouw verklaart. Sinds 1982 is hier het **secretariaat van de president** gevestigd.

### Galle Face Hotel en St. Andrew's Scots Kirk

Wie vermoeide benen heeft, kan in het **Galle Face Hotel** `17` (2 Galle Road; zie ook blz. 99 en 103) even pauzeren onder het genot van een drankje in de Checker Board Bar. De grande dame onder de hotels verwelkomt al sinds 1864 gasten. De huidige gedaante kreeg het gebouw vanaf 1894, toen het stapsgewijs werd vergroot. In de zuidvleugel is een klein museum waar de kleurrijke geschiedenis van het hotel uit de doeken wordt gedaan.

Een klein stukje zuidelijker staat de in 1906 gebouwde **St. Andrew's Scots Kirk** `18` (73 Galle Road), ooit de ontmoetingsplaats van de Schotse presbyteriaanse gemeente. Nu komen er in het neogotische godshuis met zijn eigenaardige torens leden van de protestantse Church of Scotland bijeen.

## Slave Island

**Slave Island** is de naam van de wijk die zich rondom beide delen van het **Beira Lake** uitstrekt, in het hart van de zakenwijk van Colombo. Oorspronkelijk waren de twee meren met elkaar verbonden en maakten ze deel uit van een enorm drassig gebied. Rond 1700 werden grote delen daarvan drooggelegd en in een uitgekiend kanalenstelsel geïntegreerd. De daarvoor verantwoordelijke waterbouwkundig ingenieur heette Johan de Beer, van wiens naam mogelijk de naam Beira is afgeleid. De aanduiding Slave Island (Slaveneiland) stamt uit het begin van de 17e eeuw, toen de Portugezen slaven uit Oost-Afrika naar Sri Lanka haalden en die op een eiland in het destijds grotere Beira Lake onderbrachten.

### Seema Malaka `19`

**Sir James Pieris Mawatha, LKR 300**
In het kleinste deel van het Beira Lake ligt het sobere, maar architectonisch geslaagde complex van de zogenaamde **Seema Malaka**.        ▷ blz. 98

# Colombo

## Bezienswaardigheden

1 -14 zie kaart blz. 91
15 Galle Face Green
16 Old Parliament
17 Galle Face Hotel
18 St. Andrew's Scots Kirk
19 Seema Malaka
20 Gangaramaya
21 Viharamahadevi Park
22 Town Hall
23 Devatagaha Mosque
24 National Museum
25 Independence Memorial Hall
26 Arcade Independence Square

## Overnachten

1 Colombo Courtyard
2 Cinnamon Red Colombo
3 Lake Lodge
4 Colombo Haven Bed & Breakfast
5 Highbury Colombo
6 Garden Guest House
7 Colombo City Hostel
8 Parisare

## Eten en drinken

1 Tao, Nuga Gama
2 The Bavarian
3 Raja Bojun
4 Park Street Mews
5 The Mango Tree
6 The Commons
7 Upali's
8 Barefoot Garden Café
9 Gallery Café
10 Beach Wadiya

▷ blz. 98

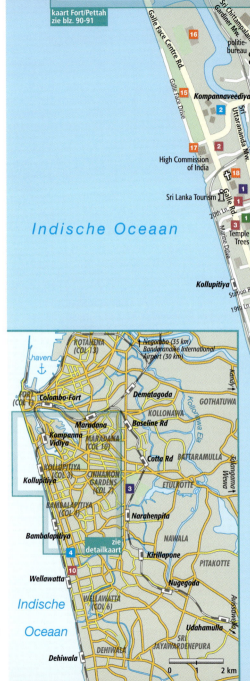

## Colombo (zie kaart blz. 96-97)

**Winkelen**
1. Vijitha Yapa Bookshop; zie ook kaart blz. 91
2. Selyn
3. ODEL
4. Mallika Hemachandra
5. Cotton Collection
6. Majestic City

**Actief**
1. Angsana City Club & Spa Crescat City
2. R. Premadasa Stadium
3. Royal Colombo Golf Club

**Uitgaan**
1. Silk Colombo
2. Amuseum
3. Kama Lounge
4. ON 14 Rooftop Bar & Lounge
5. Elphinstone Theatre
6. The Red Bar
7. Lionel Wendt Art Centre
8. Cricket Club Café
9. Rhythm & Blues

De naam betekent 'wijdingszaal' en verwijst naar de functie van het bouwwerk, waar boeddhistische monniken worden gewijd. Op een driedelig platform in het meer staan twee paviljoens van hout en een bodhiboom. Het harmonieuze complex is in 1978 gebouwd naar een ontwerp van de gerenommeerde architect Geoffrey Bawa (zie blz. 80), op initiatief van een abt van het Gangaramaya-klooster.

### Gangaramaya 20

61 Sri Jinarathana Road, www. gangaramaya.com, dag. 5.30-20 uur, LKR 300

Een paar honderd meter oostelijker ligt het populairste boeddhistische klooster van Colombo, **Gangaramaya**, dat in 1885 door een hooggeplaatste monnik is gesticht en nog altijd een belangrijk religieus centrum is. De architectonische betekenis is beperkt, maar wie geïnteresseerd is in oldtimers, oude lp's of schrijfmachines kan hier zijn hart ophalen. Andere bezienswaardigheden zijn een witte dagoba, een uitnodigende bodhiboom en een opvallende verzameling Boeddhabeelden.

## Cinnamon Gardens

**Cinnamon Gardens**, de voornaamste wijk van Colombo, is genoemd naar de kaneeltuinen die zich hier ooit uitstrekten. Nu is dit de wijk van de welgestelden, de ambassades, de overheidsinstanties en de onderwijsinstellingen.

### Viharamahadevi Park 21

Dag. 8-18 uur, toegang gratis

Tussen Dharmapala Mawatha in het zuiden en Horton Place in het noorden ligt het vriendelijke **Viharamahadevi Park**, dat uitnodigt tot wandelen. De Britten noemden het park ooit naar hun vorstin Victoria, maar sinds 1951 draagt het de naam van de legendarische moeder van koning Dutthagamani. De reusachtige bomen bieden schaduw aan verliefde stelletjes en worden overdag soms aangedaan door vliegende honden, die dan ondersteboven aan de takken hangen.

### Town Hall en Devatagaha Mosque

In het noordoosten van het park staat achter een vijvertje een Boeddhabeeld dat uitkijkt op de hagelwitte **Town Hall** 22 (F.R. Senanayake Mawatha) aan de overkant van de straat. Of dit invloed heeft gehad op de wijsheid van het stadsbestuur vertelt de geschiedenis niet. Door de koepel doet het stadhuis uit 1927 sterk denken aan het Capitool in Washington.

Eveneens van top tot teen wit geschilderd is de speels gebouwde **Devatagaha**

**Mosque** `23` (C.W.W. Kannangara Mawatha), die in 1905 boven het ruim honderd jaar eerder ontdekte graf van een Saudische heilige is gebouwd.

## National Museum `24`

*Sir Marcus Fernando Mawatha, www. museum.gov.lk, dag. behalve feestdagen 9-18 uur, LKR 600, kinderen LKR 300, camera LKR 250*

Alleen al het neoclassicistische museumgebouw, te midden van een park met een imposante baniaanboom, is een lust voor oog, maar dat geldt ook voor de tentoonstelling in het **National Museum**. Op de benedenverdieping zijn enkele zalen gewijd aan het Anuradhapura- en het Polonnaruwa-tijdperk. Hoogtepunt is een verzameling marmeren en bronzen beelden van onder anderen Boeddha en enkele hindoegoden. Antieke munten bieden inzicht in de handelsbetrekkingen met Rome en het westen van Azië, keramiek in de relatie met China. Aan het laatste koninkrijk in Kandy herinneren regalia en een troon van koning Vimala Dharma Surya II (regeerperiode 1687-1707). Op de bovenverdieping vindt u onder meer een schilderijenverzameling.

## Independence Memorial Hall en Arcade Independence Square

De **Independence Memorial Hall** `25` (Independence Square) in het zuiden van Cinnamon Gardens was op 4 februari 1948 het decor van de onafhankelijkheidsceremonie. Het open paviljoen is gebouwd naar het voorbeeld van de koninklijke audiëntiezaal in Kandy.

Ten zuiden ervan ligt het **Arcade Independence Square** `26` (30 Bauddhaloka Mawatha), een groot complex met restaurants, winkels en een bioscoop. Het twee verdiepingen hoge, neoclassicistische gebouw met het markante klokkentorentje dateert uit 1889, toen het zijn deuren opende als psychiatri-

sche inrichting. Vanaf 1926 hebben hier verschillende overheidsinstanties gezeteld, waaronder de rekenkamer, waarna het gebouw in 2014 zijn huidige bestemming kreeg.

## Overnachten

Colombo biedt niet alleen enkele goede vijfsterrenverblijven, maar ook een aantal bijzonder mooie boetiek- en koloniale hotels. Ook zijn er steeds meer goedkope hostels in de stad te vinden. Wie in het centrum wil overnachten, kan het best op zoek gaan in de historische wijk Fort, wie een rustigere locatie wenst, zou het vizier op Cinnamon Gardens moeten richten. Mount Lavinia is een goede keus voor wie graag dicht bij het strand wil zitten. De meeste dure hotels bevinden zich in Slave Island.

*Oase in de stad* – **Colombo Courtyard** `1`: 32 Alfred House Avenue, tel. 011 464 53 33, www.colombocourtyard. com, 2 pk vanaf $ 128. Dit chique boetiekhotel biedt 32 moderne kamers met een grote badkamer. Faciliteiten zijn onder andere een klein zwembad en de Amber Spa. Op het dak bevindt zich het populaire **Cloud Café** (dag. 17-24 uur), waar de drankjes wel stevig aan de prijs zijn.

*26 verdiepingen* – **Cinnamon Red Colombo** `2`: 59 Ananda Coomaraswamy Mawatha, tel. 011 214 51 45, www.cinna monhotels.com/cinnamonredcolombo, 2 pk vanaf $ 100. De 242 kamers zijn nogal klein, maar wel functioneel en kleurrijk ingericht (met rood als overheersende kleur). De lobby en de restaurants bevinden zich op de 7e verdieping en op het dak lonkt de trendy **Cloud Red-Roof Top Bar** (dag. 17-24 uur).

*Grande dame* – **Galle Face Hotel** `17`: 2 Galle Road, tel. 011 254 10 10, www. gallefacehotel.com, 2 pk vanaf $ 126. Het oudste hotel van ▷ blz. 102

## Favoriet

### Stijlvol chillen

In het Gallery Café zijn grote geesten
actief geweest, want hier heeft toparchitect Geoffrey Bawa met zijn team
vanaf 1961 wereldberoemde gebouwen ontworpen. Nu is in zijn voormalige kantoor een café gevestigd, waar
op de binnenplaats chill-out klinkt en
goede, maar stevig geprijsde fusionge-
rechten worden geserveerd. Het Gallery Café is ook een prima locatie om
aan het einde van de avond een slaap-
mutsje te drinken. Aan de muren bij de
ingang hangen schilderijen van lokale
kunstenaars.

**Gallery Café 9 :** 12 Alfred House Road,
tel. 011 258 21 62, www.paradiseroad.
lk, dag. 10-24 uur, hoofdgerecht circa
LKR 1200.

Colombo ligt vlak aan het water en bestaat al sinds 1864 (zie blz. 95). De 147 kamers bevinden zich in de ingrijpend gerenoveerde noord- en zuidvleugel. Er staan u drie restaurants ter beschikking, waaronder **1864** met exquise gerechten. Ook niet-gasten kunnen gaan ontbijten in restaurant **The Verandah** (zie blz. 103) of een drankje gebruiken in de Checker Board Bar!

**Vlak bij de haven** – **Grand Oriental Hotel** 5 : 2 York Street, tel. 011 232 03 20, www.grandoriental.com, 2 pk vanaf $ 104. Vanwege de nabijheid van de haven was dit hotel uit 1875 vroeger zeer gewild bij scheepspassagiers (zie blz. 91). Jammer genoeg is door diverse verbouwingen veel van de sfeer verloren gegaan. Ook de tachtig kamers en suites, waarvan sommige met een mooi hemelbed, laten wel wat te wensen over. Bijzonder populair is dineren met uitzicht op de haven in de Harbour Room (beslist reserveren!) en ook de **B52 Night Club** trekt veel bezoekers.

**Minimalistisch** – **Lake Lodge** 3 : 20 Alvis Terrace, tel. 011 234 00 33, www.taruvillas.com, 2 pk vanaf $ 115. Ontwerpster Nayantara Fonseka, die Taru wordt genoemd, heeft dit hotel dat al vanaf 1974 in handen is van haar familie omgetoverd tot een stijlvol boetiekhotel met twaalf minimalistisch ingerichte kamers en een mini-appartement. Op de bovenverdieping vindt u twee uitnodigende terrassen met een bar. Ten zuiden van het kleine Beira Lake.

**Betrouwbaar** – **Colombo Haven Bed & Breakfast** 4 : 263/6 Galle Road, tel. 011 230 16 72, www.colombohaven.com, 2 pk vanaf $ 60. Rustig gelegen B&B achter Liberty Plaza. Voor het gebodene aan de dure kant (niet alle vier de kamers beschikken over een eigen badkamer), maar wel comfortabel ingericht. Het personeel is zeer hulpvaardig.

**Met tuin** – **Highbury Colombo** 5 : 14/1 Skelton Road, tel. 077 436 62 73, www. highburycolombo.com, 2 pk $ 50-120. Comfortabel hotel in de wijk Havelock Town met vijf smaakvol ingerichte kamers en mini-appartementen. Pluspunten zijn de ruime badkamers en de kleine tropische tuin.

**Roze droom** – **Garden Guest House** 6 : 7 Karlsruhe Gardens, tel. 071 702 00 07, 011 269 79 19, 2 pk vanaf $ 65. De francofiele mevrouw Chitrangi de Fonseka is kennelijk gek op roze, want dat is de overheersende kleur in de drie knusse kamers. De suite is geschikt voor gezinnen. Aangename tuin.

**Met anderen** – **Colombo City Hostel** 7 : 177 R.A. De Mel Mawatha, tel. 077 485 26 50, www.colombocityhostel. com, slaapplaats vanaf $ 10. In dit kleurrijke hostel slapen mannen en vrouwen gescheiden van elkaar in twee slaapzalen, die voorzien zijn van acht bedden met klamboe en een ventilator. Er is ook een tweepersoonskamer met eigen badkamer. Lounge, kookhoek en een grote eettafel.

**Villa uit de jaren zeventig** – **Parisare** 8 : 97/1 Rosmead Place, tel. 011 269 47 49, 2 pk vanaf $ 20. Deze moderne woning ligt vlak naast het kantoor van de UNHCR en zou het perfecte decor zijn geweest voor een familieroman uit de jaren zeventig. Drie eenvoudige, maar knusse kamers en een leuke veranda. Geen naambordje, de bel zit rechts naast de ijzeren poort.

# Eten en drinken

Colombo biedt een grote keuze aan restaurants met een internationale keuken. Van de restaurants in de grote hotels behoren **Curry Leaf** in het Hilton en **Tao** en **Nuga Gama** 1 in het Cinnamon Grand (77 Galle Road, www.cinnamonhotels.com/en/ cinnamongrandcolombo) tot de topadressen. De populaire koffieketen

**Barista** heeft veel filialen in de stad (www.barista.lk).

**Uitgebreid ontbijten – The Verandah:** in het Galle Face Hotel **17**, zie blz. 95 en 99, dag. vanaf 6.30 uur. Het overvloedige ontbijtbuffet in dit restaurant (vanaf LKR 1200) – met onder andere verrukkelijke Sri Lankaanse *hoppers* – is inmiddels bijna een must voor bezoekers van Colombo. Rond het middaguur kunt u hier lunchen en later op de middag een high tea gebruiken.

**Duits – The Bavarian 2:** 11 Galle Face Court, tel. 011 242 15 77, dag. 12-15, 18-23 uur, gerechten vanaf LKR 1000. In dit etablissement tegenover het Galle Face Hotel eet u gerechten uit de Duitse keuken, natuurlijk vergezeld van een *Bier vom Fass*.

**Sri Lankaanse klassiekers – Raja Bojun 3:** Liberty Arcade, 282 R.A. De Mel Mawatha, tel. 011 471 61 71, www.raja bojun.lk, dag. 9-23.30 uur, gerechten vanaf LKR 1900. Uitgebreid lunch- en dinerbuffet met een grote keuze aan Sri Lankaanse gerechten. Vaak geen tafeltje meer te krijgen, dus reserveren!

**Trendy restaurant – Park Street Mews 4:** 50/1 Park Street, tel. 011 230 01 33, www.parkstreetmewsrestaurant colombo.com, ma.-vr. 10-23, za. 9-24, zo. 9-23 uur, pasta's vanaf LKR 550, andere hoofdgerechten vanaf LKR 1100. Dit stijlvolle etablissement, dat ooit deel uitmaakte van een magazijn, is de ontmoetingsplaats van 'Coolombo'. Grote keuze aan gerechten en drankjes. Ook de desserts zijn aan te bevelen.

**Noord-Indiaas – The Mango Tree 5:** 82 Dharmapala Mawatha, tel. 011 762 06 20, www.themangotree.net, dag. 12-15, 19-23 uur, gerechten circa LKR 500-700. Hét adres in Colombo voor de heerlijke gerechten uit de Noord-Indiase keuken, in een sfeervolle villa uit het koloniale tijdperk.

**Crêpes meets roti – The Commons 6:** 39A Flower Road, tel. 011 269 44 35, www.thecommonscolombo.com, zo.-do. 8.30-24, vr./za. 8.30-2 uur, gerechten vanaf LKR 500. Dit populaire café biedt een brede keuze aan gerechten, zoals sandwiches, pasta's, roti's (gevulde pannenkoekjes) en vis.

**Goedkope curry's – Upali's 7:** 65 C.W.W. Kannangara Mawatha, tel. 011 269 58 12, www.upalis.com, dag. 11.30-22.30 uur, gerechten vanaf LKR 350. In dit restaurant eet u onder andere Sri Lankaanse curry's en goede vegetarische gerechten voor een aangename prijs. Er staan ook menu's op de kaart. Rond lunchtijd vaak vol.

**Aangename tuin – Barefoot Garden Café 8:** 704 Galle Road, tel. 011 255 30 75, www.barefootceylon.com, ma.-za. 10-19, zo. 11-17 uur, sandwiches en pasta's vanaf LKR 500. U zit hier onder frangipanes en kokospalmen in de tuin van een winkel waar kunstnijverheid, boeken, kleding, tassen en nog veel meer wordt verkocht (zie blz. 104). Wisselend dagmenu.

**Stijlvol chillen – Gallery Café 9:** zie blz. 100.

**Vis en zeevruchten – Beach Wadiya 10:** 2 Station Avenue, tel. 011 258 85 68, www.beachwadiya.com, dag. 11-15, 18.30-23 uur, visgerechten vanaf LKR 450. Dit restaurant in de wijk Wellawatta ligt schuin tegenover de Global Tower aan zee. Het is de trip meer dan waard, want de vis en zeevruchten zijn hier geweldig. Zelfs de Britse prinses Anne was enthousiast. Voor het diner moet u beslist reserveren.

# Winkelen

In Colombo zijn er geen opzichtige winkelcentra zoals in andere Aziatische metropolen, maar de stad kan bogen op een weliswaar bescheiden, maar uitstekend aanbod aan interessante winkels.

## *Tip*

### Een winkelparadijs

Het hipste winkelcentrum van Colombo ligt aan Alexandra Place (De Soysa Circus), op een steenworp afstand van de Devatagaha-moskee. Sinds 1999 worden in dit oude koloniale gebouw chique kleding, hippe accessoires en leuke souvenirs verkocht. Al snuffelend zult u hier telkens weer op interessante koopjes stuiten. Wie even pauze wil, kan neerstrijken bij een vestiging van Délifrance.

**ODEL** `3`: Alexandra Place, www.odel.lk, dag. 10-20 uur. Filialen onder andere in het Majestic City `6`, het Dutch Hospital `7` en het Crescat Boulevard (zie `1`).

**Kunstnijverheid** – **Shilpa National Crafts**: in het Dutch Hospital `7`, Bank Of Ceylon Mawatha. Kunstnijverheid van goede kwaliteit.

**Boeken en meer** – **Barefoot** `8`: 704 Galle Road, en in het Dutch Hospital `7`, Bank of Ceylon Mawatha, www.barefootceylon.com, ma.-za. 10-19, zo. 11-17 uur. De twee winkels van de bekende kunstenares Barbara Sansoni zijn een creatieve mengeling van boekhandel en boetiek.

**Boeken en tijdschriften** – **Vijitha Yapa Bookshop** `1`: Unity Plaza, 2 Galle Road, www.vijithayapa.com. De beste boekhandel van Colombo biedt een grote keuze aan literatuur en non-fictie, waaronder veel over Sri Lanka. Filialen vindt u in het Crescat Boulevard (89 Galle Road) en het World Trade Center (Bank of Ceylon Mawatha).

**Fair trade** – **Selyn** `2`: 102 Fife Road, tel. 077 793 78 10, www.selyn.lk, dag. 10-19 uur. Handgeweven producten in opvallende kleuren, zoals tafellopers, tassen, poppen en jurken, allemaal ge-maakt door lokale vrouwen. Ietwat afgelegen.

**Een winkelparadijs** – **ODEL** `3`: zie Tip hiernaast.

**Edelstenen en sieraden** – **Mallika Hemachandra** `4`: 73 Horton Place. Gevestigde juwelier met filialen in het Majestic City `6` en het Liberty Plaza (438 R.A. De Mel Mawatha).

**Mode** – **Cotton Collection** `5`: 40 Sri Ernest de Silva Mawatha (Flower Road), www.cottoncollection.lk, ma.-vr. 10-19, za./zo. 10-17 uur. Trendy winkel met streetwear voor hem en haar, met inbegrip van schoenen en accessoires. Filialen in het Hilton en het Majestic City.

**Winkelcentrum** – **Majestic City** `6`: 10 Station Road, hoek Galle Road. Achter de nogal lelijke gevel van dit winkelcentrum gaan tal van boetieks en filialen van lokale winkelketens schuil, zoals Mondy, Cotton Collection en Leather Collection. Bij Prasanna kunt u terecht voor chique gebatikte jurken. In het souterrain bevindt zich een groot *food court*.

## Actief

**Wellness** – **Angsana City Club & Spa Crescat City** `1`: 75B Galle Road, tel. 011 242 42 45, www.angsanaspa.com, dag. 11-21 uur. Dit filiaal van een gerenommeerde wellnessaanbieder verzorgt uitstekende therapieën in een aangename ambiance. **Spa Ceylon:** in het Dutch Hospital `7`, Bank of Ceylon Mawatha, tel. 011 244 19 31, en 48D Park Street `4`, tel. 011 534 00 11, www.spaceylon.com, dag. 10-23 uur. Deze aanbieder van wellness en ayurveda heeft verscheidene filialen in Sri Lanka.

**Cricket** – **R. Premadasa Stadium** `2`: Khettarama Road, Maligawatte. Wie geïnteresseerd is in volkssport nummer één in Sri Lanka kan in het grootste cricketstadion van Colombo, in het noordoosten van de stad, een wedstrijd bijwonen. Informatie vindt u op www.srilankacricket.lk.

**Golf – Royal Colombo Golf Club** **3**: Model Farm Road, tel. 011 269 54 31, www.rcgcsl.com. Deze koninklijke club dateert uit 1879. Ook de Britse kroonprins Charles heeft al eens een balletje op de 18 holes-baan geslagen.

# Uitgaan

Het uitgaansleven van Colombo is inmiddels behoorlijk kleurrijk en trekt net als elders ter wereld een mengeling van vlotte meiden en coole macho's. Vooral in de clubs geldt dat hoe later op de avond, des te agressiever de sfeer onder de mannelijke bezoekers, die de andere sekse altijd in aantal overtreffen. Met name westerse vrouwen moeten hiervoor op hun hoede zijn. Beruchte voorbeelden zijn **Silk Colombo** **1** (41 1/2 Maitland Crescent, www.sugarcolombo.com), **Amuseum** **2** in hotel Taj Samudra (25 Galle Face Center Road, tel. 011 244 66 22), en **Kama Lounge** **3** (31 Horton Place, tel. 011 233 91 18, www.kamacolombo.com, dag. vanaf 21 uur), maar met de juiste personen kunt u zich hier natuurlijk heel goed amuseren. Een overzicht van actuele evenementen vindt u op www.event.lk en www.whatsupcolombo.lk.

**Cocktail met uitzicht op zee – ON 14 Rooftop Bar & Lounge** **4**: OZO Colombo, 36-38 Clifford Place, tel. 011 255 55 70, dag. 11-22 uur. Het dakterras van dit hotel is de juiste plek om de avond met een aperitiefje te beginnen.

**Toneel, concerten, etc. – Elphinstone Theatre** **5**: Maradana Road, tel. 011 243 36 35 of 011 267 85 17. Al sinds 1925 treden hier binnen- en buitenlandse performers op.

**Franse barok – The Red Bar** **6**: Paradise Road Tintagel Colombo, 65 Rosmead Place, tel. 011 460 20 60, www.paradiseroad.lk, dag. 11-23 uur. In de bar van dit chique boetiekhotel vormen wijnrode muren en vergulde spiegels de omlijsting van een decadent avondje.

**Cultureel centrum – Lionel Wendt Art Centre** **7**: Guildford Crescent, tel. 011 269 57 94, www.lionelwendt.org. Tentoonstelingen, concerten, toneelvoorstellingen, etc.

**Kroeg voor cricketfans – Cricket Club Café** **8**: 12 Sir Ernest de Silva Mawatha (Flower Road), tel. 011 257 43 94, www.thecricketclubcafeceylon.com, dag. 11-23 uur. Cricketmemorabilia aan de muren en een mooie binnenplaats. Het bier vloeit rijkelijk en ook de keuken is in orde.

**Trefpunt van musici – Rhythm & Blues** **9**: R.A. De Mel Mawatha, 100 m ten noorden van Daisy Villa Avenue, dag. 19-4 uur. Vanaf 22 uur regelmatig liveoptredens of dj-muziek.

# Info en festiviteiten

## Info

**Sri Lanka Tourism:** zie blz. 88. Wie een goede stadsplattegrond van Colombo wil hebben, kan ook naar een van de filialen van de **Vijitha Yapa Bookshop** **1** gaan.

## Festiviteiten

Gedurende het jaar vinden tal van evenementen en feesten in de stad plaats. Voor informatie kijkt u op www.whatsupcolombo.lk of gaat u naar Sri Lanka Tourism (zie blz. 88).

**Colombo Fashion Week:** feb., www.colombofashionweek.com. Heeft zich sinds de oprichting in 2003 tot een belangrijke modebeurs ontwikkeld.

**Navam Maha Perahera:** jan./feb. Sinds 1979 vindt bij vollemaan en de avond ervoor een indrukwekkende processie bij het Gangaramaya-klooster **20**

(zie blz. 98) plaats, waaraan ook versierde olifanten meedoen.

**Adi Vel:** half juli/half aug. Sinds 1874 vieren hindoes het huwelijk van de oorlogsgod Skanda (Murugan) met zijn gemalin Valli met een meerdaags feest met processies en ceremonies.

**Oktoberfest:** half okt. Het Beierse bierfeest wordt zelfs in Sri Lanka gevierd: in het Hilton (2 Sir Chittampalam A Gardiner Mawatha, tel. 011 249 24 92, www. colombo.hilton.com).

### Vervoer

**Vliegtuig:** zie blz. 23 en het kader Info op blz. 88.

**Trein:** vanaf station Colombo-Fort aan Olcott Mawatha vertrekken treinen in alle richtingen. De belangrijkste verbindingen vanuit Colombo zijn: Negombo-Puttalam, Galle-Matara, Peradeniya (Kandy)-Hatton-Nanu Oya (Nuwara Eliya)-Ella-Badulla, Avissawella-Ratnapura-Opanaike, Kurunegala-Maho Junction-Habarana-Galoya Junction-Polonnaruwa-Kalkudah-Batticaloa, Galoya Junction-Trincomalee, Maho Junction-Anuradhapura-Jaffna en Anuradhapura-Mannar-Talaimannar. Nadere inlichtingen kunt u krijgen via tel. 011 243 42 15. Voor informatie over de verschillende klassen zie blz. 24.

**Bus:** particuliere bussen vertrekken vanaf het Bastian Mawatha Private Bus Station ten oosten van station Colombo-Fort (tel. 011 233 32 22 of 011 315 09 16), die van het staatsvervoerbedrijf vanaf het Central (Saunders) Bus Station er schuin tegenover (tel. 011 232 96 04 of 011 232 80 81).

**Stadsvervoer:** Colombo beschikt over een fijnmazig **busnet**, en een kaartje is spotgoedkoop. Het addertje onder het gras is dat er geen goede dienstregelingen zijn. Bus 100 rijdt vanuit Pettah via Galle Road zuidwaarts naar Mount Lavinia. Een leuke trip is een ritje met de **lokale trein** die van Maradana in het noorden via Fort en langs de kust naar Mount Lavinia rijdt. Ook rijden er talloze **tuktuks** rond in Colombo. Spreek beslist voor vertrek een prijs af (circa LKR 50 per km).

# Ten oosten van Colombo ▶ C 19

## Talangama Wewa

Ongeveer 10 km ten oosten van het centrum van Colombo en slechts een paar kilometer van **Battaramulla** ligt het idyllische **Talangama Wewa**, een toevluchtsoord voor meer dan honderd soorten vogels, waaronder aalscholvers, purperreigers en waterfazanten. In het struikgewas rond het stuwmeer kunt u met enig geluk zelfs een inheemse witbaardlangoer spotten. Omdat het beschermde natuurgebied zo dicht bij Colombo ligt, is het een bijzonder populaire bestemming voor een weekendje weg.

De route naar het stuwmeer loopt vanuit het centrum van Colombo langs het parlementsgebouw in Battaramulla, en dan verder via Pannipitiya Road en Akuregoda Road. Vanaf deze weg voert rechts Wewa Road naar het meer. Overnachten of even pauzeren kunt u in de zeer comfortabele **Villa Talangama** (zie blz. 107).

## Kelaniya Raja Maha Vihara

Eveneens ongeveer 10 km ten oosten van Colombo ligt in een bocht van de rivier de Kelani een van de belangrijkste en oudste heiligdommen die langs de westkust van Sri Lanka te vinden zijn: het **Kelaniya Raja Maha Vihara**. Het klooster is gebouwd op de plek die Boeddha tijdens zijn derde bezoek aan het eiland zou hebben bezocht. Het complex is door de eeuwen heen telkens weer verwoest, zoals door de hindoeïstische Chola in de 10e en 11e eeuw en door de streng katholieke Portugezen in 1510. Het huidige klooster ligt op een 4 ha groot terrein en is in 1767 gebouwd in opdracht van koning Kirti Sri Rajasimha uit Kandy. Tot de bezienswaardigheden behoren een witte stoepa, een prachtige bodhiboom en een rijk versierde *vihara*, waarvan het interieur is beschilderd met taferelen uit het leven van Boeddha. In een schrijn (*devale*) worden de hindoeïstische beschermgoden Vishnu en Kataragama vereerd. Ter gelegenheid van Duruthu Poya, vollemaan in december/januari, vindt jaarlijks een meerdaags feest met processies plaats.

## Overnachten

**Pareltje aan het meer** – **Villa Talangama:** 370/F1 Lake Road, Hokandara, tel. 011 238 12 01, 2 pk vanaf $ 175. Prachtige villa met uitzicht op het meer en slechts drie smaakvol ingerichte kamers. Ook het eten laat niets te wensen over. Alleen te boeken via www.jetwing eco.com en www.reddottours.com.

## Informatie

### Vervoer

Voor de rit naar het Talangama Wewa is een tuktuk aan te bevelen (circa LKR 500 enkele reis). Vanaf het Bastian Mawatha Privat Bus Station ten oosten van station Colombo-Fort (zie blz. 106) rijdt bus 235 rechtstreeks naar het Kelaniya Raja Maha Vihara.

In het Kelaniya Raja Maha Vihara worden kinderen in het boeddhisme onderwezen

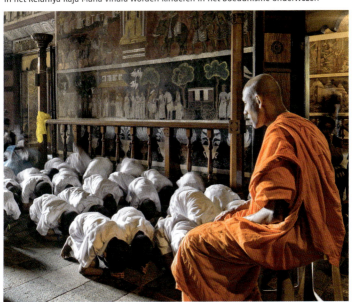

# De westkust

## Op ontdekkingsreis

**In het spoor van Flipper – schiereiland Kalpitiya:** in de wateren rondom het schiereiland bevinden zich de beste locaties in Sri Lanka om dolfijnen te observeren. Met enig geluk krijgt u in de Puttalam Lagoon Chinese witte dolfijnen in het vizier. En wie tussen november en april een boottocht voor de westkust van het schiereiland maakt, heeft de kans om tot wel honderd langsnuitdolfijnen te spotten. Zie blz. 116.

## Bezienswaardigheden

**Munnesvaram Kovil bij Chilaw:** een van de vijf belangrijkste hindoetempels in Sri Lanka. Zie blz. 115.

**Bedevaartsoord voor liefhebbers van architectuur:** Lunuganga bij Bentota was ooit het landgoed van Geoffrey Bawa. Zie blz. 125.

Schiereiland
Kalpitiya

In het spoor van Flipper –
schiereiland Kalpitiya

Munnesvaram Kovil
Chilaw •
Nainamadama •
Negombo •  • Waikkal
**Colombo** •
Mount Lavinia •

Beruwela •  • Lunuganga
Bentota •
Induruwa •  • Ambalangoda
Hikkaduwa •

## Actief

**Negombo op de fiets:** al peddelend wordt u in het zuiden van Negombo een interessant inkijkje in het dagelijks leven gegund. Zie blz. 112.

**Paradijs voor watersporters:** wakeboarden, waterskiën en nog veel meer in het Kumudu Valley Resort tussen Waikkal en Naimadama. Zie blz. 115.

**Boottochten:** met een motorboot het Madampe Lake bij Ambalangoda verkennen. Zie blz. 130.

**Duiken in Hikkaduwa:** deze onderwaterwereld is een van de grootste trekpleisters langs de westkust. Zie blz. 130 en 132.

## Sfeervol genieten

**Koffie in Negombo:** het Icebear Century Café, gevestigd in een historische villa, ademt de sfeer van een koffiehuis uit de koloniale tijd. Zie blz. 114.

**Hotel met een verhaal:** het Mount Lavinia Hotel kijkt terug op een bewogen verleden, maar tegenwoordig is het hier ontspanning wat de klok slaat. Zie blz. 120.

**Time-out aan zee:** de intieme sfeer en het ayurveda-aanbod in de Shunyata Villa aan het strand van Induruwa doen uw vermoeienissen in een mum van tijd vergeten. Zie blz. 125.

## Uitgaan

**Voor liefhebbers van reggae:** in de Coconut Bar in Beruwela kunt u van een cocktail genieten terwijl op de achtergrond Bob Marley *No more trouble* ten gehore brengt. Zie blz. 124.

**Strandparty's:** in Hikkaduwa klinken er opzwepende ritmen rond de strandbars. Zie blz. 132.

De westkust van Sri Lanka belooft een strandvakantie die voor elk wat wils biedt. Of u nu vanuit Colombo naar het noorden of naar het zuiden gaat, overal liggen lange, met palmbomen omzoomde stranden.

Ten noorden van Colombo ligt de oudste badplaats van Sri Lanka: **Negombo**. Al aan het begin van de jaren zeventig koesterden zich hier de eerste Europese vakantiegangers in de zon. Het strand is misschien niet zo mooi, maar een toenemend aantal aantrekkelijke resorts en de nabijheid van de internationale luchthaven zijn goede redenen om hier een paar dagen door te brengen. Ook tussen **Waikkal** en **Marawila**, net ten noorden van Negombo, zijn enkele aangename hotels te vinden. Het circa 130 km ten noorden van Colombo gelegen **Puttalam** aan de gelijknamige lagune is een goede tussenstop onderweg naar de Culturele Driehoek of het Wilpattu National Park. Voor de kust steekt als een vishaak het **schiereiland Kalpitiya** de zee in, waarvan de eilandjes voor de kust een enorm toeristisch potentieel hebben.

Tussen Colombo en het 120 km zuidelijker gelegen Galle (zie blz. 137) rijgen de badplaatsen zich aaneen. Om te beginnen **Mount Lavinia**, waar al in de koloniale tijd Britten met een glaasje gin van het zeewindje genoten. Veel vakantiegangers die een geheel verzorgde reis hebben geboekt, worden gedropt in een van de grote resorts tussen **Beruwela** en **Bentota**. Voor wie echter een persoonlijkere benadering op prijs stelt, zijn daar ook stijlvolle boetiekhotels, erkende ayurvedaresorts en goedkope *guesthouses* te vinden. Een paradijs voor de feestlustige backpacker is **Hikkaduwa**, dat overigens ook de natuurliefhebber niet teleur zal stellen met de interessante duiklocaties en intieme lagunes in de omgeving. Vanuit vrijwel elke badplaats is ook een uitstapje naar het binnenland de moeite waard, waar palmbossen, rubberplantages en rijstvelden zich in allerlei groentinten presenteren.

## INFO

**Kaart:** ▶ A-D 8-24

### Reis en vervoer

De A3 die vanuit Colombo evenwijdig langs de kust naar het noorden loopt, verkeert in redelijk goede staat. Tussen de stad en de luchthaven wordt deze tot aan Negombo buitengewoon filegevoelige weg ontlast door de 26 km lange Colombo-Katuyanake-Expressway. In zuidelijke richting kunt u als alternatief voor de eveneens zeer drukke A2 (Galle Road) de Southern Expressway nemen, die wat verder landinwaarts via Galle naar Matara loopt en op termijn zal worden verlengd tot aan Hambantota.

Zowel in noordelijke (Puttalam) als in zuidelijke richting (Galle) pendelen tal van streekbussen over de A3, die onderweg in alle kustplaatsen stoppen. Wie tijd genoeg heeft, kan ten zuiden van Colombo een treinreis maken door een prachtig kustlandschap. De spoorlijn loopt op sommige plaatsen vlak langs de zee.

### Attentie

Vooral tijdens de moesson vormen sterke onderstromen een groot gevaar voor de westkust. Zwemmers en andere watersporters moeten de waarschuwingen ter plaatse absoluut serieus nemen!

# Ten noorden van Colombo

## Van Colombo naar Negombo  ▶ B 17-19

Wie voldoende tijd heeft en over een auto met chauffeur beschikt, kan vanuit Colombo de oude weg naar Negombo nemen (B152). Deze voert door een vredig kustlandschap en voor een deel langs het **Hamilton Canal**, dat vanaf de rivier de Kelani in het noorden van Colombo naar de Negombo Lagoon loopt. De Britten groeven het kanaal tussen 1802 en 1804, evenwijdig aan het Dutch Canal (zie hierna).

Ongeveer 15 km ten zuiden van Negombo kunt u een uitstapje maken naar het sfeervolle **Muthurajawela Marsh** (▶ B 18), een waterrijk gebied met moerassen en mangroven dat in het noorden overgaat in de even schilderachtige **Negombo Lagoon** (▶ B 17/18). Om een goede indruk te krijgen van de rijke avifauna – er zijn hier meer dan honderd soorten vogels geregistreerd – kunt u het best een boottocht maken (1,5 uur, LKR 1100 p.p.), waarvoor u terecht kunt bij het bezoekerscentrum in **Bopitiya** (▶ B 18, Canal Road, tel. 011 403 01 50), circa 3 km ten zuiden van de lagune. Hier vindt u ook een kleine expositie over het gebied. De beste tijd voor een boottocht is vroeg op de ochtend of laat in de middag.

## Negombo  ▶ B 17

Al aan het begin van de jaren zeventig vlijden de eerste toeristen zich neer op de stranden ten noorden van Negombo, maar de aantrekkelijkere badplaatsen langs het zuidelijke deel van de westkust hebben de concurrentiestrijd allang in hun voordeel beslecht. Toch maken de nabijheid van de luchthaven en een toenemend aantal chique resorts Negombo tot een goede keuze, temeer omdat men de langdurig veronachtzaamde stranden inmiddels heeft aangepakt. Bijzonder fotogeniek zijn de *oruwa,* de markante vlerkprauwen met hun bruine zeilen. Het is een prachtig gezicht om de bootjes 's morgens vroeg na de visvangst de lagune van Negombo te zien binnenlopen.

De Portugezen waren al gecharmeerd van de ligging van Negombo aan de beschermde lagune en bouwden hier een fort. Van hieruit controleerden ze de lucratieve handel in kaneel, tot de Hollanders in 1664 het stokje overnamen. De meesters in de waterbouwkunde legden het meer dan 120 km lange **Dutch Canal** aan, dat de Kelani in het noorden van Colombo met de lagunes van Negombo en Puttalam verbindt en voor het kaneeltransport werd gebruikt. Nadat de Britten in 1796 de macht hadden overgenomen, ontwik-

---

## *Tip*

### Boottocht over het Dutch Canal

Een boottocht over het Dutch Canal, dat jammer genoeg op sommige plaatsen is vervuild, laat u kennismaken met het dagelijks leven en de tropische natuur op de oevers. Een interessante tocht is die van de levendige Negombo Lagoon naar de 5 km noordelijker gelegen rivier de Maha (▶ B 17) en dan nog ongeveer 10 km verder langs palmbossen en resorts tot aan de rivier de Ging (▶ B 16).
**Sha Tours:** 194B Lewis Place, Negombo, tel. 077 749 51 82, www.shatours.com.

kelde Negombo zich tot een van de belangrijkste overslagplaatsen vis
en zeevruchten. De Portugese invloed
blijkt nog uit het feit dat zo'n driekwart
van de circa 130.000 inwoners van Negombo rooms-katholiek is.

De stranden en de meeste hotels liggen ten noorden van het centrum, dat
zich tussen de zee en de lagune heeft
geperst. Het stadsbeeld van Negombo
wordt beheerst door vele kerken en
christelijke heiligdommen, waaronder
**St. Mary's Cathedral** in Main Street
en **St. Stephen's Church** in Sea Street.
Van het Hollandse **fort** aan de noordkant van de lagune zijn alleen restanten
van muren en een poort met het jaartal
1678 bewaard gebleven. In de huidige
vesting is de gevangenis van de stad ondergebracht.

Wie niet gevoelig is voor luchtjes zou
een bezoek moeten brengen aan de *lle-
lama,* de op een na grootste **visafslag**
van Sri Lanka die van maandag tot en
met zaterdag 's morgens vroeg begint
en tot laat op de ochtend doorgaat. U
vindt de afslag ten noorden van het

fort, in de buurt van het strand. Niet ver
hiervandaan, ten zuiden van de monding van de Negombo Lagoon, vindt
vroeg op de ochtend een **markt** plaats
waar grote vissen als haaien en manta's
worden verkocht.

## Negombo op de fiets

Startpunt Lewis Place, lengte 20 km,
duur circa 2-3 uur, fietsverhuur via
uw accommodatie
Een fietstochtje in het zuiden van Negombo biedt u een interessant inkijkje
in het dagelijks leven van de stede-
lingen. Startpunt is **Lewis Place**, een
straat die parallel aan het strand van
Negombo loopt. In zuidelijke richting
komt deze uit op Sea Street, die u tot het
einde toe volgt. Hier gaat u linksaf en
een stukje verderop weer linksaf Cus-
toms Road in, waar u rechtsaf de brug
over de **Negombo Lagoon** overgaat. Als
u deze weg (Mankuliya Road) blijft volgen, gaat u vanzelf een volgende brug
over naar **Duwa Island.**

Veel inwoners van Negombo leven van de visvangst

Op Duwa blijft u Mankuliya Road nog een stukje volgen, totdat deze een bocht naar links maakt (en even verder het water overgaat). In die bocht gaat u rechtsaf Duwa Road in, die even later langs de kust loopt. U passeert de **Duwa Church** – waar met Pasen altijd een passiespel wordt opgevoerd – en draait met de contouren van de kust mee naar het zuiden. Na nog eens een kilometer of twee langs de kust buigt bij **St. Mary's Church** in **Pitapana** een weg naar links af die uitkomt op Pamunugama Road.

Hier gaat u linksaf terug naar Negombo. Nadat u de brug over de lagune weer bent overgestoken, fietst u rechtdoor 2nd Cross Street en even verder rechtsaf Main Street in. Voorbij **St. Mary's Cathedral** volgt u links Asarappa Road naar **Sea Street**. Hier gaat u rechtsaf. Wie nog even bij het **Hamilton Canal** wil kijken, kan vlak voordat Sea Street overgaat in Lewis Place nog een omweggetje via Anderson Road maken, die rechts langs het kanaal loopt.

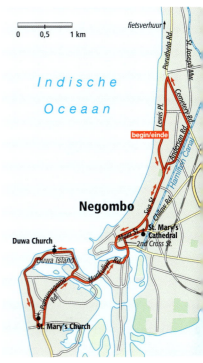

Negombo op de fiets

# Overnachten

Negombo heeft een grote keuze aan accommodatie voor elk budget. Wie stijlvol wil overnachten, kan in een van de vijf **Jetwing Hotels** neerstrijken (www.jetwinghotels.com).

**Leuk voor watersporters** – **The Pearl:** 13 Poruthota Road, tel. 031 492 77 44, www.pearl-negombo.com, 2 pk vanaf $ 65. Dit populaire hotel ligt aan het strand en biedt zes kamers met badkamer en airconditioning. Vanuit het open restaurant kijkt u uit over zee. Het personeel is u graag van dienst bij het boeken van duikexcursies.

**Stijlvol boetiekhotel** – **Villa Araliya:** 154/10 Poruthota Road, Kochchikade, tel. 031 227 76 50, www.villaaraliya-negombo.com, 2 pk $ 60-180. Op slechts vijf minuten lopen van het strand. De acht kamers en vijf appartementen zijn stijlvol ingericht en rond een zwembad gesitueerd. Tip (ook voor niet-gasten): de houtovenpizza's in het bijbehorende restaurant ertegenover.

**Sober en kleurrijk** – **Hotel J:** 331/1 Lewis Place, tel. 031 223 29 99, www.hotelj.lk, 2 pk vanaf $ 60. Dit hotel aan het strand onderscheidt zich door een doelmatig, maar stijlvol ontwerp. De helft van de 34 kamers met airconditioning biedt uitzicht op zee. Klein zwembad.

**Vlak bij het strand** – **Serendib Guest House:** 106/8 St. Joseph Street, tel. 031 227 44 40, www.serendibguesthouse.com, 2 pk vanaf $ 35. Dit uitstekende

## Tip

### Koffie drinken in Negombo

Een bezoek aan het vissersstadje Negombo zou niet compleet zijn zonder een hapje of een drankje in het **Icebear Century Café**. Het café is gevestigd in een ruim honderd jaar oud koloniaal gebouw, waar naar wens een lunch, een high tea of koffie met gebak wordt geserveerd. De meeste producten hiervoor komen uit de fair trade. Op de bovenverdieping bevindt zich een mooie vakantiewoning.
**Icebear Century Café**: 25 Main Street, Negombo, tel. 031 223 80 97, ma.-za. 9-18 uur.

guesthouse ligt in een rustige woonwijk op slechts vijf minuten lopen van het strand. De ruime kamers en het kleine zwembad in de tuin zijn pluspunten voor gezinnen.

**Tropisch paradijs** – **The Icebear**: 95/2 Lewis Place, geen telefoon, www.icebear hotel.com, $ 25-80. De keuze varieert van kleine kamers tot ruime vakantiewoningen, die stuk voor stuk verschillend zijn ingericht en in een grote tropische tuin aan het strand zijn gesitueerd. Faciliteiten zijn onder andere een open restaurant en fietsverhuur. Reserveren!

**Goede budgetoptie** – **Silver Sands**: 229 Lewis Place, tel. 031 222 28 80, www.silversandsnegombo.com, 2 pk vanaf $ 25. De kwaliteit van de vijftien kamers varieert aanzienlijk en vooral de eenpersoonskamers zijn erg klein. Sommige hebben een eigen balkon of een veranda.

## Eten en drinken

Omdat Negombo vlak bij Colombo ligt, is het stadje onder hoofdstedelingen een populaire bestemming voor een weekendje weg. Het restaurantaanbod is daarop afgestemd.

**Met kunstgalerie** – **The Lords**: 80B Poruthota Road, schuin tegenover het Jetwing Blue, tel. 077 285 31 90, www.lordsrestaurant.net, dag. 15.30-23.30 uur, gerechten vanaf LKR 1400. De Britse eigenaar Martin Fullerton en zijn team maken het diner – waarvoor u beslist moet reserveren – tot een belevenis. Tip van de chef-kok: king prawns met lente-ui, knoflook en peper. Regelmatig livemuziek.

**Eerst eten, dan feesten** – **Serendib Pub**: 35A Poruthota Road, Ethukala, tel. 031 227 91 29, dag. 10-24 uur, gerechten vanaf LKR 1000. Op het terras worden verse vis en zeevruchten, maar ook goede cocktails geserveerd. In het weekend dj-muziek.

**Zeevruchten** – **Sunny's Seafood**: 98/1 Palagathura West, tel. 077 654 40 95, dag. 10-22.30 uur, gerechten vanaf LKR 900. Lekkere zeevruchten (probeer de tiger prawns!), maar ook goede rijst- en currygerechten.

## Actief

**Auto- en motorverhuur** – **Alma Tours**: 217 Lewis Place, tel. 031 487 36 24, almatours65@yahoo.com. Kan ook een tijdelijke rijvergunning regelen.

**Motoren en scooters** – **Yellow Fleet**: 249 Lewis Place, naast de Holy Rosary Church, tel. 077 776 59 19, rentabike_5 @hotmail.com. Ook goede tips voor rondreizen over het eiland.

## Uitgaan

Populaire ontmoetingsplaatsen in de avonduren zijn de **Rodeo Pub** in Poruthota Road en de **Center Point Grill & Bar** in het Jetwing Blue Hotel.

# Info en festiviteiten

## Festiviteiten

**Goede Week:** mrt./apr. Het katholieke bolwerk Negombo staat bekend om de paasprocessies en passiespelen.
**Fisherman's Festival:** juli. Feest waarbij vissers hun vangst uitstallen op hun boot.

## Vervoer

**Trein:** Negombo ligt aan het traject Colombo-Chilaw-Puttalam, waar alleen heel trage stoptreinen rijden.
**Bus:** vanaf het busstation in Archbishop Nicholas Marcus Mawatha rijden bussen naar onder andere Chilaw, Kandy, de luchthaven en Colombo.

# Van Negombo naar Puttalam ▶ B 12-17

Langs de pittoreske kust ten noorden van Negombo bepalen kokospalmen en kerken het beeld. Wie vakantie wil vieren in een rustige omgeving vindt in **Waikkal** (▶ B 17) en **Marawila** (▶ B 16) enkele leuke resorts. Ook watersporters komen hier aan hun trekken.

In het vissersdorpje **Chilaw** (▶ B 15) kunt u een kijkje nemen in de **Our Lady of Carmel Cathedral**, maar dé attractie in deze omgeving is de 4 km oostelijker gelegen **Munnesvaram Kovil** (▶ B 15). Als een van de vijf belangrijkste heiligdommen voor Shiva in Sri Lanka trekt de hindoetempel vooral tijdens het belangrijkste feest in augustus/september tienduizenden pelgrims. Delen van het huidige complex zijn in 1753 gebouwd in opdracht van Kirti Sri Rajasimha, de koning van Kandy. Binnen bevindt zich een lingam, die zeer wordt vereerd.

Het 52 km noordelijker gelegen **Puttalam** (▶ B 12) is vooral een interessante tussenstop voor reizigers van of naar de Culturele Driehoek. Het economisch belang dankt de stad aan de gelijknamige lagune, die met 327 km² een van de grootste van Sri Lanka is en zich van noord naar zuid over een afstand van 28 km uitstrekt tussen het vasteland en het schiereiland Kalpitiya.

# Overnachten

**Duurzaam ecoresort – Ranweli Holiday Village:** Waikkal, tel. 031 227 73 59, www.ranweli.com, 2 pk vanaf $ 148. Groot resort met 88 bungalows op een schiereiland tussen de rivier en de zee. Uitgebreid aanbod aan activiteiten, zoals kano- en fietstochten.
**Watersportparadijs – Kumudu Valley Resort:** Thaldeka Road, Naimadama (▶ B 16/17), circa 4 km ten noorden van Waikkal, tel. 031 225 22 77, www.kumuduvalley.org, 2 pk $ 55-79. Dit resort ligt in het mondingsgebied van de Ging en heeft watersporters van alles en nog wat te bieden. De twintig chalets met standaard- en *superior*-kamers zijn eenvoudig, maar wel stijlvol.

# Actief

**Watersporten – Water Ski Camp:** c/o Kumudu Valley Resort, tel. 077 736 24 58, www.wakeboardcamps.de. Groot aanbod aan watersporten.

# Schiereiland Kalpitiya
▶ A/B 10/12

Het **schiereiland Kalpitiya** en in het bijzonder de veertien eilandjes in de **Dutch Bay** (▶ B 10/11) hebben een enorm toeristisch potentieel. Met peperdure resorts richten deze vakantiebestemmingen zich echter vooral op welgestelde toeristen, die zich kunnen verheugen op ▷ blz. 118

## In het spoor van Flipper – schiereiland Kalpitiya

Voor de kust van het schiereiland Kalpitiya bevinden zich de beste locaties van Sri Lanka om dolfijnen te observeren. Tussen november en april dartelen hier soms honderden van deze zeezoogdieren. Ook walvissen worden regelmatig gespot in deze wateren.

**Kaart:** ▶ A/B 10-12
**Startpunt:** u kunt de boottocht het best beginnen bij een van de resorts op het schiereiland Kalpitiya (zie blz. 115), die allemaal dit uitstapje aanbieden.

**Aanbieders/kosten:** een van de meest ervaren aanbieders is **Jetwing Eco Holidays**, www.jetwingeco.com. Lokale aanbieders zijn **Dutch Bay Tours**, tel. 077 773 38 23, www.dutchbaytours. com, **Kalpitiya Dolphin**, tel. 077 368 62 35, www.kalpitiyadolphin.com en **Elements Watersports & Nature Resort**, tel. 077 737 73 87, www.elements-resort.com (vanaf $ 95 per boot plus $ 10 p.p.).
**Duur:** circa 4 uur. Vanwege de betere lichtval is het aan te bevelen om voor vroeg op de ochtend of laat in de middag te reserveren.

In de wateren rond het schiereiland Kalpitiya, vaak maar op 3 à 4 km van het strand, dartelen in de droge tijd tussen november en april soms wel honderden **langsnuitdolfijnen** (*Stenella longirostris*). Deze zeezoogdieren, die in het Engels *spinner dolphins* worden genoemd, kunnen meer dan 2 m lang worden en zijn te herkennen aan de lange snuit en de roomwitte buik. De Engelse naam is afgeleid van *spin* ('draai'), omdat het dier graag sprongen maakt waarbij het een schroef om zijn eigen as maakt. De dolfijnen leven het liefst in groepen van tot wel duizend soortgenoten en komen in alle tropische zeeën voor.

## Een boottocht voor de westkust

De stuurman weet meestal wel waar de scholen *ongil* – zoals de dolfijnen in het Tamil heten – zich ophouden. Voor dit soort observatietochten worden zeer wendbare boten gebruikt, waarop doorgaans niet meer dan zes passagiers passen. Omdat er aan boord maar weinig beschutting is, doet u er verstandig aan voldoende zonnebrandcrème mee te nemen. Zorg er bovendien voor dat u uw camera tegen het opspattende water kunt beschermen. Ook een goede verrekijker en voldoende proviand – vooral water – zijn onontbeerlijk. Het komt regelmatig voor dat een boot al vlak na vertrek midden in een school springende, duikende en altijd even sierlijke dolfijnen terechtkomt. Voeren en aanraken zijn absoluut taboe, ook al zwemmen de dieren zo nu en dan vlak bij de boot.

Voor de observatie van **walvissen** gaan de boten normaal gesproken een stuk verder de open zee op, tot wel 20 km uit de kust. In de wateren aan de rand van het continentaal plat zijn de omstandigheden wat voedsel betreft optimaal, wat verschillende walvissoorten trekt. Zo komen hier blauwe vinvissen, bultruggen, potvissen, spits-

snuitdolfijnen (die tot de tandwalvissen behoren), zwaardwalvissen en dwergvinvissen voor. Soms worden in deze wateren ver weg van de kust van het schiereiland ook witlipdolfijnen gesignaleerd.

U hebt het meest aan een observatietocht als er een ervaren gids met een gps aan boord is die de verschillende soorten walvissen kan lokaliseren en identificeren. De zeezoogdieren houden zich het liefst op in een 6 km brede zone tussen 79˚38' en 79˚35' OL. Om de walvissen niet op te schrikken, mag de stuurman nooit op de dieren 'jagen', maar alleen op respectvolle afstand van hen blijven.

## Op safari in een lagune

Ook in de reusachtige **Puttalam Lagoon** kunt u interessante boottochten maken en dolfijnen observeren. Met veel geluk krijgt u hier een **Chinese witte dolfijn** (*Sousa chinensis*) in het vizier, die te herkennen is aan zijn opvallende roze kleur. Door het gebruik van sleepnetten en het vissen met dynamiet is de populatie van deze dolfijnensoort in rap tempo uitgedund en bovendien leven de Chinese witte dolfijnen maar zelden in groepen. Daar waar de lagune overgaat in de zee hebt u de grootste kans om een exemplaar te spotten, en dan ook nog vroeg op de ochtend of laat in de middag.

Eeen interessante **boottocht** van ongeveer 2,5 uur voert u langs verscheidene eilandjes in de lagune, waaronder het 145 ha grote **Battalangunduwa**. Wie onderweg een **dugong** (een soort zeekoe) ziet zwemmen, mag zich gelukkig prijzen. De Singalezen noemen dit zeezoogdier *muhudhu ura*, de Tamils *kadal pandi*. De lagune is rijk aan zeegras en biedt daarom de ideale levensomstandigheden voor de dugong. Vroeger werd er veel jacht gemaakt op het dier vanwege zijn vlees.

ongerepte stranden, enerverende duiklocaties – vooral het Bar Reef en de Kalpitiya Ridge – en boottochten over de Puttalam Lagoon naar het Wilpattu National Park (zie blz. 118).

Wie vanaf de A3 via de slechte B349 langs de **Puttalam Lagoon** (▶ B 11/12) naar het noorden van het schiereiland rijdt (41 km), komt langs enkele zoutpannen en bossen met palmyra's. In **Talawila** (▶ A 12) kunt u een kijkje nemen in de aan zee gelegen **St. Anne's Church**, die gewijd is aan de moeder van Maria. De kerk is een belangrijk bedevaartsoord vanwege een beeld van de heilige Anna dat wonderen zou verrichten. Het meermaals vergrote kerkgebouw dateert uit 1837.

In het overwegend islamitische **Kalpitiya** (▶ B 11) aan de noordoostkust van het schiereiland ligt **Fort Calpentyn** (▶ B 11), dat in 1676 door de Hollanders is gebouwd. Tegenwoordig is er een marinebasis gevestigd, maar het fort kan evengoed worden bezichtigd. De sobere **Pieterskerk** (▶ B 11) uit 1706 is nog niet zo lang geleden wit geschilderd en van een nieuw dak voorzien. Binnen bevinden zich enkele interessante grafstenen.

## Overnachten

Aan de lagune – **Aarya Lagoon Kalpitiya**: 11th Mile Post, Norochcholai, tel. 032 226 02 22, www.aaryaresorts.com, 2 pk vanaf $ 175. Dit boetiekresort ligt op de zuidwestoever van de Puttanam Lagoon. Bij de bouw ervan zijn veel natuurlijke materialen gebruikt. U vindt hier zes kamers van 45 m², een open restaurant en een zwembad.

Ontspanning onder de palmen – **Bar Reef Resort**: Palmyrah Avenue, Alankuda, Eththale (Etalai; ▶ A/B 11), tel. 077 721 92 18, www.barreefresort.com, 2 pk vanaf $ 150. Te midden van een palmenbos liggen twee villa's en elf bungalows op een bijna 4 ha groot terrein. Heel sfeervol, vlak aan zee.

Ecovriendelijk resort – **Ruwala Resort**: Thihaliya, Eththale (Etalai; ▶ A/B 11), tel. 032 329 92 99, www.ruwala resort.com, 2 pk vanaf $ 145. Dit resort, dat vlak aan de Puttalam Lagoon ligt, biedt twee comfortabele huisjes met elk twee kamers, acht bungalows aan het water en twee houten bungalows tussen de mangroven. Hét adres voor actieve vakantiegangers, met een breed aanbod aan excursies.

## Actief

Kitesurfen – **Kitesurfing Lanka**: tel. 077 368 62 35, www.kitesurfinglanka.com; **Srilankakite**: tel. 077 252 85 67, www.srilankakite.com; **The Rascals Kite Resort**: tel. 071 401 20 02, www.rascalskiteresort.com. Van mei tot en met september staat er doorgaans een ideaal windje voor kitesurfers langs de kust van het schiereiland. De genoemde aanbieders bevinden zich ten oosten van Kalpitiya en beschikken over eigen accommodatie.

# Wilpattu National Park ▶ C/D 8-10

Ingang in Hunuwilagama, dag. 6-18 uur, toegang $ 15 p.p. plus $ 8 service charge per groep plus LKR 250 per voertuig en 15% belasting

Ongeveer 25 km ten noorden van Puttalam strekt zich het Wilpattu National Park uit, dat in 1938 die status kreeg. Met zijn 1317 km² is het een van de grootste nationale parken van Sri Lanka. Het staat bekend om de grote populaties luipaarden en lippenberen, maar is ook het leefgebied van olifanten,

De kenmerkende kumbuks in het Wilpattu National Park

muntjaks en veel vogelsoorten, waaronder buulbuuls, lepelaars, ceylonhoenderen, kleine groene bijeneters en pauwen. Het beschermde natuurgebied ligt in de droge zone; driekwart ervan is dichtbebost, de rest wordt gekenmerkt door lage boomgroei en een zandbodem. In de buurt van water staan op veel plaatsen bomen van de soort *Terminalia arjuna*, die in het Singalees *kumbuk* worden genoemd en te herkennen zijn aan hun lichtbruine schors. Ook de bijna zwarte Aziatische ebbenbomen (*Diospyros ebenum*) en bomen van de soort *Vitex attissima* (*milla* in het Singalees) komen hier veel voor. Vooral rond de ruim veertig meren (*villu*) – de naam van het park betekent 'land van meren' – zijn de omstandigheden voor wildobservaties goed. Wie in Kalpitiya overnacht, kan een boottocht maken naar de west-

kant van het park en vanuit Anuradhapura worden dagexcursies aangeboden. Bij en in het park zijn er verscheidene overnachtingsmogelijkheden. De ingang in Hunuwilagama (▶ D 10) is te bereiken via Thimbiriwewa (▶ D 11), dat aan de A12 (Puttalam-Anuradhapura) ligt. Een jeepsafari van een halve dag kost LKR 5000-6000, afhankelijk van de kwaliteit van de auto.

## Overnachten

**Lodge in het groen** – **Park View Bungalow**: vlak bij de parkingang, tel. 025 490 14 75 of 077 480 91 13, 2 pk vanaf LKR 3000. Eenvoudige accommodatie met vier tweepersoonskamers (badkamer, ventilator, klamboe). U kunt hier ook een jeepsafari boeken.

# Ten zuiden van Colombo

## Mount Lavinia ▶ B 19

Het strand van **Mount Lavinia** ligt op slechts 10 km ten zuiden van het centrum van Colombo en is daarom een populaire bestemming van de hoofdstedelingen voor een weekendje weg. Ze nemen hun intrek in een van de goedkope *guesthouses* en doen zich te goed aan de smakelijke zeevruchten in de lokale restaurants. Toch heeft de nabijheid van Colombo ook zijn negatieve kanten, vooral wat betreft de kwaliteit van het zeewater. Van juni tot en met november kan de moesson voor gevaarlijk hoge golven zorgen.

De naam Mount Lavinia is mogelijk afgeleid van het Singalese woord voor meeuwenrots, *lihinia-gala*, maar populairder is de verklaring dat Lavinia is terug te voeren op danseres Lovina, de geliefde van de Britse gouverneur Thomas Maitland. Ze kwam regelmatig op bezoek in zijn residentie, die hij in 1806 op een hoogte in de plaats liet bouwen en waar hij tot zijn terugkeer naar Groot-Brittannië in 1811 heeft gewoond. Sinds 1877 doet het pand dienst als hotel (zie hierna), dat vanaf het grote terras een prachtig uitzicht op zee biedt.

## Overnachten

De badplaats heeft een goede treinverbinding met Colombo en is daarom ook geschikt als uitvalsbasis voor bezoekjes aan de stad.

**Historisch hotel met privéstrand –** **Mount Lavinia Hotel:** 100 Hotel Road, tel. 011 271 17 11, www.mountlavinia hotel.com, 2 pk vanaf $ 145. In het oorspronkelijke gebouw en een nieuwere vleugel zijn in totaal 210 kamers en suites ondergebracht. Het stijlvolst zijn de 38 *colonial rooms*. Faciliteiten zijn onder andere de Coco Spa, een aangenaam zwembad en een groot aanbod aan restaurants.

**Ideaal voor gezinnen –** **The Villa In Lavinia:** 26/3 Sri Dharmapala Mawatha, tel. 011 273 78 79, www.thevillainlavinia. com, 2 pk vanaf $ 45. Zeer aantrekkelijke accommodatie op slechts tien minuten lopen van het strand. Er zijn tien gerieflijke, kleurrijk ingerichte kamers met een moderne badkamer, een balkon en teakhouten meubilair. Klein zwembad met terras.

## Eten en drinken

Aan het strand is er geen gebrek aan goede restaurants. De stijlvolste locatie is het **Governor's Restaurant** in het Mount Lavinia Hotel (zie hiervoor). Andere aanraders zijn **Sawasdec** in het Mount Breeze Hotel (22/5A De Saram Road, tel. 011 272 50 43, www.mount breeze.lk), **The Shore By O!** (College Avenue, tel. 011 438 94 28), dat prima cocktails serveert, en **La Voile Blanche** (tel. 011 456 11 11, www.lavoileblanche. lk), waar een trendy loungesfeer hangt.

## Wadduwa en Kalutara

### Wadduwa ▶ C 20

Ongeveer 30 km ten zuiden van Colombo bereikt u de eerste badplaats die massaal wordt aangedaan door westerse toeristen: **Wadduwa**. De Galle Road is hier omzoomd met kokospalmen, waaruit palmsap wordt gewonnen (zie blz. 70). Langs het strand liggen de resorts uit de hogere prijssegmenten en verder bestaat deze plaats hoofdzakelijk uit een verzameling woningen en winkels tussen het strand en het achterland.

## Kalutara ▶ C 21

Het 7 km ten zuiden van Wadduwa gelegen **Kalutara**, dat genoemd is naar de Kalu Ganga, de Zwarte Rivier, doet met zijn 50.000 inwoners heel stedelijk aan. De stad wordt door de rivier in tweeën gedeeld, en aan weerszijden zijn de belangrijkste gebouwen aan de drukke Galle Road te vinden. Een ervan is de wat hoger gelegen **Holy Cross Church**, vanwaar u een mooi uitzicht op de monding van de rivier hebt.

Halverwege de 11e eeuw was Kalutara korte tijd de residentie van de koning van Ruhuna en in 1655 bouwden de Hollanders hier een fort aan de monding van de 129 km lange Kalu om van daaruit controle uit te oefenen op

de specerijenhandel. Onder de Britten ontwikkelde de stad zich tot het centrum van de rubberindustrie dat het nog altijd is. Bovendien staat Kalutara bekend om het rietwerk.

Net ten zuiden van de brug over de Kalu, waar ooit het Hollandse fort lag, verheft zich de witte dagoba van het **Gangatilaka Vihara** respectievelijk de Kalutara Bodhiya (bodhiboom). De halfronde koepel uit de jaren zestig van de vorige eeuw is maar liefst 40 m hoog en kan binnen worden beklommen. Het middelpunt wordt gevormd door een miniatuurstoepa met vier zittende boeddha's en de muren zijn versierd met 74 schilderingen van taferelen uit de vorige levens van Boeddha (jataka's). Vanaf het platform hebt u een prachtig uitzicht over de omgeving.

Aan de andere kant van de weg staan enkele schrijnen rondom een heilige **bodhiboom**, die voor vrijwel elke boeddhistische verkeersdeelnemer

# *Tip*

## Uitstapje naar een tropenpaleis

Vanuit Kalutara kunt u een mooi uitstapje maken naar het **Richmond Castle** (dag. 9-16 uur, LKR 200), dat 3 km landinwaarts bij **Palathota** (▶ C 21) ligt. Het imposante landhuis is in 1896 gebouwd in opdracht van de filantroop en grootgrondbezitter Don Arthur de Silva Wijesinghe Siriwardena, die zich onder de naam *padikara mudaliyar*, een titel van lokale machthebbers, inzette voor het Britse rijk. Het Richmond Castle ligt in een 16 ha groot park aan de zuidoever van de rivier de Kalu en is gebouwd volgens de Brits-Indiase koloniale architectuur. Alleen al voor het uitnodigende trappenhuis zijn twee scheepsladingen teakhout uit Birma gehaald. Na

de dood van de *mudaliyar* in 1949 werd hier op zijn wens een school gevestigd, en tegenwoordig is het landhuis als kleuterschool in gebruik. Een rondleiding door het pand behoort tot de mogelijkheden.

Een mooie manier om een bezoek te brengen aan het Richmond Castle is op de fiets, die bij de meeste hotels in deze omgeving wel te huur is. Aan de zuidkant van de brug over de Kalu gaat u de eerste weg linksaf (Riverside Road) en rijdt u langs de rivier naar Palathota. Het prachtige landhuis ligt iets ten oosten van dit plaatsje. Als alternatief is een boottocht aan te bevelen, waarvoor u terecht kunt bij de strandhotels in Kalutara of Wadduwa.

De stranden rond Beruwela en Alutgama behoren tot de mooiste van Sri Lanka

aanleiding is om even een tussenstop te maken en met een korte meditatie en een offer van bloemen en geld om een goed vervolg van de reis te vragen.

## Overnachten

**Architectonische juweeltjes – The Blue Water:** Thalpitiya, Wadduwa, tel. 038 223 50 67, www.bluewatersrilanka. com, 2 pk vanaf $ 120. Groot hotelcomplex naar een ontwerp van Geoffrey Bawa (zie blz. 80) met honderd zeer smaakvolle kamers en bovendien een mooi zwembad en een aangenaam wellnesscentrum.

**Gevestigd strandresort – Tangerine Beach Hotel:** Kalutara, tel. 034 223 72 95, www.tangerinehotels.com, 2 pk

vanaf $ 170. Al in 1982 ontving dit hotel zijn eerste gasten, maar sindsdien zijn de 166 kamers en suites – die allemaal een balkon of veranda met uitzicht op zee hebben – meermaals gerenoveerd. In de mooie tuin bevinden zich een groot zwembad en een ayurvedacentrum. Niet geschikt voor rustzoekers.

**Ongedwongen – La Saman Villa:** 111 De Abrew Road, Kalutara, tel. 034 222 16 60, 077 632 54 19, www.lasamanvilla. com, 2 pk vanaf $ 40. Zes schone kamers met airconditioning en een grote badkamer in een vriendelijk *guesthouse* van drie verdiepingen op slechts 100 m van het strand, maar ook niet ver van de spoorlijn. Sympathieke eigenaresse.

**Bij mensen thuis – FEEL Home Stay:** 11 A Philip Neri Road, Katukurunda, Kalutara, tel. 077 759 51 49, www.facebook.

ligt **Barberyn Island**, een populaire bestemming van toeristenboten. Tot de bezienswaardigheden op het vasteland behoren de sneeuwwitte **Kachchima-lai Mosque**, die op een rotsige landtong aan zee ligt en met sierlijke portalen en speelse koepels pronkt. In een van de vertrekken bevindt zich de tombe van de 12e-eeuwse Jemenitische sultan Ashraff Waliullah. Deze en de prachtige **Ul Abrar Mosque**, 1,5 km zuidelijker in Maradana Road, liggen in de oudste islamitische plaats in Sri Lanka. Waarschijnlijk al in de 10e eeuw vestigden Arabische zeelieden zich in 'be ruwala' (het zeil strijken).

## Overnachten

**Chic gezondheidsresort** – **Heritance Ayurveda Maha Gedara**: Beruwela, tel. 034 555 50 00, www.heritancehotels. com, 2 pk vanaf $ 320 per dag, inclusief volpension en therapieën, alleen per week te boeken. Dit resort met zijn 64 ruime kamers is geheel gewijd aan de gezondheid en biedt yoga, meditatie en ayurvedische kuren. De gebouwen dateren uit de jaren zeventig van de vorige eeuw, maar het complex is in 2011 ingrijpend gerenoveerd.

**In een park** – **Eden Resort & Spa**: Alutgama, tel. 034 227 60 75, www.browns hotels.com, 2 pk vanaf $ 150. In dit gevestigde hotel, dat in een groot park aan de monding van de rivier de Bentota ligt, vindt u 148 kamers, verscheidene restaurants en bars, een groot zwembad en een wellnesscentrum. Animatieprogramma.

**Ontspanning en yoga** – **Villa Velmarie**: 39 Kuddawa Road, Beruwela, tel. 077 238 36 90, www.villavelmarie.com, 2 pk vanaf $ 50. De rode stenen vloer en het teakhouten meubilair geven deze bungalow uit de koloniale tijd een warme uitstraling. Er zijn zes kamers en in de mooie tropische tuin bevindt zich een

com/feelhomestay, 2 pk vanaf $ 40. Twee lichte kamers met een moderne badkamer en airconditioning in de woning van een gezin. In het zuiden van Kalutara, op een halve kilometer van het strand. Leenfietsen.

# Beruwela en Alutgama ▶ C 22

Wie vanuit het noorden naar **Beruwela** (ook wel Beruwala genoemd) rijdt, zal zich waarschijnlijk niet afvragen waarom deze kuststrook zo populair is bij zonaanbidders: hier, zo'n 60 km ten zuiden van Colombo, strekken zich de mooiste stranden van Sri Lanka uit en bovendien gaan onder de palmen tal van goede resorts schuil. Voor de kust

zwembad. Bovendien worden er regelmatig yogalessen gegeven. Op vijf minuten lopen van Maggona Beach.

**Kindvriendelijk** – **Sagarika Beach Hotel**: Beruwela, tel. 034 493 15 58, www.sagarikabeachhotel.webs.com, 2 pk vanaf $ 80. Resort op ongeveer 100 m van zee met vijf schone kamers, drie appartementen, een zwembad en een kleine tuin.

**Ongedwongen en verzorgd** – **Ypsylon Resort**: Moragalla, Beruwela, tel. 034 227 61 32, www.ypsylon.info, 2 pk vanaf $ 40. Al sinds 1981 worden in dit vriendelijke *guesthouse* gasten verwelkomd. De 31 kamers met ventilator zijn eenvoudig, maar netjes. Tot de faciliteiten behoren een goede duikschool en ayurvedische therapieën.

**Beiers-Sri Lankaanse oase** – **Bavarian Guesthouse**: 92 Barberyn Road, Beruwela, tel. 034 227 61 29, www.bavarianguesthouse.com, 2 pk vanaf $ 55. Dit *guesthouse* ligt op 100 m van het strand in een tropische tuin en beschikt over zeven ruime kamers met balkon of veranda, een suite en een zwembad. De

eigenaren doen er alles aan om het de gasten naar de zin te maken.

## Eten en drinken

Het aanbod aan restaurants is zeer bescheiden omdat de meeste bezoekers in hun accommodatie eten.

**Brood en curry** – **Singharaja Bakery & Restaurant**: 120 Galle Road, Alutgama, vlak voor de brug naar Bentota, tel. 034 227 49 78, vanaf LKR 300. Goede keus aan brood en gebak, maar ook lekkere samosa's en 's middags rijst met curry.

**Reggae, reggae en nog eens reggae** – **Coconut Bar**: in de buurt van het Barberyn Resort, Beruwela, tel. 034 227 91 36. Deze eenvoudige strandbar is een instituut in Beruwela. Lekkere hapjes en cocktails.

## Bentota en omgeving ▶ C 22

### Bentota en Induruwa

Als er één plaatsnaam langs de westkust verbonden is met het strandtoerisme dan is het wel **Bentota**. Eigenlijk heeft deze naam betrekking op het 40 ha grote National Holiday Resort, dat uit 1969 dateert en bestaat uit een conglomeraat van vakantiehotels op een smalle kuststrook tussen de rivier de Bentota en de zee. Deze 3 km lange strook van zand en palmen heeft zijn bestaan te danken aan het feit dat de slechts 55 km lange rivier vlak voor de monding in zee eerst in zuidelijke en vervolgens in noordelijke richting stroomt. In dit wonderschone tropische landschap zijn door de decennia heen tal van grote strandresorts verrezen, die zich hoofdzakelijk richten op reizigers die een geheel verzorgde of all-inclusivevakantie hebben geboekt.

### Sekstoerisme

Ze horen evenzeer bij de gouden kust van Sri Lanka als de palmbomen en het fijne zand: jonge Sri Lankanen die vastberaden over het strand slenteren, met charme en een indrukwekkende vasthoudendheid het liefst met buitenlandse toeristes aanpappen en vooral op twee dingen uit zijn: seks en geld. U doet er goed aan niet te zwichten voor de spraakwaterval van de *beach boys*.
Ondanks veel campagnes is Sri Lanka ook nog altijd een geliefde bestemming van pedofielen. Meld verdachte situaties altijd onmiddellijk bij de politie. Belangrijke tips vindt u ook op www.ecpatsrilanka.org.

De zee en de monding van de rivier bieden uitstekende omstandigheden voor alle vormen van watersport, zoals windsurfen en waterskiën. Ook in het 4 km zuidelijker gelegen **Induruwa** zijn veel comfortabele vakantieverblijven te vinden.

## Lunuganga Estate

Dedduwa, Haburugala, tel. 034 428 70 56, www.lunuganga.com, dag. 9-16 uur, LKR 1250

Op ongeveer twintig minuten rijden ten zuidoosten van Bentota ligt niet ver van de weg naar Elpitiya het voormalige landgoed van architect Geoffrey Bawa (zie blz. 80): **Lunuganga**. Vanaf 1949 toverde de toen 30-jarige Bawa een verlaten rubberplantage aan het Dedduwa Lake om in een prachtige tropische tuin, geïnspireerd op de Italiaanse tuinen die hij tijdens een jarenlang verblijf in Europa had leren kennen. Sinds zijn overlijden in 2003 is het park opengesteld voor het publiek. De villa van Bawa doet tegenwoordig dienst als hotel (www.lunuganga.com).

## Kosgoda

In de wateren rond Sri Lanka komen vijf soorten zeeschildpadden voor: de echte en de onechte karetschildpad, de dwergzeeschildpad, de soepschildpad en de lederschildpad. Alle vijf leggen ze hun eieren ook op het strand bij **Kosgoda**, dat ongeveer 6 km ten zuiden van Induruwa ligt. Om de dieren te beschermen zijn *turtle hatcheries* (schildpaddenkwekerijen) opgezet. Als eerste door prominente wetenschappers, die met steun van de Zweedse camerafabrikant in 1978 het **Victor Hasselblad Sea Turtle Research & Conservation Center** (School Lane, Kosgoda, tel. 091 492

18 02 of 071 787 99 28, www.facebook.com/kosgodaseaturtle, LKR 500) stichtten. Inmiddels zijn er meer dan twintig kwekerijen, waaronder het **Kosgoda Sea Turtle Conservation Project** (13 A Galle Road, Kosgoda, tel. 091 226 45 67 of 077 600 73 02, www.kosgoda seaturtle.org, LKR 500). Medewerkers van de *hatcheries* rapen de schildpadeieren om de illegale verkoop en de consumptie ervan tegen te gaan. Een paar dagen nadat ze zijn uitgekomen, worden de diertjes vrijgelaten. Sommige schildpadbeschermers, zoals **Turtle Watch Rekawa**, doen deze manier van kweken af als pure toeristenshow (wat gelet op de vele selfies die door bezoekers worden gemaakt ook wel enigszins klopt).

## Overnachten

**Knus** – **The Waterside Bentota**: Yathramulla, Bentota, tel. 034 227 00 80, www.bentotawaterside.com, 2 pk vanaf $ 160. Dit hotelletje aan de rivier de Bentota is hét adres voor rustzoekers. Zes sober ingerichte kamers, maar vriendelijk personeel, een mooi zwembad, een dito tuin en een gratis shuttleboot naar het strand.

**Wellnessoase** – **Ayurveda Shunyata Villa**: 660A Galle Road, Induruwa, tel. 034 227 19 44, www.ayurveda-shunyata-villa.com, 2 pk vanaf $ 200. Dit ayurvedaresort voldoet aan de hoogste kwaliteitseisen, heeft slechts vijf verschillend ingerichte kamers en ligt op een mooie locatie aan het strand: de perfecte omlijsting voor een rustige en ontspannende vakantie. Het zwaartepunt ligt bij ayurvedische kuren van twee weken.

**Villa à la Toscane** – **Casa Siena**: 146/6 Galle Road, Robolgoda, Bentota, tel. 034 428 70 88, www.casasienalanka.com, 2 pk vanaf $ 120. In een tropische tuin met zwembad ▷ blz. 128

# *Favoriet*

### Betoverend tropisch paradijs – de Brief Garden  ▶ C 22

Mooier kan een belegging haast niet uitpakken: van het forse honorarium dat hij met het opstellen van een juridisch gedingstuk (Engels: *legal brief*) verdiende, kocht de vader van Bevis Bawa een verwaarloosde rubberplantage, die na zijn vroege dood in 1929 op Bevis overging. De kunstenaar en journalist maakte er een prachtige tropische tuin van, met fantasierijke beelden en een knusse villa. De broer van de beroemde architect Geoffrey Bawa (zie blz. 80) stierf in 1992 kinderloos, maar hij had in zijn testament bepaald dat zijn personeel de tuin zou erven.

**Brief Garden:** bij Kalawila, 10 km van Alutgama en Bentota, tel. 034 567 62 98, dag. 8-17 uur, LKR 1000. Omdat de tuin vrij lastig te vinden is, kunt u het best een tuktuk nemen (circa LKR 1100 retour).

staan drie huizen met elk drie kamers, die liefdevol zijn ingericht met antiek. Het complex ademt een weldadige Sri Lankaans-Toscaanse sfeer. Zeer aan te bevelen, op een steenworp afstand van zee.

**Sympathiek – Wunderbar Beach Club:** tel.0342275908,www.hotel-wunderbar. com, 2 pk vanaf $ 125. Vriendelijk hotel dat vlak bij een prachtig stukje strand staat. Er zijn veertien comfortabele kamers met balkon, een bungalow, een sfeervol open restaurant en een zwembad. Veel stamgasten.

**Persoonlijke benadering – Shangri Lanka Villa:** 23 De Alwis Road, Horanduwa, Bentota, tel. 034 227 11 81, www. shangrilankavilla.com, 2 pk vanaf $ 125. Dit *guesthouse* met zes mooi ingerichte suites ligt in een aangename tuin met zwembad, op slechts enkele meters van het strand. De vriendelijke eigenaren kunnen ook excursies voor u regelen en serveren zeer smakelijke gerechten.

**Mooie tuin – Priyanka Villa:** De Alwis Road, Horanduwa, tel. 077 799 68 40, 2 pk vanaf $ 30. Deze aangename villa staat te midden van een mooie tropische tuin, in het zuiden van Bentota, op circa 600 m van het strand. De drie kamers bevinden zich op de begane grond en de eerste verdieping en beschikken niet allemaal over airconditioning, maar wel over een balkon of terras. De bedden zijn voorzien van een klamboe. Op verzoek kunt u per tuktuk naar het strand worden gereden.

## Actief

**Watersport – Sunshine Water Sports Center:** River Avenue, Aluthgama, tel. 034 428 93 79 of 077 794 18 57, www. srilankawatersports.com. Bij dit centrum aan de rivier de Bentota kunt u terecht voor onder andere windsurfen, duiken en waterskiën.

# Ahungalla en Balapitiya ▶ C 23

De plaats **Ahungalla**, ongeveer 15 km ten zuiden van Bentota, is eveneens niet karig met tropische bekoringen en lonkt met een van de mooiste gedeelten van de westkust. Tot de relatief weinige resorts in deze omgeving behoort het Heritance Ahungalla (zie blz. 128), dat in 1979 zijn deuren opende als Hotel Triton en een van de bekendste gebouwen van architect Geoffrey Bawa (zie blz. 80) is.

Een kilometer of vijf zuidelijker mondt in het vissersdorp **Balapitiya** de idyllische Madu in zee uit. Even daarvoor heeft de rivier zich verbreed tot een fascinerend merengebied, dat met mangrovebossen en 25 eilandjes een belangrijke habitat voor ruim driehonderd planten- en meer dan honderd vogelsoorten vormt. Een 915 ha groot deel is in 2003 als zogenaamd Ramsargebied aangewezen, een wetland van internationaal belang. Boottochten zijn hier bijzonder interessant (zie Actief).

## Overnachten

**Architectuurklassieker – Heritance Ahungalla:** Galle Road, Ahungalla, tel. 091 555 50 00, www.heritancehotels. com, 2 pk vanaf $ 160. Dit in 1979 door Geoffrey Bawa ontworpen hotel is met zijn lichte ruimten en indrukwekkende zwembaden een van de beste resorts aan de westkust van Sri Lanka. Hoge standaard op het gebied van milieu en een groot aanbod aan activiteiten en excursies.

**Overnachten voor het goede doel – Bogenvillya Ayurveda Resort:** 62/45 Wathuregama, Ahungalla, tel. 091 226 41 47, www.owf.at, 2 pk vanaf $ 130. Dit complex met een hoofdgebouw en vijf

Voor toeristen liggen comfortabelere boten klaar om de mystieke mangrovebossen bij Ahungalla te verkennen

bungalows ligt in een grote tropische tuin in de buurt van het strand. Er zijn veertien ruime kamers. Met de inkomsten uit het resort wordt het opleidingscentrum van One World Foundation gefinancierd.

## Actief

Bootsafari's – **Jayantha Boat Service:** 193/3 Galle Road (in de buurt van de brug over de Madu), tel. 076 941 64 99 of 077 367 87 55. Tochten over de Madu (circa 1,5 uur, vanaf LKR 3500 per boot). Beste tijdstippen zijn vroeg op de ochtend en laat in de middag.

## Ambalangoda en omgeving ▶ C/D 23

Het ongeveer 10 km ten zuiden van Bentota gelegen **Ambalangoda** wordt geplaagd door doorgaand verkeer en

heeft bepaald geen schoonheidsprijs verdiend. De plaats staat echter wel bekend om de vervaardiging van houten maskers, die worden gebruikt bij de volksdans *kolam* en bij het magische *tovil*-ritueel voor de genezing van zieken. De meeste van deze grimmig kijkende maskers worden echter voor toeristen gemaakt, waarbij de kwaliteit jammer genoeg vaak te wensen overlaat.

Voor een interessant inkijkje in de houtsnijkunst gaat u naar het **Ariyapala Mask Museum** (426 Galle Road, tel. 091 225 83 73, www.masksariyapalasl. com, dag. 8.30-17.30 uur, toegang gratis), dat in 1987 is gesticht en genoemd is naar Ariyapala Gurunnanse, een meester in de houtsnijkunst. Zijn familie wijdt zich al generaties lang aan de vervaardiging van maskers en heeft een werkplaats in het museum.

Tegenover het museum bevindt zich de **Bandu Wijesooria School of Dance** (417 Main Street, tel. 091 225 89 48), waar lessen in traditionele dansen worden aangeboden en regelmatig dansuitvoeringen plaatsvinden.

In de omgeving van Ambalangoda zijn nog meer bezienswaardigheden. Ongeveer 5 km ten noordoosten van de plaats vindt u bij het dorpje **Karandeniya** het **Sailatalaramaya Vihara** met een grote liggende boeddha en 8 km ten zuidoosten van Ambalangoda bevinden zich de **maansteenmijnen** van **Meetiyagoda** (Beruwalage Gems & Jewellery Moonstone Mines, Domanwila, tel. 091 225 81 62, dag. 8-17 uur, toegang gratis).

Eveneens in het zuidoosten ligt het circa 4 km² grote **Madampe Lake**, dat als belangrijke biotoop van watervogels en zeldzame planten uitnodigt tot een boottocht (zie Actief). Op de oostelijke oever biedt het **Nagenahiru Center for Environmental Education** in **Godahena** een interessante tentoonstelling over het ecosysteem van het meer. Vanaf de uitkijktoren van het centrum hebt u een fantastisch uitzicht.

Wie langs de kust in de richting van Hikkaduwa rijdt, passeert na 9 km bij **Telwatta** (> D 23/24) een bronzen monument ter herdenking van de verwoestende tsunami van 26 december 2004. Op deze plek sleurden de golven een complete trein mee, waarbij meer dan 1500 mensen de dood vonden. In Telwatta vindt u ook het klooster **Totagama Raja Maha Vihara**, dat tot de verwoesting door de Portugezen in de 16e eeuw een belangrijk educatief centrum was. Het huidige complex dateert uit 1805; hoogtepunten zijn een statige sierboog met makara's (mythische zeemonsters), een liggende boeddha en wandschilderingen.

## Winkelen

**Houten maskers** – De beste exemplaren zijn beschilderd met natuurlijke kleuren. Twee goede adressen hiervoor zijn: **Ariyapala Mask Museum**, 426 Galle Road, tel. 091 225 83 73, en **M. H. Mettananda**, Galle Road, tel. 091 225 88 10.

**Batik** – **Dudley De Silva Batiks:** 53 Elpitiya Road, tel. 091 225 94 11. Familiebedrijf in een mooi koloniaal huis. **Heman Sarath:** 144/1A Polvolta Road, Poramba. Klein atelier, waar batiks met smaakvolle patronen worden gemaakt.

## Actief

**Boottochten** – **Nagenahiru Center for Environmental Education:** op de oostelijke oever van het Madampe Lake, reserveren via het kantoor in Ambalangoda, 4/11, Patabendimulla, tel. 091 225 66 21, www.nagenahiru.org (circa LKR 1200 p.p.).

# Hikkaduwa  ▶ D 24

De badplaats **Hikkaduwa** wordt vaak aangeprezen als Hippieduwa, ook al hebben de bloemenkinderen hun heil allang elders gezocht. De plaats is wel nog altijd dé bestemming in Sri Lanka voor onstuimige strandfeesten en oefent een enorme aantrekkingskracht uit op de internationale backpackersgemeenschap. Maar getuige het aanbod aan resorts en hotels voelen ook minder avontuurlijk aangelegde reizigers zich hier op hun gemak. Op het schier eindeloze strand, dat jammer genoeg nogal te lijden heeft onder erosie, zijn frisbeespelers en beachvolleyballers actief, terwijl anderen op de klanken van reggaemuziek aan een cocktail nippen. En langs de drukke Galle Road, waar aan de overkant komen nog een uitdaging op zich is, rijgen zich over een afstand van 3 km de *guesthouses*, restaurants en souvenirwinkels aaneen.

De aantrekkingskracht van Hikkaduwa ligt deels onder water, want vlak voor de kust strekt zich een koraalrif uit. De onderwaterwereld is hier echter door de jaren heen dermate aangetast door het vissen met dynamiet, de opwarming van de aarde en niet in de laatste plaats onverantwoord duiktoerisme dat in 2002 een circa 100 ha groot gebied is uitgeroepen tot **Hikkaduwa Marine National Park** om de ruim 60 koraal- en 170 vissoorten te beschermen. Her en der worden tochtjes op een boot met een glazen bodem aangeboden (LKR 1750 p.p.), maar omdat vlak voor de kust veel koraal inmiddels is afgestorven zijn deze het geld niet echt waard. Meer plezier aan de zeefauna en -flora beleeft u tijdens snorkel- en duikexcursies waarbij u verder de zee op gaat. U kunt dan ook enkele scheepswrakken verkennen (zie blz. 72).

Wie de drukte even wil ontvluchten, hoeft niet ver te rijden: op slechts 2 km ten noordoosten van Hikkaduwa ligt het idyllische **Hikkaduwa Lake**, dat zich uitstekend leent voor een boottochtje of een picknick. Op de oever van het meer liggen enkele aangename resorts.

## Overnachten

Aan accommodatie is geen gebrek in Hikkaduwa, of u nu op zoek bent naar een goedkoop *guesthouse* of een gerenommeerd resort. Een paar kilometer landinwaarts zijn de onderkomens goedkoper en is het vanzelfsprekend ook een stuk rustiger.

**Idyllisch boetiekresort** – **Asian Jewel:** Field View, Baddegama Road, tel. 091 493 13 88, www.asian-jewel.com, 2 pk vanaf $ 115. Dit kleine resort ligt 2 km landinwaarts aan het idyllische Hikkaduwa Lake en biedt vijf stijlvol ingerichte kamers, een restaurant en een zwembad. Service wordt hier met een hoofdletter geschreven.

**Ouwe getrouwe** – **Blue Ocean Villa:** 420 Galle Road, Pelawatta, tel. 091 227 75 66, blueocean@sltnet.lk, 2 pk vanaf $ 45. Dit populaire onderkomen biedt schone kamers met kleurrijke accenten, een goed restaurant en een prima service.

**Aan het meer** – **Kalla Bongo Lake Resort:** 22/8K Field View, Baddegama Road, Nalagasdeniya, tel. 091 494 63 24, www.kallabongo.com, 2 pk vanaf $ 98. Een juweeltje van een hotel te midden van een grote tuin aan het Hikkaduwa Lake, met vijftien mooi ingerichte kamers met balkon, een fijn zwembad, een goed restaurant en veel watersportfaciliteiten.

**Dicht bij het strand** – **The Oasis Villa:** 466 Galle Road, Wewala, tel. 091 227 52 02 of 077 790 53 68, 2 pk vanaf $ 35. Vlak bij het strand, maar ondanks de centrale ligging toch tamelijk rustig. Er zijn drie stijlvol ingerichte appartementen en acht kamers. Het attente personeel en het smakelijke eten zijn goede redenen om nog wat langer te blijven.

**Chillen onder de palmen** – **Mandala Beach:** 414/1 Galle Road, Wewala, tel. 076 682 10 74 of 076 684 07 50, www.mandalabeach.lk, 2 pk vanaf $ 80. Klein resort aan het strand met slechts vijf kamers met airconditioning, een terras en een badkuip in de openlucht. Het ontbijt wordt geserveerd in een bamboepaviljoen op het strand.

**Aan het strand** – **Neela's Guesthouse & Beach Restaurant:** 634 Galle Road, Narigama, tel. 091 438 31 66, www.neelasbeach.com, 2 pk vanaf $ 38. De mooie locatie aan het strand, het goede restaurant (okt.-mei) en het vriendelijke personeel maken van dit *guesthouse* een goede keus. De tien kamers in drie categorieën zijn eenvoudig, maar schoon en ruim.

# Eten en drinken

Ook op gastronomisch gebied is er voldoende te beleven in Hikkaduwa. Veel restaurants zijn in de regentijd (juni-okt.) gesloten.

Sinds 1972 – **Cool Spot:** 327 Galle Road, Wewala, tel. 076 911 48 48, dag. 8-23 uur, zeevruchten circa LKR 900. Gevestigd familierestaurant met een sober interieur, maar het attente personeel en het eten maken dat meer dan goed. Behalve zeevruchten staan er ook curry's op het menu.

Bella Italia – **Spaghetti & Co:** Galle Road, Narigama, tel. 077 697 32 99, dag. 6-23 uur, gerechten vanaf LKR 800. Dit populaire restaurant in het zuiden van Hikkaduwa is heel sfeervol, mede dankzij de beschaafde achtergrondmuziek. Op de kaart staan onder andere grote pizza's, lasagne en zelfgemaakte pasta's.

Zeevruchtenveteraan – **Refresh:** 384 Galle Road, tel. 091 505 81 08, www.refreshsrilanka.com, dag. 7.30-23.30 uur, gerechten vanaf LKR 700. Dit enorme restaurant met 350 zitplaatsen heeft wel iets weg van een vreetschuur, maar staat over het hele eiland bekend om de lekkere zeevruchten en rijstgerechten.

Lekkers uit de zee – **Red Lobster:** 287 Galle Road, tel. 091 493 18 91 of 077 493 59 23, ma.-vr. 8.30-22, za./zo. 9.30-22 uur, zeevruchten vanaf LKR 700. Of het nu gaat om de Sri Lankaanse curry's, de reuzengarnalen of de kreeft, de zussen Janaki en Rushpa halen al jarenlang een uitstekend niveau.

Rijst en curry – **Home Grown:** 140 A Nanayakkara Mawatha, Wewala, dag. 10-22 uur, gerechten vanaf LKR 700. In dit eenvoudige, maar vriendelijke familierestaurant komen goede Sri Lankaanse en Zuid-Indiase gerechten op tafel. Geen alcoholische dranken.

Meer dan alleen koffie – **Sunset Coffee Bar:** 348 Galle Road, tel. 091 438 33 89, dag. 7.30-22 uur, vanaf LKR 500. Hier kunt u met uitzicht op zee van een kop goede koffie of een koud biertje genieten. Verder zijn er allerlei hapjes te koop, maar ook goede rijstgerechten voor de grotere trek.

# Actief

Duiken – **Dive Seenigama:** Galle Road, Seenigama, Hikkaduwa, tel. 091 309 65 45, www.diveseenigamadivelanka.com. **Poseidon Diving Station:** 304 Galle Road, tel. 091 227 72 94, www.divingsrilanka.com. **Scuba Safari:** Hikka Tranz by Cinnamon, 390 Galle Road, tel. 091 227 70 23, www.underwatersafaris.org.

Watersport – **Spunky Monkey Wakeboard-Camps:** bij het Kalla Bongo Lake Resort (zie blz. 131), tel. 077 783 30 84, www.wakeboardcamps.com. Breed aanbod, waaronder wakeboarden en surfen. **Lanka Surf Trips:** 154/1 Naghawatta, tel. 077 624 27 95, www.lankasurftrips.com. Een surfveteraan geeft lessen en organiseert excursies.

# Uitgaan

In het hoogseizoen worden er in 'Hiphopduwa' tot in de kleine uurtjes beachparty's gehouden; vooral in de tweede helft van de week lijkt het aantal decibels geen grenzen te kennen. Dan heerst er overdag al een uitgelaten sfeer in de strandbars **Top Secret** en **Harbours**, waar pas vanaf 22 uur het feest losbarst. Op donderdag voeren de dj's de eveneens aan het strand gelegen **Funky the Bar** naar een akoestisch hoogtepunt, op vrijdag is het de beurt van **Vibration** op 495 Galle Road. Op zaterdag wordt er tot vroeg in de ochtend gedanst bij **Mambo's** (434/4 Galle Road), een favoriete ontmoetingsplaats van surfers.

Het Kumara Kanda Vihara in Dodanduwa

# Dodanduwa  ▶ D 24

De langgerekte plaats **Dodanduwa**, on-geveer 6 km ten zuiden van Hikkaduwa, heeft een rustig, maar boomloos strand met enkele bijzonder aangename va-kantieverblijven. Niet ver van de afslag naar **Gonapinuwala** gaat achter de spoorlijn een brede trap omhoog naar het bezienswaardige **Kumara Kanda Vihara**, waarvan de voorgevel met de bogen enigszins doet denken aan een barokke kerk.

Dondanduwa is ook een goede uit-valsbasis voor een bezoek aan het **Rath-gama Lake**, dat dankzij de dichte man-grovebegroeiing een belangrijke bio-toop is. Op een eilandje in het meer staat de **Polgasduwa Island Hermi-tage** (Polgasduwa, 80250 Dodanduwa, Galle District, geen tel.), een belangrijk boeddhistisch meditatiecentrum dat in 1911 door de Duitse monnik Nyana-tiloka is gesticht. Het complex kan na reservering worden bezocht, maar al-leen door mannen.

Na Dodanduwa is het nog maar 12 km naar het UNESCO-Werelderf-goed Galle (zie blz. 137), de misschien wel mooiste stad van Sri Lanka.

## Overnachten

*Stijlvol* – **Sri Lanka Beach House**: tel. 077 640 4373, www.srilankabeachhouse.de, huis vanaf $ 130. Dit huis biedt ruime kamers voor vier tot zes perso-nen en beschikt over een mooi zwem-bad. Op een prachtige locatie aan het strand.

*Yoga in groepsverband* – **House of Lotus**: 175 Galle Road, tel. 091 226 72 46, www.house-of-lotus.com, alleen voor een cursus te boeken, vier dagen of langer (vanaf € 800 per 2 pk), geen creditcards. In deze in koloniale stijl gebouwde villa met vijf aantrekkelijke kamers en een zwembad kunt u een spirituele vakantie houden. Er worden cursussen yoga en mediteren gegeven. Niet aan het strand.

# Het zuiden

## Hoogtepunten ✳

**Galle:** geen andere stad in Sri Lanka heeft zo veel historische gebouwen te bieden als Galle. In het voormalige Hollandse fort, dat sinds 1988 op de Werelderfgoedlijst van de UNESCO staat, waant u zich in sommige straatjes eeuwen terug in de tijd. Zie blz. 137.

**Yala West (Ruhuna) National Park:** het op een na grootste beschermde natuurgebied van Sri Lanka en met afstand het populairste van het eiland kan bogen op de hoogste luipaardendichtheid ter wereld. Maar u hebt hier ook een goede kans om olifanten en lippenberen te spotten. Zie blz. 163.

## Op ontdekkingsreis

**Galle – wandeling over de vestingmuur:** al meer dan 350 jaar houdt de vesting stand tegen de kracht van de zee. In de schaduw van de muren ontmoeten verliefde stelletjes elkaar en proberen ambulante handelaren hun koopwaar aan de man te brengen. Tijdens een wandelingetje over de muur toont Galle al haar charmes. Zie blz. 142.

## Bezienswaardigheden

**Een woning als museum:** de voormalige woning van de auteur Martin Wickramasinghe in Koggala doet tegenwoordig dienst als museum voor regionale volkskunst. Zie blz. 150.

**Maha Devale:** de belangrijkste tempel van Kataragama is een bedevaartsoord van hindoes, boeddhisten en moslims. Jaarlijks hoogtepunt is het Esala Perahera. Zie blz. 165.

## Actief

**Boottocht:** de idyllische eilandjes en de dichte mangrovebossen van het Koggala Lake nodigen uit tot een catamarantocht. Zie blz. 150.

**Fietstocht om het Koggala Lake:** door een groen en dunbevolkt landschap fietst u om het meer heen en bezoekt u ook een tempel. Zie blz. 151.

**Wandeling met uitzicht:** de beste tijd voor een beklimming van de heuvel van Rumassala is vroeg op de ochtend of laat in de middag. Zie blz. 147.

## Sfeervol genieten

**Pedlar's Inn Café:** waar in de koloniale tijd het postkantoor van Galle was gevestigd, kunt u nu stijlvol eten of alleen een kopje koffie drinken. Zie blz. 146.

**Taprobane Island:** dit mini-eiland is werkelijk een plaatje en ligt niet ver uit de kust. Het is een van de fotogeniekste locaties langs de zuidkust. Zie blz. 153.

**Klooster bij Mulkirigala:** de duizenden jaar oude Pahala Vihara Cave Temple ligt midden in de natuur en maakt nog altijd een geheimzinnige indruk. Zie blz. 160.

## Uitgaan

**Chillen in Unawatuna:** aan het strand zijn enkele leuke etablissementen waar u iets kunt drinken. Het aanbod varieert van een eenvoudige houten keet tot een chique lounge. Zie blz. 150.

# Een Werelderfgoed, bountystranden en paradijselijke natuur

In het diepe zuiden van Sri Lanka strekken zich niet alleen prachtige stranden uit langs de kust, maar zijn er ook enkele culturele pareltjes en bezienswaardige nationale parken te vinden. Dankzij de goede verbinding via de Southern Expressway rijdt u vanuit Colombo in nog geen twee uur tijd naar de uiterste zuidpunt van het eiland.

Waar UNESCO-Werelderfgoed **Galle** met haar historische fort bezoekers onderdompelt in de tijd van de Portugezen en de Hollanders, bieden de vele stranden fervente zonaanbidders zowel ontspanning als een omvangrijk aanbod aan activiteiten. De sierlijk gebogen baai van **Unawatuna** is helemaal onderworpen aan het massatoerisme, maar verder naar het oosten liggen nog ongerepte kuststroken die sinds jaar en dag het werkterrein van vissers zijn. Sommigen verhuren zich evenwel liever als fotomodel, zoals de paalvissers van Ahangama, die geduldig op hun houten palen zitten te wachten tot toeristen een foto maken en daar vervolgens een kleine vergoeding voor vragen.

**Mirissa** en **Weligama** bieden een fabelachtig tropisch plaatje met ruisende kokospalmen en fijn zand, en behoren daarom tot de populairste stranden van Sri Lanka. Een stukje verder naar het oosten biedt **Midigama** goede omstandigheden voor surfers en zijn in de nabije omgeving van **Dickwella** enkele culturele bezienswaardigheden te vinden. En last but not least liggen in het uiterste zuiden twee fascinerende nationale parken: **Yala West** (**Ruhuna**), met een omvangrijke populatie luipaarden, en **Bundala**, dat vanwege de vele watervogels een paradijs voor vogelaars is.

## INFO

**Kaart:** ▶ D-O 22-25

### Informatie

In geen enkele plaats langs de zuidkust is er een officieel toeristenbureau, dus u bent aangewezen op tips van het personeel van hotels en restaurants. Houd hierbij altijd in gedachten dat de informatie vaak op eigenbelang is gebaseerd. In Galle en op de stranden van de zuidkust lopen heel wat ronselaars rond.

### Reis en vervoer

Vanuit Galle loopt de A2 tot Hambantota vlak langs de zuidkust (en in noordelijke richting langs de westkust naar Colombo). Een alternatief is de Southern Expressway, een vierbaansweg die wat verder landinwaarts tot aan Matara loopt.

Matara is het eindstation van de Coast Line, die het zuiden van Sri Lanka met Colombo verbindt. Tussen de plaatsen langs de kustweg rijden regelmatig bussen.

Cinnamon Air laat naar behoefte luchttaxi's vliegen op het traject Colombo-Koggalla-Dickwella en afhankelijk van het seizoen naar het Mattala Rajapakse International Airport bij Hambantota.

# Galle ✳ ▶ D/E 24

Geen enkele andere stad in Sri Lanka heeft zo veel historische gebouwen te bieden als **Galle**. In het Hollandse fort, dat als een tong de Indische Oceaan in steekt, waant u zich in sommige straatjes eeuwen terug in de tijd. En of het nu gaat om oude kerken, historische hotels of massieve vestingmuren, telkens weer worden bezoekers eraan herinnerd dat Galle ooit een belangrijke havenstad was. Sinds 1988 staat het fort (oftewel de oude stad) van Galle op de Werelderfgoedlijst van de UNESCO.

## Geschiedenis

Al heel vroeg was de beschermde baai in het zuidwesten van Sri Lanka een van de belangrijkste aanloophavens van handelsschepen. In 550 beschreef de Griekse handelaar en zeevaarder Kosmas Indikopleustes in zijn *Christianikí Topographía* Sri Lanka als een eiland dat centraal was gelegen en daarom werd aangedaan door schepen uit Perzië, Ethiopië en alle delen van India. Galle moet in die tijd de belangrijkste overslagplaats van het eiland zijn geweest. In de 14e eeuw was Galle volgens de Marokkaanse handelsreiziger Ibn Battuta 'een kleine stad met een levendige haven'.

Het Europese hoofdstuk begon met de komst van de Portugezen, die echter aanvankelijk ongewild in Galle terechtkwamen: in 1505 dreef Dom Lourenço de Almeida, de zoon van de vicekoning van Portugees India, tijdens de moesson af met zijn vloot en landde op de zuidwestkust van Sri Lanka. De Zuid-Europeanen noemden de door een vooruitspringende rotspartij gedomineerde baai Ponto Gale, naar *gala*, het Singalese woord voor rots. Maar omdat die naam nagenoeg hetzelfde klonk als het Portugese *galo* (haan) introduceerden de nieuwe machthebbers een haan in het stadswapen. In 1587, na de verovering van de streek rond de baai, bouwden de Portugezen een vesting ter bescherming van de haven. De muren zouden uiteindelijk maar heel kort standhouden: op 8 maart 1640 werd de vesting belegerd door de Hollandse bevelhebber Willem Jacobszoon Coster en diens tweeduizend man sterke leger, en vijf dagen later al ingenomen.

Na de verdrijving van de Portugezen beleefde Point de Galle als belangrijkste haven van het eiland een periode van bloei die voortduurde tot de machtsovername door de Britten in 1796. De huidige gedaante van het fort dateert uit die tijd. Het Britse rijk gaf de voorkeur aan Colombo als hoofdstad van de nieuwe kolonie, waarna Galle in vergetelheid raakte en daardoor nog altijd kan pronken met haar oude gebouwen. De huidige stad telt ongeveer 140.000 inwoners en bestaat uit twee delen: in het noorden de kleurloze nieuwe stad en in het zuiden het aantrekkelijke fort met de oude stad.

## De nieuwe stad

**Kaluwella** ('zwarte stad') noemen de Sri Lankanen de gezichtloze nieuwe stad, die voor bezoekers alleen maar interessant is omdat zich hier zowel het trein- als het busstation bevindt. Het **Galle International Stadium** **1**, dat vroeger The Esplanade werd genoemd en in 1876 als paardenrenbaan werd gebouwd, vormt de overgang van de nieuwe naar de oude stad. Sinds 1927 is het stadion het decor van nationale en internationale cricketwedstrijden – waar nog meer zullen de spelers zo'n mooi uitzicht hebben? Even ten westen van het stadion ligt het rustige **Dharmapala Park** **2**.

# Galle

## Bezienswaardigheden

1. Galle International Stadium
2. Dharmapala Park
3. New (Main) Gate
4. Old Gate en Maritime Archaeology Museum
5. Galle National Museum
6. Amangalla
7. Groote Kerk
8. All Saints Church
9. Government House
10. Galle Fort Hotel
11. Historical Mansion
12. Fort Printers
13. Meera Jumma Masjid
14. Sri Sudharmalaya Vihara
15. Clock Tower
16. Star Bastion
17. Flagrock Bastion
18. Point Utrecht Bastion
19. Aurora Bastion
20. Akersloot Bastion
21. Zwart Bastion
22. Sun Bastion

## Overnachten

1. Mango House
2. Fort Bliss
3. Fort Inn
4. Secret Palace
5. Seagreen Guesthouse
6. Rampart View
7. Pedlar's Inn Hostel

## Eten en drinken

1. The Cardamom Café
2. The Old Railway Café
3. Punto Café
4. The Heritage Café
5. Pedlar's Inn Café
6. Lucky Fort Restaurant

## Winkelen

1. Shoba
2. Barefoot
3. Dutch Hospital Shopping Precinct

## Actief

1. Kanotocht op de Gin

—— zie blz. 142-144

# Oude stad

Alle bezienswaardigheden zijn geconcentreerd in de **oude stad**, die binnen de massieve muren van het 52 ha grote **fort** ligt. Dit deel van Galle kan eenvoudig in een halve dag worden verkend en doet in vergelijking met de hectische nieuwe stad weldadig rustig aan. Bovendien kunt u zich dankzij het overwegend rastervormige stratenpatroon goed oriënteren. De privéwoningen, overheidsgebouwen, kerken en andere religieuze bouwwerken zijn stuk voor stuk prachtig bewaard gebleven. Enkele gebouwen doen tegenwoordig dienst als hotel, café of museum.

## Stadspoorten en Maritime Archaeology Museum

Twee poorten bieden toegang tot het fort: de pas in 1873 door de Britten aangebrachte **New (Main) Gate** 3 en de mooiere **Old Gate** 4, die een klein stukje zuidoostelijker deel uitmaakt van het zogenaamde Warehouse. Het wapen dat aan de binnenzijde boven de poort is aangebracht geeft uitsluitsel over de ontstaanstijd ervan: de tekst *ANNO MDCLXIX* en het embleem van de VOC wijzen uit dat de poort in 1669 in opdracht van de Vereenigde Oostindische Compagnie is gemaakt. Aan weerszijden van het embleem staat een leeuw en erboven een haan. Op het wapen dat aan de buitenzijde boven de poort hangt, staat de lijfspreuk van de Britse koningen, *Dieu et mon droit* (God en mijn recht). Het dateert uit de tijd van koning George III (regeerperiode 1760-1820).

Binnen de poort bieden twee deuren toegang tot het in 1671 gebouwde **Warehouse**, een voormalig pakhuis van de Hollanders waar nu het **Maritime Archaeology Museum** (Queens Street, di.-za. 9-17 uur, LKR 650) is gevestigd. Waar ooit edele houtsoorten, specerijen en gerei voor de zeevaart lagen opgeslagen, wordt nu een interessant inkijkje

geboden in het maritieme leven van Sri Lanka. U kunt hier meer te weten komen over het traditionele leven van de vissers en het ecosysteem langs de kust, terwijl vondsten uit gezonken schepen inzicht bieden in de waren die men vroeger over het water vervoerde.

## Galle National Museum en Amangalla Hotel

Een stukje noordwestelijker staat het **Galle National Museum** 5 (Church Street, di.-za. 9-17 uur, LKR 300), dat is ondergebracht in het oudste gebouw van de stad. De stevige zuilen van de veranda geven het uit 1656 daterende pand een imposante uitstraling. De collectie, waaronder Boeddhabeelden, religieuze schilderijen en alledaagse gebruiksvoorwerpen, is op zich bezienswaardig, maar de presentatie ervan laat veel te wensen over.

In de straten van de oude stad staan aantrekkelijke koloniale gebouwen, waarvan een aantal in de voorbije jaren in mooie boetiekhotels zijn veranderd. Het oudste hotel is het **Amangalla** 6 (10 Church Street, tel. 091 223 33 88, www.aman.com), dat vanaf 1684 in gebruik was als bestuursgebouw van de Hollanders en in 1863, in de Britse tijd, zijn deuren opende als New Oriental Hotel. Het behoort tot het gerenommeerde Amanresorts en staat te boek als het beste hotel van Galle. Ook wie zich de exorbitante kamerprijzen niet kan of wil permitteren, zou onder het genot van een kopje thee of een cocktail in de Great Hall de grandeur van het fraaie gebouw moeten opsnuiven.

## Groote Kerk en All Saints Church

Vanwege de barokke voor- en achtergevel wordt de kruisvormige **Groote Kerk** 7 (Middle Street, hoek Church Street, dag. 9-17 uur) – een nogal misplaatste naam – gezien als het mooiste godshuis van Galle. De kerk dateert uit 1755 en werd uit dankbaarheid gebouwd, nadat Geertruyda Adriana Le Grand, de echtgenote van de toenmalige commandant Casparus de Jong, na jaren kinderloos te zijn geweest toch een dochter had gekregen. De vloer is bekleed met verweerde grafstenen van een kerkhof en ook aan de muren hangen gedenkplaten.

De **All Saints Church** 8 (Church Cross Street, hoek Church Street, dag. 9-17 uur), een klein stukje zuidelijker, komt met haar massieve toren en sombere muren tamelijk plomp over. In de kruisvormige, neogotische basiliek houden sinds de inwijding op 21 februari 1871 leden van de Anglicaanse kerk hun erediensten. De kerk heeft de plaats ingenomen van het oude gerechtsgebouw – naar verluidt staat het altaar precies op de plek waar vroeger de galg stond.

## Government House en Galle Fort Hotel

In Galle – en ook in Jaffna – zetelde een Hollandse commandant, die rechtstreeks onder de gouverneur in Colombo viel. Vanaf 1683 resideerde de commandant in het **Government House** 9 (alleen van buitenaf te bezichtigen) in Queens Street, dat in de Britse tijd het Queens House werd genoemd. Boven de ingang hangt een embleem met het jaartal van de bouw en een haan.

Het liefdevol opgeknapte **Galle Fort Hotel** 10 (28 Church Street, tel. 091 223 28 70, www.galleforthotel.com) is ondergebracht in een mooi gebouw dat uit de 18e eeuw dateert. Dit is een van de mooiste hotels langs de zuidkust van Sri Lanka.

## Historical Mansion 11

31-39 Leyn Baan Street, za.-do. 9-18, vr. 12-14 uur, toegang gratis

Een tikje chaotisch, maar erg charmant: de oude stad van Galle

In het prachtige **Historical Mansion** is een wonderlijke mengeling van museum, juwelier en uitdragerij gevestigd. Het witgekalkte gebouw uit 1860 herbergt een indrukwekkende verzameling kunstnijverheid en antiek, waaronder Chinees porselein en vondsten uit gezonken schepen, die M.H.A. Gaffar, een nazaat van een islamitische juweliersfamilie, in veertig jaar tijd bijeen heeft gebracht. Ook wie geïnteresseerd is in glimmende edelstenen komt hier volledig aan zijn trekken.

## Fort Printers en Meera Jumma Masjid

**Fort Printers** 12 (39 Pedlar Street, tel. 091 224 79 77, www.thefortprinters. com) heeft een kleurrijk verleden als boeddhistische school, bank en drukkerij. In 2005 werd het voorname pand uit de 18e eeuw omgebouwd tot een chic boetiekhotel.

Samen met de vuurtoren en de vestingmuren behoort de witgekalkte **Meera Jumma Masjid** 13 (Rampart Street, hoek Leyn Baan Street) in het zuiden van het fort tot de populairste objecten om te fotograferen in Galle. Met de twee vierkante torens en in barokstijl nagebouwde voorgevel doet de moskee (1904) eerder aan een kerk denken. Kennelijk voldeed dit aan de wens van de moslims, die de moskee door een Italiaanse architect lieten ontwerpen.

## Sri Sudharmalaya Vihara 14

Rampart Street, hoek Parawa Street
Op de ruïnes van een Portugese kerk die in de 17e eeuw door de Hollanders was afgebroken, hebben de boeddhisten in 1889 de sneeuwwitte **Sri Sudharmalaya Vihara** gebouwd. Het mooie ensemble bestaat uit een vergaderzaal met klokkentorentje en een klokvormige dagoba. ▷ blz. 145

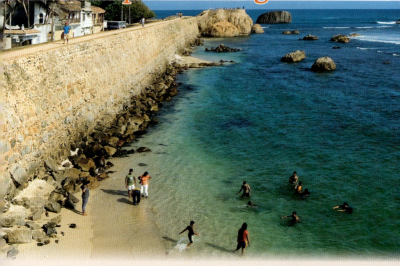

## Galle – wandeling over de vestingmuur

Al meer dan 350 jaar houdt de vesting van Galle stand tegen de kracht van de zee. In de schaduw van de muur ontmoeten verliefde stelletjes elkaar en proberen ambulante handelaren hun koopwaar aan de man te brengen. Tijdens een wandelingetje over de muur toont Galle al haar charmes.

**Stadsplattegrond:** zie blz. 138.
**Start-/eindpunt:** New (Main) Gate 3 , maar eigenlijk kunt u deze wandeling vrijwel overal langs de muur beginnen: in Rampart Street (aan de westkant van het fort) en Hospital Street (aan de oostkant) lopen her en der paden omhoog de muur op.
**Lengte/duur:** bijna 3 km, met pauzes ongeveer 2 uur.

**Tip:** het pad op de muur biedt nauwelijks schaduw en daarom kunt u het best 's ochtends vroeg of laat in de middag met de wandeling beginnen. Evengoed is het aan te bevelen een hoofddeksel op te zetten. Neem ook voldoende water mee.

Uiteindelijk hebben de Hollanders niets gehad aan de weerbaarheid van het fort. Toen Dietrich Fretz, de laatste Hollandse commandant van Galle, op 23 februari 1796 de controle over de stad overdroeg aan het Britse leger – op een '*orderly, regular, and polite manner*', zoals de Britse officier Lachlan Macquarie opmerkte –, was er geen schot gevallen. Omdat de havenstad maar van geringe betekenis was voor de Britten, zag men anders dan in Colombo af van een rigoureuze verbouwing van het fort. Daarom is het tot op de dag van vandaag grotendeels intact gebleven en beschouwt de UNESCO het als een prachtig voorbeeld van stedenbouwkunde waarbij elementen uit de Europese architectuur en Zuid-Aziatische tradities samenkomen.

Het fort wordt omsloten door een machtige, bijna 3 km lange vestingmuur met in totaal 14 bastions. Een groot deel van de muur is tussen 1663 en 1669 gebouwd, waarbij gebruik werd gemaakt van gneis en koraal. Omdat de Hollandse koloniale machthebbers een aanval over land het meest waarschijnlijk achtten, brachten ze in het noorden van het fort drie vooruitspringende gedeelten aan de vestingmuur aan: de bastions Star, Moon en Sun.

## Omspoeld door de zee

Tijdens een wandeling over de met gras begroeide vestingmuur krijgt u een uitstekende indruk van het fort. Met een zoutig zeebriesje door uw haar en begeleid door de branding die ritmisch tegen de stevige muren slaat, loopt u naar de bastions die fier de zee in steken. Ook al wordt uw blik als een magneet getrokken door de uitgestrektheid van de zee, telkens weer weten ook de dakenzee en de afbrokkelende gevels van de oude stad de aandacht op zich te vestigen. Hoe zou het hier destijds zijn geweest, toen de Hollandse handelaren door de straatjes snelden, de kerkklokken gelovigen opriepen om naar de kerk te gaan, de islamitische vissers in de schaduw van de muur luidruchtig hun verse vangst aanprezen en er trotse zeilschepen in de haven voor anker lagen om specerijen en edele houtsoorten voor Amsterdam te laden?

## Moedige klifspringers

Het startpunt van deze wandeling is de **New (Main) Gate** 3 (zie blz. 138)

in het noorden van het fort. Tegen de wijzers van de klok in loopt u in westelijke richting naar de markante **Clock Tower** 15 uit 1883. De toren staat ter hoogte van het Moon Bastion, dat vanaf de spits toelopende muren een goed uitzicht biedt op de verder naar het noorden gelegen nieuwe stad. Vanaf het **Star Bastion** 16 in het noordwesten van het fort, waar zich een kleine legerbasis bevindt, loopt het pad langs het Aeolus, Clippenberg, Neptune en Triton Bastion ongeveer 800 m in zuidelijke richting tot aan het Flagrock Bastion. Een deel van de namen van de bolwerken is ontleend aan de Griekse mythologie en twee zijn er genoemd naar een Nederlandse stad en plaats.

Op een vooruitspringende rotspartij in het zuidoosten van het fort ligt het **Flagrock Bastion** 17, dat door de Hollanders Vlaggeklip werd genoemd. Het is een van de populairste locaties onder toeristen, want vanaf hier storten commercieel ingestelde kinderen zich tegen een kleine vergoeding onbevreesd de altijd kolkende zee in. Vanaf 1733 hing er op deze plek een vlag om schepen voor de gevaarlijke ondiepten en rotsen te waarschuwen. De vlag werd in 1848 vervangen door een vuurtoren, die echter in 1934 in vlammen opging. Vijf jaar later bouwden de Britten bij het circa 250 m verderop gelegen **Point Utrecht Bastion** 18 een nieuwe, ruim 26 m hoge vuurtoren, die nog altijd met zijn lichtsignaal de kustlijn van Sri Lanka markeert. Het bastion is genoemd naar de geboortestad van de eerste pastoor die in 1641 in Galle werd benoemd.

## Het zwarte bastion

Vanaf het Point Utrecht Bastion wandelt u via Hospital Street ongeveer 500 m naar het noorden, tot u bij het Zwart Bastion komt. Onderweg komt u langs het voormalige ziekenhuis (tegenwoordig het Dutch Hospital Shop-

Voor een kleine vergoeding springen kinderen vanaf het Flagrock Bastion in zee

ping Precinct), met daarachter het **Aurora Bastion** 19, dat is genoemd naar de Romeinse godin van het morgenrood, en het **Akersloot Bastion** 20, dat herinnert aan de geboorteplaats van de Hollandse commandant Willem Jacobszoon Coster, die in 1640 de Portugezen verdreef.

Vanaf hier loopt een – inmiddels afgesloten – ondergrondse tunnel naar het **Zwart Bastion** 21. Dit bolwerk ligt op de plek waar de Portugezen in 1625 hun Fortaleza Santa Cruz hadden gebouwd om de nabijgelegen haven te kunnen verdedigen. In de Hollandse tijd stonden er bij het bastion een gevangenis, een wapensmederij en een munitiedepot. Omdat het hier zwart uitgeslagen was van kruit, as en roet, raakte de naam Zwart Bastion ingeburgerd.

Loop nu verder door Queens Street, langs de **Old Gate** 4 (zie blz. 138) en het Maritime Archaeology Museum, en sla rechts af Church Street in. Eenmaal voorbij het **Amangalla Hotel** 6 (zie blz. 140) is het nog 200 m naar het laatste bolwerk van de vesting: het **Sun Bastion** 22. Ook hier hadden de Portugezen al een bolwerk gebouwd: São Lago. De huidige naam draagt het bastion sinds 4 augustus 1667, toen Esther de Solemne, de verloofde van de toenmalige gouverneur Rijcklof van Goens, hier het eerste kanonschot mocht afvuren.

# Overnachten

Wie zich ook in zijn accommodatie wil onderdompelen in de geschiedenis van Galle, vindt hier tal van historische hotels, waarvoor echter wel diep in de buidel moet worden getast. Een overzicht vindt u op www.reddottours.com en www.srilankainstyle.com. Gemiddeld geprijsde onderkomens zijn:

**Stijlvol – Mango House 1**: 3 Leyn Baan Cross Street, tel. 091 224 72 12, www.mangohouse.lk, 2 pk vanaf $ 100. Deze villa met de mooie binnenplaats beschikt over zeven ruime kamers met een koloniaal tintje, waarvan enkele airconditioning en een balkon hebben. De bedden zijn voorzien van een klamboe. Leuk dakterras.

**Koloniale stijl – Fort Bliss 2**: 84 Light House Street, tel. 091 224 81 68, www.fortblissgalle.com, 2 pk vanaf $ 85. Deze villa biedt vier kamers met airconditioning en mooie meubels in koloniale stijl. U kunt ook de hele villa boeken.

**Gezellig – Fort Inn 3**: 31 Pedlar Street, tel. 091 224 80 94, rasikafortinn@yahoo.com, 2 pk vanaf $ 75. Vier verzorgde kamers met ventilator. Op de bovenverdieping kunt u gebruikmaken van een gemeenschappelijk balkon. Vriendelijke eigenaren, ook van **Secret Palace 4** (4/2, New Lane 2, zeven kamers, vanaf $ 80).

**Minimalistisch-modern – Seagreen Guesthouse 5**: 19B Rampart Street, tel. 091 224 27 54, www.seagreen-guesthouse.com, 2 pk circa $ 65. De vijf ruime kamers, waarvan twee met airconditioning, stralen een eenvoudige elegantie uit. Het dakterras met uitzicht op zee en de vriendelijke eigenaren maken dit *guesthouse* tot een goede keus.

**Mooie locatie, aardige eigenaar – Rampart View 6**: 37 Rampart Street, tel. 091 438 05 66, www.gallefortrampartview.com, 2 pk vanaf $ 30. De vier kamers zijn ietwat gedateerd. Pluspunten zijn het gemeenschappelijke balkon en het dakterras. De vriendelijke eigenaar verkoopt edelstenen. Geen alcohol.

**Blauw-wit – Pedlar's Inn Hostel 7**: 62B Light House Street, tel. 091 222 74 43, www.pedlarsinn.com, bed vanaf $ 12, 2 pk vanaf $ 50. Door de blauw-witte kleuren doet dit hostel maritiem aan. De keuze bestaat uit kamers met twee tot vier bedden en een gemeenschappelijke badkamer.

# Eten en drinken

Galle heeft een ruime keus aan sfeervolle restaurants, waarvan de meeste zich in de oude stad bevinden. In de vele etablissementen waar moslims de scepter zwaaien, wordt geen alcohol geschonken.

**Diner met uitzicht op zee – The Cardamom Café 1**: Jetwing Lighthouse, Dadella, 2,5 km ten westen van het centrum, tel. 091 222 37 44, www.jetwinghotels.com, dag en nacht open, gerechten vanaf LKR 1200. Op het terras van dit hotelrestaurant met uitzicht op zee smaken de voortreffelijke gerechten (waaronder zeevruchten) extra goed. Reserveren is aan te bevelen.

**Café om te chillen – The Old Railway Café 2**: 42 Havelock Road, tel. 077 626 34 00, ma.-za. 10-18 uur, gerechten LKR 700-900. Beperkte keus (goede sapjes!), maar een aangename ambiance. In het souterrain worden kleding en kunstnijverheid verkocht.

**Gewoon lekker – Punto Café 3**: 42 Pedlar Street, tel. 077 759 99 94, dag. 8-21.30 uur, gerechten vanaf LKR 600. In dit eenvoudige restaurantje met slechts vier tafeltjes serveert een gastvrije familie bijzonder goede curry's.

**Aziatische fusionkeuken – The Heritage Café 4**: 53 Light House Street, hoek Pedlar Street, tel. 091 224 66 68, dag. 8-21.30 uur, gerechten vanaf

LKR 700. Leuke, ontspannen ambiance en een goede keus aan Aziatische gerechten. De Euro-Aziatische tegenhangers zijn aan de middelmatige kant. Geen alcohol.

**Culinair instituut** – **Pedlar's Inn Café** 5 : 92 Pedlar Street, tel. 091 222 53 33, www.pedlarsinn.com, dag. 9-22 uur, gerechten vanaf LKR 700. Waar in de Britse tijd het postkantoor was gevestigd, worden nu een goed ontbijt, lekker gebak en een prima diner geserveerd. Vriendelijk personeel.

**Tien keer curry** – **Lucky Fort Restaurant** 6 : 7 Parawa Street, tel. 091 224 29 22, dag. 11-22 uur, LKR 950 voor twee personen. Tien currygerechten, de meeste met groente, en smakelijke vruchtensappen. Slechts vier tafeltjes op de binnenplaats van een privéwoning.

## Winkelen

**Fair trade** – **Shoba** 1 : 67 A Pedlar Street, tel. 091 222 43 51, www.shoba fashion.org, dag. 10-12.30 en 15-18 uur. In dit kleine atelier met winkel vervaardigen lokale vrouwen mooie stoffen, kantwerk en accessoires voor een schappelijke prijs.

**Kleding en meer** – **Barefoot** 2 : 49 Pedlar Street, tel. 091 222 62 99, www.bare footceylon.com, ma.-za. 10-19, zo. 11-17 uur. Kleding en accessoires.

**Winkelcentrum** – **Dutch Hospital Shopping Precinct** 3 : Hospital Street, tel. 011 287 23 90, www.dutchhospital galle.com, dag. 10-22.30 uur. In het voormalige ziekenhuis zijn winkels en restaurants gevestigd.

## Actief

**Kanotocht op de Gin** – De lokale touroperator **Idle Tours** (Godawatta, Mihiripenna, tel. 077 803 47 03, www. idletours.com, $ 30 p.p.) organiseert een kanotocht op de 116 km lange rivier de Gin, die bij Gintota, 5 km ten westen van Galle, in zee uitmondt. De 1 à 2 uur durende tocht is vroeg in de ochtend of laat op de middag het interessantst, wanneer langs de oevers – deels met mangroven omzoomd – allerlei vogels te zien zijn. Het **startpunt** 1 bevindt zich bij het Tamarind Hill Hotel (288 Galle Road, Dadella). Idle Tours biedt ook verschillende fietstochten aan (LKR 2000-3500); zie ook blz. 152.

## Info en festiviteiten

### Festiviteiten

**Literatuurfestival:** jan., www.gallelite raryfestival.com. Met name lezingen en symposia, maar ook concerten, tentoonstellingen en films.

### Vervoer

Vanuit Galle kunt u zowel de A2 als de Southern Expressway naar Colombo (120 km) of Matara (42 km) nemen. **Trein:** het treinstation ligt op 100 m van het busstation. Via de Coast Line rijdt er zeven keer per dag een trein richting Colombo en acht keer per dag richting Matara. **Bus:** het busstation ligt in de nieuwe stad aan de A2 en is het vertrekpunt van bussen naar Colombo (ongeveer elk kwartier) en Matara (via Weligama en Mirissa, een paar keer per uur).

# Unawatuna en omgeving

## Unawatuna ▶ E 24/25

De populaire badplaats **Unawatuna** ligt op slechts 5 km van Galle. Als een gouden sikkel strekt het strand zich hier uit tussen twee rotsige heuvels. Dankzij de vele budgetverblijven is Unawatuna een van de populairste bestemmingen van backpackers, maar een aantal chique boetiekhotels in de omgeving, zoals de Apa Villa in **Thalpe** (▶ E 25; www.apavilla.com), trekt ook een vermogende cliëntèle.

Tot de tsunami van 2004 werd het strand van Unawatuna aangeprezen als een van de mooiste stranden van Azië, maar een ongecontroleerde bouwwoede heeft de afgelopen jaren tot een lelijke wildgroei geleid. Op sommige plekken is het strand niet meer dan een smalle strook zand, waarachter de hotels en *guesthouses* dicht opeen staan. Met enige regelmaat vinden er ook beachparty's plaats, wat rustzoekers op afstand houdt.

Dankzij een rif voor de kust is de baai beschermd tegen hoge golven, wat het licht aflopende strand zeer geschikt maakt voor gezinnen met kinderen. Snorkelaars worden getrakteerd op een overvloed aan vissen, duikers op een paar interessante wrakken.

## Rumassala ▶ E 24

Ten noordwesten van het strand ligt de **Rumassala**, een beboste heuvel met veel geneeskrachtige kruiden die nauw verbonden is met een scène uit het Indiase Ramayana-epos. Omdat Rama's halfbroer Lakshmana zwaar gewond is geraakt, trekt apengeneraal Hanuman van Lanka naar de Himalaya om een bepaald geneeskrachtig kruid te zoeken. Daar eenmaal aangekomen is Hanuman de naam van de plant vergeten, waarop hij resoluut een hele berg meeneemt in de hoop dat het kruid daarop groeit. Op de terugreis vallen delen van de berg op de grond, onder andere bij Unawatuna ('naar beneden gevallen'). De trekpleister op de Rumassala is de

vredespagode **Sama Cetiya** (2004), vanwaar u een fantastisch uitzicht over zee hebt.

## Yatagala Raja Maha Viharaya ▶ E 24

*Dag. 7-19 uur, een donatie wordt op prijs gesteld*

Het **Yatagala Raja Maha Viharaya**, 4 km ten noordoosten van Unawatuna, is een van de oudste heiligdommen langs de zuidkust. Al in de 3e eeuw v.Chr. zou hier een bodhiboom zijn geplant. Te midden van reusachtige rotsblokken vindt u hier een stoepa, een grote staande boeddha en gebouwen met mooie muurschilderingen.

## Overnachten

Wie in een verblijf aan het strand overnacht, moet rekening houden met geluidsoverlast van beachparty's. Een stuk rustiger logeert u in een van de

## *Tip*

### Knusse tropische tuin

Sinds 1990 worden in de heerlijke **Secret Garden Villa** in Unawatuna rustzoekers verwelkomd. Ze hebben de keus uit twee suites en twee kamers in een koloniale villa en twee bungalows. Op verzoek organiseert de Zwitserse eigenaresse cursussen yoga of meditatie in een koepelvormige ruimte. Het complex ligt aan een straat die evenwijdig aan het strand loopt, op slechts een paar minuten van de zee. **Secret Garden Villa:** Yaddhemulla, Unawatuna, tel. 091 224 18 57, www. secretgardenunawatuna.com, 2 pk vanaf $ 62, zonder ontbijt.

stijlvolle resorts die op een paar minuten lopen van zee liggen.

**Ontwaken met vogelgeluiden –** Hotel Flower Garden: 14 Wella Dewalaya Road, tel. 091 222 52 86, www.hotelflowergardensrilanka.com, 2 pk vanaf $ 80. In een tropische tuin staan 25 cabaña's met airconditioning en veranda. Faciliteiten zijn onder andere een groot zwembad en een ayurvedacentrum. Op tien minuten lopen van het strand.

**Stijlvol aan het strand –** Thaproban Beach House: tel. 091 438 17 22, www. thambapannileisure.com, 2 pk vanaf $ 80. In een oranje gebouw met twee verdiepingen bevinden zich tien comfortabele kamers met balkon en een penthouse met twee kamers. Het restaurant staat goed bekend, het personeel is attent.

**Knusse tropische tuin –** Secret Garden Villa: zie Tip blz. 147.

**Luxueus –** Thambapanni Retreat: Yaddhehimulla, tel. 091 223 45 88, www. thambapannileisure.com, 2 pk vanaf $ 60. Dit hotel met achttien kamers ligt tegen de heuvel Rumassala, waarvan rotsen in enkele van de stijlvolle kamers zijn geïntegreerd. Gasten kunnen kiezen uit bungalows, villa's en suites, maar door de weelderige tropische tuin hebt u overal het gevoel midden in de jungle te zitten. Zwembad, wellnesscentrum en meditatieruimten.

**Interessant voor gezinnen –** Nor Lanka Hotel: Parangiyawatta, naast het Unawatuna Beach Resort, tel. 091 222 61 94, www.unawatunanorlanka. com, 2 pk vanaf $ 56. Veertien ruime kamers met balkon of veranda in een drie verdiepingen hoog gebouw. De nabijheid van het strand (slechts 200 m), de kleine tuin en het goede restaurant maken van dit hotel een interessante optie voor gezinnen.

**Huis met karakter –** Home Stay Strand: 218 Yaddehimulla Road, tel. 077 625 61 01, www.homestay-strand.

net, 2 pk $ 30-55. Deze koloniale villa ligt op een paar minuten lopen van het strand en biedt zeven aangename kamers van verschillend kwaliteitsniveau. Mooie tuin.

# Eten en drinken

**Goede zeevruchten –** Samson Seafood Restaurant: Wella Dewalaya Road, dag. 8-22 uur, reuzengarnalen circa LKR 1200. Aan het eenvoudige interieur van dit strandetablissement stoort zich vrijwel niemand, want de zeelucht en de kookkunst van de aardige eigenaren laten de vis en zeevruchten goed smaken. Kreeft en reuzengarnalen moeten overigens 's ochtends worden besteld.

**Aan het strand – Black & White:** aan de oostkant van Unawatuna Beach, tel. 077 137 99 60, dag. 11-22 uur, gerechten vanaf LKR 600. Een paar houten tafeltjes aan het strand, attent personeel en goede vis en zeevruchten: wat wilt u nog meer?

**Vegetarische klassiekers – South Ceylon:** Yaddehimulla Road, tel. 091 224 58 63, dag. 7-22.30 uur, gerechten vanaf LKR 600. Al vanaf 1983 is dit dé lokale ontmoetingsplaats voor verstokte vegetariërs. Het aanbod varieert van Indiase dosa's tot Italiaanse pizza's.

**Oog voor detail – Shifting Sands Café:** 136/1 Yaddehimulla Road, tel. 077 307 85 83, dag. 8-22 uur. Knus, halfopen etablissement met een paar tafeltjes. U kunt hier ontbijten en 's middags en 's avonds bestaat de keus uit onder andere pasta's, sandwiches, vis en zeevruchten. Leuke locatie voor een ontspannen etentje.

## Actief

**Duiken – Unawatuna Diving Centre:** 296 Matara Road, tel. 091 224 46 93, www.unawatunadiving.com. **Submarine Diving School:** Wella Dewalaya Road, tel. 077 719 67 53, www.submarine diving.center. Talloze vissen en enkele wrakken.

**Fietstochten – Chameera Cycling:** 49/A Heenatigala Road, tel. 076 735 53 56, www.chameeracycling.com. Fietstochten met gids, ook voor gezinnen.

Boeddha wordt het meest afgebeeld in meditatiezit; het beeld in het Yatagala Raja Maha Viharaya bij Unawatuna vormt hierop geen uitzondering

## Uitgaan

Behalve beachparty's heeft Unawatuna ook enkele mooie lounges te bieden. De hieronder genoemde etablissementen liggen allemaal aan het strand.

Bob Marley-sfeer – **Koha Surf Lounge:** tel. 077 264 16 17, dag. vanaf 15 uur. Hier komen de backpackers 's avonds bijeen om te chillen. Cocktails, reggae en een schemerige verlichting zorgen voor de juiste sfeer.

Chique lounge – **Kingfisher:** tel. 091 225 03 12, dag. 7.30-24 uur. Een van de beste strandetablissementen, ook een goed adres voor een cocktailtje in de lounge. Erg populair, dus reserveren is aan te bevelen.

Goed voor een drankje – **Happy Banana:** tel. 091 225 02 52, dag. 7.30-23 uur. Niet de beste keus om te overnachten of een hapje te eten, maar wel een goed adres voor een drankje. Op vrijdag is er vaak een beachparty.

## Info

### Vervoer

**Trein:** vanuit Galle (zie blz. 137) rijden treinen naar het noorden.
**Bus:** bij de afslag Unawatuna vanaf de kustweg A2 kunt u op bussen richting Matara of Galle wachten.
**Tuktuk:** de rit naar Galle kost circa LKR 300, een dagtocht circa LKR 2500, afhankelijk van de afgelegde afstand.

# Van Unawatuna naar Midigama

## Koggala ▶ E 25

Wie vanuit Unawatuna naar het oosten rijdt, komt na ongeveer 10 km bij **Koggala** langs een schilderachtige kuststrook met brede, goudgele zandstranden, hoge palmbomen en bizarre rotsformaties. Dankzij voor de kust gelegen riffen kunt u hier zelfs in de regentijd – juni tot en met november – een duik in het altijd warme water nemen.

Koggala was in de koloniale tijd van strategisch belang als leger- en luchtmachtbasis. Sinds de plaats in 1992 tot vrijhandelszone werd uitgeroepen, is de textielindustrie van groot belang voor de lokale arbeidsmarkt. Bezienswaardigheden zijn er nauwelijks, alleen het kleine **Folk Art Museum** (www.martinwickramasinghe.org, dag. 9-17 uur, LKR 200) is interessant. Het museum is ondergebracht in de voormalige woning van romanschrijver Martin Wickramasinghe (1890-1976) en biedt een collectie traditionele danskleding, maskers en muziekinstrumenten.

## Koggala Lake ▶ E 24/25

Een van de mooiste natuurtochten die u langs de zuidkust kunt maken, is een tocht per catamaran of motorboot over het **Koggala Lake**, ten noorden van de gelijknamige plaats. In de Tweede Wereldoorlog was dit meer een watervliegtuigbasis van de Britten. Onderweg komt u langs mangrovebossen, ziet u een keur aan vogels en kunt u op de eilandjes enkele bezienswaardigheden gaan bekijken. Zo ligt op **Temple Island** een klein boeddhistisch klooster midden in een bos en groeien op **Cinnamon Island** tal van kaneelbomen. De eilanders laten u graag zien hoeveel moeite het kost om kaneel te winnen.

Op sommigen zal de boottocht overkomen als een uitstapje met productdemonstraties, want de stuurlui leggen met het oog op de aantrekkelijke provisie regelmatig aan bij een van de **specerijentuinen** (dag. 8-18 uur, toegang gratis) aan het meer, waar een rondleiding met gids op het programma staat. Een dergelijk bezoek is zonder meer leuk en leerzaam, maar in de eerste plaats gericht op de verkoop van de dure producten. De specerijen en ayurvedaproducten zijn elders beslist goedkoper.

## Fietstocht rond het Koggala Lake

Startpunt kustweg A2, lengte 18 km, duur circa 2 uur, fietshuur via uw accommodatie

Het weelderig groene landschap tussen de zuidkust en het Koggala Lake kunt u het best op de fiets verkennen.

Fiets vanaf de kustweg A2 ten oosten van het kleine **station van Habaraduwa** in noordelijke richting **Habaraduwa Dikkumbura Road** in en sla na ongeveer 500 m rechts af een smalle weg in. Deze loopt ten westen van het meer door groene rijstvelden en dunbevolkte woongebieden. Ten noordwesten van het meer hebt u een fantastisch uitzicht over het water. Volg de weg nog 6 km langs de noordkant van het Koggala Lake en sla dan rechts af **Kathaluwa Thiththagalla Road** in, die u weer in de richting van de kust volgt. Na 2,5 km voert rechts **Kathaluwa School Road** naar het bezienswaardige **Kathaluwa Purvarama Maha Vihara** (zie hierna). Na de bezichtiging rijdt u weer terug naar de kruising, slaat u rechts af en een stukje verder opnieuw rechts af kustweg **A2** in. In Koggala kunt u nog een bezoek brengen aan het **Folk Art Museum** (zie blz. 150).

# Kathaluwa Purvarama Maha Vihara ▶ E 25

Dag. 8-18 uur, een donatie wordt op prijs gesteld

Aan de zuidkant van het Koggala Lake ligt de boeddhistische **Kathaluwa**

Fietstocht rond het Koggala Lake

Purvarama Maha Vihara. Het complex is oorspronkelijk in de 13e eeuw gebouwd, maar de huidige gebouwen dateren hoofdzakelijk uit de 19e eeuw. De wandschilderingen verbeelden vooral taferelen uit de jataka's, verhalen uit de vorige levens van Boeddha.

## Verder naar Midigama

▶ E/F 25

Langs de rotsachtige kust tussen Koggala en **Ahangama** kunt u kennismaken met een bijzonder stel acteurs: de **paalvissers**. Acrobatisch zitten ze op hun houten palen en houden hun hengels boven de schuimende branding. Maar in plaats van vissen uit zee halen willen ze liever toeristen geld uit de zak kloppen. Als u hier een foto maakt, staat er binnen de kortste keren iemand voor uw neus die daar LKR 200-400 voor verlangt.

Tot **Midigama**, 6 km ten oosten van Koggala, loopt de weg langs een prachtig stuk strand, waar tal van leuke vakantieverblijven liggen. Ook zijn hier enkele uitstekende surflocaties.

## Overnachten

**Populair** – **Koggala Beach Hotel**: Habaraduwa, in het westen van Koggala, tel. 091 228 32 43, www.koggalabeach hotel.com, 2 pk vanaf $ 100. Dit hotel mag dan enigszins gedateerd zijn, het biedt wel 78 comfortabele kamers. Andere pluspunten zijn het brede zandstrand, het grote zwembad en het goede restaurant. Van dezelfde eigenaar is het naburige **Club Koggala Village** (www.clubkoggala.com).

**Maar acht kamers** – **Ocean Crest**: 123 Galle Road, Hathapalana, Ahangama, tel. 091 228 33 30, www.oceancrest.lk, 2 pk vanaf $ 100. Dit hotel ligt aan een rotsig gedeelte van de kust en heeft dus geen strand, maar wel een zwembad. De acht kamers in het twee verdiepingen hoge gebouw zijn smaakvol ingericht en beschikken over airconditioning en een balkon. De palmbomen in de smalle tuin moeten nog een beetje groeien.

**Bungalow in art deco** – **Ahangama Eco Villa**: Imaduwa Road, tussen het spoor en Matara Road, Ahangama, tel. 077 378 86 06, www.ahangamaecovilla. com, 2 pk vanaf $ 40. Vier sober ingerichte kamers met airconditioning in de privéwoning van een familie. In de foyer en de tuin bevinden zich diverse zitjes. Het strand en het centrum zijn niet ver weg.

## Info

### Vervoer

**Trein**: stations in Koggala, Ahangama en Midigama.
**Bus**: in Koggala stoppen alle bussen die via de A2 tussen Galle en Matara pendelen.

## Weligama ▶ F 25

De stranden bij **Weligama**, circa 30 km ten oosten van Galle, behoren tot de schilderachtigste van de zuidkust. Voor

---

### Fietstocht met gids langs het Koggala Lake

De lokale touroperator Idle Tours verzorgt verschillende fietstochten, waaronder de 30 km lange Paddy and Lake Trail door de rijstvelden naar de noordwestoever van het Koggala Lake.
**Idle Tours**: Godawatta, Mihiripenna, tel. 077 790 61 56, www.idlebikes.com, 2-3 uur, $ 35.

De paalvissers van Ahangama

het 'dorp in het zand', de betekenis van de plaatsnaam, splitst de A2 zich: wie de kustweg langs de sikkelvormige baai volgt, passeert na 2,5 km het vlak voor de kust gelegen **Taprobane Island** (www.taprobaneisland.com), een oogverblindend mini-eiland. Hier heeft de Franse graaf De Mauny-Talvande in de jaren twintig van de vorige eeuw zijn eigen hof van Eden gecreëerd, en in zijn chique villa menige prominent ontvangen. Na zijn dood kwam het complex in handen van de Amerikaanse componist en auteur Paul Bowles. Vandaag de dag kunnen toeristen die niet op een paar centen kijken hier vorstelijk vakantie vieren.

Ongeveer een halve kilometer verder komt u bij de afslag naar het levendige centrum van Weligama. Niet ver van het Agrabodhi Vihara staat een 3,8 m hoog beeld dat tussen de 6e en de 9e eeuw in de rotsen is uitgehouwen. Het staat bekend als **Kushta Raja Gala**, oftewel 'steen van de leprakoning'. Volgens sommigen gaat het om een koning die hier van lepra is genezen, volgens anderen om de bodhisattva van de compassie, Avalokiteshvara.

## Overnachten

De vakantieverblijven in deze omgeving zijn aan de dure kant en liggen bovendien ver uit elkaar. Hierdoor is er geen toeristische infrastructuur, zodat wie niet over een auto met chauffeur beschikt op het restaurant van zijn hotel is aangewezen.

Gezinsvriendelijk – **Weligama Bay View**: New Bypass Road, Pelana, tel. 041 225 11 99, www.bayviewlk.com, 2 pk vanaf $ 77. Dit middenklassenresort ligt aan een vlak stuk strand dat ideaal is voor kinderen, maar ook surfers komen hier aan hun trekken (verhuur van planken, lessen). De zeventien kamers met airconditioning zijn eenvoudig, maar mooi ingericht en beschikken vrijwel allemaal over een veranda. Het restaurant krijgt goede kritieken.

**Uitzicht op de baai** – New Bay View Villa: 251/29A, Bandarawattha, Weligama, tel. 0415210372, www.newbayview villa.com, 2 pk $ 75. Deze villa met drie verdiepingen staat op een helling boven een rustige baai. De zes kamers met ventilator en klamboe zijn aan de dure kant. Leuk restaurant, maar het strand is hier rotsig en de zee ruw.

## Actief

**Duiken** – Weligama Bay Dive Centre: 126 Kapparatota Road, vlak bij het Bay Beach Hotel, tel. 041 225 07 99, www.scubadivingweligama.com. Dit gevestigde duikcentrum biedt van november tot en met juni duikexcursies naar prachtige rotsformaties aan.

## Info

### Vervoer

**Trein:** treinen naar Matara en Galle, zeven keer per dag in beide richtingen.
**Bus:** Weligama is met alle bussen te bereiken die via de A2 tussen Galle en Matara pendelen.

### Walvisobservatie

De zee bij Mirissa behoort tussen november en april tot de favoriete locaties van blauwe vinvissen en potvissen, die 5 tot 10 km uit de kust zwemmen. In dezelfde tijd worden ook vaak dolfijnen gespot. Veel toeristenverblijven bieden observatietochten aan, die rond 6.30 uur beginnen en 3,5 tot 4 uur duren. Een van de gerenommeerdste touroperators op dit gebied is Mirissa Watersports (zie blz. 155), dat de richtlijnen van de Whale and Dolphin Conservation Society (uk.whales.org) naleeft (circa LKR 7500 p.p.).

# Mirissa  ▶ F 25

Een schoonheidswedstrijd van de baaien langs dit gedeelte van de kust zou ongetwijfeld worden gewonnen door die van Mirissa, 6 km ten oosten van Weligama. Alleen al de welluidende naam roept beelden op van een vakantie in de tropen. Achter de hoge palmen aan het sikkelvormige, slechts 1 km lange strand liggen tal van kleinere vakantieverblijven; voor grote hotels is er onvoldoende ruimte. Het is dus niet verwonderlijk dat Mirissa vooral wordt aangedaan door gezinnen en backpackers die een ontspannen strandvakantie willen. Voor de kust valt er genoeg te beleven voor snorkelaars en surfers. Wie gaat zwemmen moet er rekening mee houden dat vooral tijdens de moesson gevaarlijke onderstromen en hoge golven kunnen ontstaan. Op een huurfiets kunt u een bezoek brengen aan de leuke dorpjes in het achterland en kennismaken met het dromerige leven langs de rivier de Polwatta.

# Overnachten

**Gevestigd** – Paradise Beach Club: 140 Gunasiri Mahimi Mawatha, tel. 041 225 12 06, www.paradisemirissa.com, bungalow vanaf $ 58, 2 pk vanaf $ 99 (alleen half- of volpension). Dit overzichtelijke resort bestaat al sinds 1983 en ligt aan het mooiste gedeelte van het strand. U vindt hier 20 kamers met airconditioning en 22 bungalows met ventilator. Gezinnen zijn enthousiast over het grote zwembad, fijnproevers daarentegen niet per se over het eten.
**Chalets op de helling** – Palace Mirissa: Coparamulla, tel. 041 225 13 03, www.palacemirissa.com, 2 pk vanaf $ 120 (alleen half- of volpension). Dertien kleurrijke en smaakvol ingerichte chalets op een heuvelachtige landtong, ongeveer

tien minuten lopen van het strand. De chalets beschikken over een veranda en bieden fantastisch uitzicht op zee. Wie het strand te ver vindt, kan een duik nemen in het kleine zwembad.

**Koloniale sfeer – The Spice House Mirissa:** A2, km 151, Bandaramulla, tel. 077 351 01 47, www.thespicehousemirissa.com, 2 pk $ 70-90. Stijlvol boetiekhotel met negen knusse kamers met een hoog plafond, een klamboe en een balkon. Andere pluspunten zijn de mooie tuin, het kleine zwembad en het lekkere eten. Op slechts tien minuten lopen van het strand.

**Aangenaam – Rose Blossom Guest House:** A2, tussen km 150 en 151, Bandaramulla, tel. 077 713 30 96, roseblossom.mirissa@gmail.com, 2 pk vanaf $ 35. Dit gezinsvriendelijke *guesthouse* ligt in een zijstraat tegenover het Giragala Hotel en biedt vijf eenvoudige, maar schone kamers die voorzien zijn van een ventilator. Tropische tuin, goed eten en op slechts vijf minuten lopen van het strand.

## Eten en drinken

In Mirissa zijn niet al teveel restaurants, omdat de meeste bezoekers in hun accommodatie eten. Wel vindt u verscheidene etablissementen aan het strand die weten hoe ze een sfeer moeten creëren waarin het uitstekend chillen is, zoals **Zephyr, Bay Moon** en **Our World.** Van 's ochtends tot laat op de avond kunt u hier een hapje eten, een cocktailtje drinken en in het weekend ook dansen.

**Sri Lankaans – Nr. 1 Dewmini Roti Shop:** in een zijstraatje niet ver van het Amara Guest House, tel. 071 516 26 04, dag. 8.30-22 uur. Lekkere roti's – ook zoete varianten – en *kottus*, en bovendien ontbijt, vruchtensapjes en milkshakes.

# *Tip*

### Fraaie batik

Dat Matara vandaag de dag een bekend batikcentrum is, heeft de plaats niet in de laatste plaats te danken aan Shirley Dissanayake, een meester in de batikkunst. De meermaals onderscheiden kunstenaar verkoopt in zijn atelier **Art Batiks** (58/6 Udyana Road, ten noorden van het stadion, tel. 041 222 44 88, dag. 8-18 uur, toegang gratis) hoogwaardige batiks.

In het atelier van **Yez-look Batiks** (12 Yehiya Mawatha, tel. 041 222 21 42, dag. 8-19 uur, toegang gratis, LKR 50.000 voor een tiendaagse cursus) kunt u onder leiding van mevrouw Jezima Mohamed zelf de batikkunst onder de knie proberen te krijgen. Voldoende tijd is dan wel een must, want een cursus duurt minimaal tien dagen. Maar u kunt natuurlijk ook simpelweg haar prachtige producten bewonderen en kopen.

## Actief

**Watersport – Mirissa Watersports:** vissershaven, tel. 077 359 77 31/32, www.mirissawatersports.lk. Breed aanbod aan boottochten, waaronder walvisobservaties. Ook kajakken.

## Info

### Vervoer

Zie Weligama blz. 154.

## Matara ▶ F/G 25

De zuidelijkste stad van Sri Lanka en het eindstation van de Coast Line vervult voor het zuiden van het eiland een belangrijke rol als economisch en bestuurlijk centrum. **Matara** ligt aan de monding van de rivier de Nilwala en telt ongeveer 80.000 inwoners.

Al rond 200 v.Chr. was de veilige riviermonding een belangrijke overslagplaats van het koninkrijk Ruhuna, waarvan het centrum in de buurt van Tissamaharama (zie blz. 162) lag. Later maakten ook de Portugezen gebruik van de strategisch gunstige ligging om vanuit het zuiden controle uit te oefenen over de lucratieve handel in kaneel. Van 1640 tot 1796 was de macht in handen van de Hollanders, die hier twee vestingen bouwden. Onder de Britten werd Matara – waarvan de naam is afgeleid van *maturai*; het Tamilwoord *thurai* betekent 'veerboot' – in 1895 aangesloten op het spoorwegnet.

Matara bestaat uit een nieuwe stad ten noorden van de rivier de Nilwala en een historische kern tussen de rivier en de kust. De nieuwe stad wordt van west naar oost doorsneden door de drukke Anagarika Dharmapala Mawatha, die met winkels en overheidsgebouwen de slagader van de stad is.

## Bezienswaardigheden

Even ten noorden van de brug over de Nilwala ligt vlak bij een sportcomplex met onder meer een cricketstadion het kleine **Star Fort**, dat in 1765 werd voltooid en waarvan de naam verwijst naar de opvallende zespuntige vorm. Het stevig ommuurde bastion is omgeven door een gracht en te bereiken via een houten ophaalbrug. Door een mooie poort, met erboven een wapen dat herinnert aan de Hollandse opdrachtgever van de bouw, gouverneur Redoute van Eck, en de Vereenigde Oostindische Compagnie loopt u naar het **museum** (dag. 8.30-17 uur,

LKR 300), waarvan de verzameling onder andere keramische voorwerpen en Boeddhabeelden omvat.

Het Star Fort werd gebouwd ter verdediging van het grote **fort**, dat ten zuiden van de brug tussen de rivier en de zee ligt en lang niet zo goed bewaard is gebleven als dat in Galle. Wie vanaf de brug komt, ziet eerst aan zijn linkerhand een beeldschone moskee liggen, de sneeuwwitte **Muhiyadeen Jumma Masjid**. Dan komt u op een groot plein, waar zich boven het hoekige bastion de slanke **Clock Tower** (1883) verheft. Een stukje verder naar het westen staat de **Dutch Church**, die uit 1706 dateert, ook al is boven de doorgaans afgesloten toegangsdeur het jaartal 1767 gegraveerd. De grafstenen in de kerk gaan terug tot 1686.

In de **Our Lady of Matara Church**, een paar honderd meter ten oosten van het fort aan Beach Road, staat een Mariabeeld dat zeer wordt vereerd.

## De omgeving van Matara

Ongeveer 3 km ten westen van Matara kunt u zwemmen en snorkelen bij het mooie **Polhena Beach** en een kilometer of vijf ten noordoosten van de stad staat het **Weherahena Purvarama Raja Maha Vihara** (LKR 250) uit 1909, een van de belangrijkste heiligdommen in het zuiden van Sri Lanka. Het middelpunt van het grote complex is een 39 m hoog Boeddhabeeld.

Wie geïnteresseerd is in architectuur zou een bezoek moeten brengen aan de gerenommeerde **University of Ruhuna**, waarvan de campus zich ongeveer 4 km ten oosten van het centrum over twee heuvels uitstrekt. Het is een ontwerp van de bekendste architect van Sri Lanka, Geoffrey Bawa (zie blz. 80), en in 1984 voltooid.

Als u vanaf hier de kustweg nog ongeveer 3 km verder naar het zuidoosten volgt, komt u bij **Dondra Head**, de zuidelijkste punt van Sri Lanka. Er staat hier een prachtige vuurtoren (zie blz. 158) en bovendien is de kaap vanwege de blauwe Devundara Sri Vishnu Devale ook van belang als bedevaartsoord voor hindoes.

## Overnachten

De accommodaties in Matara zijn vooral gericht op de lokale bevolking. Aan Polhena Beach vindt u enkele leuke overnachtingsmogelijkheden, zoals:

Voor backpackers – **Tropi Turtle Guesthouse:** 122 Polhena Beach Road, tel. 041 223 81 11, www.tropiturtle.com, 2 pk vanaf $ 15. Hostel van een Nederlands stel met zes eenvoudige, bontgekleurde tweepersoonskamers en een slaapruimte met vier bedden. Vanaf het balkon hebt u uitzicht op zee. In de gemeenschappelijke keuken kunt u zelf koken, maar op verzoek worden gerechten voor u bereid. Verhuur van fietsen en scooters.

## Info

### Vervoer

**Trein:** zes keer per dag via Galle naar Colombo (circa 4 uur).
**Bus:** het busstation van Matara ligt in het fort. Om de 15-30 min. vertrekken bussen naar Colombo, Galle, Tangalle en Hambantota.

# Van Matara naar Tangalle ▶ G/H 25

Ongeveer 22 km ten oosten van Matara ligt **Dickwella** (ook wel gespeld als Dikwella, ▶ G 25) – dat 'lange brug' betekent –, een nietig plaatsje dat alleen relevant is voor uw oriëntatie. Langs de

kust in de richting van het 13 km noordoostelijker gelegen Tangalle liggen enkele idyllische baaien, die via soms hobbelige weggetjes met de A2 verbonden zijn en waarlangs menig knus onderkomen te vinden is.

Circa 2 km ten noorden van Dickwella ligt het **Wewurukannala Vihara** (▶ G 25; dag. 6-18 uur, LKR 200), waar een 30 m hoge boeddha staat. Het van verre zichtbare beeld uit de jaren zestig van de vorige eeuw steekt fier boven de toppen van palmbomen uit. Veel gebouwen op het kloosterterrein zijn versierd met veelkleurige wandschilderingen die het leven en de leer van de Verlichte aanschouwelijk maken.

Ongeveer halverwege Dickwella en Tangalle loopt voorbij **Mawella** (▶ H 25) de circa 1 km lange **Kudawella Road** vanaf de A2 in de richting van de kust en het *blowhole* **Hummanaiya** (blaasbalg; ▶ H 25), waar met onregelmatige tussenpozen zeewater door een natuurlijke rotsspleet wordt geperst en met veel geraas de lucht in schiet.

## Overnachten

Kuren onder palmen – **Vattersgarden Ayurveda Resort:** Kottegoda-Lunukalapuwa, circa 17 km ten oosten van Matara, tel. 041 225 90 60, www.vattersgarden.com, 2 pk $ 260 inclusief volpension en therapieën. Dit resort ligt aan een mooi stuk strand halverwege Matara en Dickwella en staat goed aangeschreven. De dertien chalets liggen verspreid over een groene heuvel met palmbomen.

Time-out aan zee – **Talalla Retreat:** Sampaya House, Talalla, Gandara, circa 15 km ten oosten van Matara, tel. 041 225 91 71, www.talallaretreat.com, 2 pk vanaf $ 51-110. Stijlvol strandresort dat bestaat uit acht villa's met twee verdiepingen die in een       ▷ blz. 160

## *Favoriet*

### Dondra Head – vuurtoren boven de palmen ▶ G 25

Alleen al de gedachte dat tussen dit zuidelijkste puntje van Sri Lanka en het 8000 km zuidelijker gelegen Antarctica niets dan water ligt, spreekt tot de verbeelding. Omspoeld door de bruisende branding en omgeven door wuivende palmbomen spreidt de vuurtoren van Dondra Head zijn bijzondere magie tentoon. Het gevaarte werd vanaf 1887 in opdracht van de Britse Imperial Lighthouse Service met geïmporteerde stenen gebouwd en is in 1890 voltooid. Met 49 m is de achthoekige vuurtoren de hoogste van het eiland. Beklimmen is jammer genoeg niet mogelijk.

tropische tuin staan. In elke villa bevinden zich vier comfortabele kamers. Yoga- en massagefaciliteiten en goede condities voor surfers. Zwembad.

## Info

### Vervoer
Zie Matara, blz. 157.

## Tangalle en omgeving ▶ H 24

Ook in het geval van **Tangalle** (of Tangalla), circa 40 km ten oosten van Matara, is niet de plaats interessant, maar de prachtige, soms heel rotsachtige kust.

Bij **Mulkirigala**, dat ongeveer 15 km ten noorden van Tangalle ligt, bevindt zich de **Pahala Vihara Cave Temple** (dag. 6-18 uur, LKR 500), een mysterieus tempelcomplex dat op ruim 200 m hoogte op een rots is gebouwd en mogelijk al in de 2e eeuw v.Chr. werd bewoond door boeddhistische kluizenaars.

Het strand bij **Rekawa**, een kilometer of tien ten oosten van Tangalla, wordt vrijwel elke nacht bezocht door zeeschildpadden, die hier hun eieren komen leggen. De organisatie Turtle Watch Rekawa biedt elke dag vanaf 20 uur rondleidingen aan (LKR 1000), die echter verworden zijn tot een bedenkelijk toeristisch spektakel. Tientallen mensen – van wie sommigen zelfs gewapend met een zaklantaarn – staan toe te kijken hoe de schildpadden de kust op kruipen. Wie de dieren een warm hart toedraagt, kan er beter niet aan deelnemen.

Een van de interessantste bestemmingen voor een uitstapje in de omgeving is het vogelrijke **Kalametiya Bird Sanctuary** (▶ J 24; doorlopend toegankelijk, toegang gratis), dat langs de kust ligt en te bereiken is via het dorpje **Hungama**, 20 km ten oosten van Tangalle.

## Overnachten

**Palmen aan zee** – **Palm Paradise Cabanas-Villas**: Goyambokka, tel. 047 224 03 38, www.beach.lk, 2 pk vanaf $ 70. Ruime houten *cabañas* met klamboe en veranda en tweekamerbungalows te midden van een palmenbos aan zee. Geen airconditioning, maar wel een zwembad en een restaurant met goed eten.

**Dicht bij de natuur** – **Mangrove Chalets and Beach Cabanas**: Marakolliya, tel. 047 224 00 20 of 077 790 60 18, www.beachcabana.lk, 2 pk vanaf $ 60 (zonder ontbijt). Met *beach* en *garden cabañas* van bamboe en chalets van steen is dit resort de juiste bestemming voor rustzoekers die dicht bij de natuur willen zijn. Op de nabijgelegen Rekawa Lagoon kan worden gekanood en voor een hapje eten kunt u terecht in een van beide restaurants.

**Eenvoudig** – **Nethmi Guest House**: Goyambokka Beach Road, Goyambokka, tel. 071 628 04 86, 2 pk vanaf $ 26. Deze eenvoudige privéwoning – een bungalow – biedt slechts twee kamers voor gasten. Beide hebben de beschikking over een eigen badkamer en een klamboe. Op de veranda staan een paar ligstoelen en het strand is maar vijf minuten lopen. De eigenaren sloven zich uit, onder andere met lekkere maaltijden.

## Actief

**Duiken** – **Tangalle Diving Centre**: in het Tangalla Bay Hotel, tel. 047 790 01 66, www.tangalledivingcentre.com.

## Info

### Vervoer

**Bus:** om het halfuur via Matara en Galle naar Colombo, en bovendien naar Hambantota en Tissamaharama.

# Hambantota ▶ K 24

Tijdens het presidentschap van Mahinda Rajapaksa (2005-2015) was zijn geboorteplaats Hambantota, 120 km ten oosten van Galle, het decor van een ware bouwwoede. In 2010 werd de internationale haven Ruhunu Magampura opengesteld, twee jaar later volgde het inmiddels alweer deels gesloten Mattala Rajapaksa Internationaal Airport. Ook werd aanzienlijk geïnvesteerd in het wegennet. Eén ding is echter door de eeuwen heen nagenoeg onveranderd gebleven: de winning van zeezout, want daarvoor leent de omgeving van Hambantota zich bijzonder goed omdat er zo weinig regen valt. Via kanaaltjes wordt het water naar de zoutpannen geleid, waar later de centimeters dikke zoutkorst wordt afgeschaafd.

Voor toeristen is de plaats met de grote moslimgemeenschap in de eerste plaats een doorgangsstation naar de nationale parken in het zuidoosten van Sri Lanka. De plaatselijke bevolking is gek op de alom aangeboden *mee kiri*, kwark van buffelmelk die in ondiepe aardewerken schaaltjes wordt opgediend en heerlijk smaakt met een scheutje siroop (*pani*) dat gemaakt is van het sap van de kitulpalm.

## Overnachten

In Hambantota zelf overnachten vooral Sri Lankanen, maar langs de kust zijn enkele goede resorts te vinden.

**Voor vogelaars – Lagoon Inn:** A2, Bundala Junction, 13 km ten oosten van Hambantota, tel. 071 631 01 73 of 077 187 13 00, lagooninn@yahoo.com, 2 pk vanaf $ 20. Dit groene onderkomen ligt aan de rand van het Bundala National Park en is een goede uitvalsbasis voor een bezoek aan het park. De kamers met badkamer zijn eenvoudig, maar degelijk. Tip: de kamers op de eerste verdieping hebben een gemeenschappelijk balkon en bieden prachtig uitzicht op het park.

## Info

### Vervoer

**Vliegtuig:** de internationale luchthaven van Hambantota wordt alleen aangedaan door propellervliegtuigen van Cinnamon Air (tel. 011 247 54 75, www.cinnamonair.com).
**Bus:** vanaf het busstation in het centrum vertrekken regelmatig bussen richting Colombo, via Ratnapura of via de Southern Express Highway.

# Bundala National Park ▶ L 23/24

Dag. 7-18 uur, $ 10 p.p. plus $ 8 service charge per groep plus LKR 250 per voertuig en 15% belasting; er worden alleen jeeps in het park toegelaten (zie kader blz. 163)
Het uiterste zuidoosten van Sri Lanka is een van de droogste regio's van het eiland en heeft daarom een heel eigen vegetatie. Die is vooral goed te bekijken in het 6216 ha grote **Bundala National Park**, 18 km ten oosten van Hambantota, dat sinds 2005 door de UNESCO als biosfeerreservaat wordt aangemerkt en waarvan het grootste deel in beslag wordt genomen door zandduinen langs de kust, vijf lagunes en doornig

struikgewas. Voor vogelaars is dit beschermd natuurgebied een paradijs: 139 vogelsoorten zijn er hier geteld en tussen september en maart komen daar nog eens 58 soorten trekvogels bij. De meest fotogenieke zijn ijsvogels, Indische gapers en Indische nimmerzatten. Op het strand leggen vier soorten zeeschildpadden hun eieren. Soms raakt er ook een olifant of luipaard in het park verzeild en in de lagunes komen moeraskrokodillen voor. Om veiligheidsredenen mag u alleen met een jeep het park in en die maar op drie locaties verlaten.

## Tissamaharama ▶ L 23

De stad **Tissamaharama** ligt aan het idyllische **Tissa Wewa**, een stuwmeer dat al in de 3e eeuw v.Chr. is aangelegd voor de watervoorziening van de destijds nieuw gestichte koningsstad van het Ruhuna-rijk, Mahagama ('groot dorp'). Als uitvalsbasis voor een bezoek aan de omliggende nationale parken en het bedevaartsoord Kataragama beschikt de stad – die kortweg Tissa wordt genoemd – over een goede toeristische infrastructuur. Het stadsbeeld wordt gedomineerd door enkele mooie stoepa's waarvan sommige teruggaan tot de voorchristelijke tijd, waaronder de 56 m hoge **Tissamaharama Vehera** en een paar honderd meter oostelijker de **Santagiri Dagoba** (beide 2e eeuw v.Chr.). Langs de weg naar Wellawaya liggen nog de **Yatala Vehera** en de **Menik Dagoba**.

## Overnachten

Tissamaharama kan bogen op een groot aanbod aan accommodatie. Wie een rustigere plek zoekt om te overnachten, vindt in de omgeving van de stad of in de 13 km zuidelijker gelegen kustplaats **Kirinda** alternatieven.

**Sympathiek** – **My Village**: Court Road, Punchi Akurugoda, tel. 077 350 00 90, www.myvillagelk.com, 2 pk vanaf $ 50. Dit *guesthouse* met drie gerieflijke

Het Tissa Wewa maakte in de 3e eeuw v.Chr. deel uit van een uitgekiend irrigatiesysteem

kamers draagt de signatuur van Sujith Samantha, die smakelijke Zuid-Indiase gerechten bereidt en excursies naar de nationale parken verzorgt.

**Aan het meer – Lake Edge Holiday Inn:** Sandungama Road, tel. 071 581 04 44, 2 pk vanaf $ 20. Dit hotel met twee verdiepingen ligt aan het Debara Wewa en biedt zeven kamers van verschillende grootte. Tip: de kamers op de bovenverdieping hebben airconditioning en een balkon. Ook safari's.

## Info

### Vervoer

Voor een trein of bus in westelijke richting moet u eerst naar Hambantota (zie blz. 161) of Matara (zie blz. 157). Wie naar een bestemming in het hoogland wil, neemt een bus naar Wellawaya, die om het uur rijdt. Er gaan ook veel bussen naar Kataragama.

# Yala West (Ruhuna) National Park ✳

▶ L-N 20-23

**Tel. 077 046 67 94, www.yalasrilanka. lk, dag. 6-18.30 uur, $ 15 p.p. plus $ 8 service charge per groep plus LKR 250 per voertuig en 15% belasting; er worden alleen jeeps in het park toegelaten (zie kader hiernaast)**
In het zuidoosten van Sri Lanka strekt zich langs een 35 km lange kuststrook het **Yala National Park** uit, dat sinds 1938 bestaat. Met een oppervlakte van circa 979 km² is dit het op een na grootste nationale park van het eiland. Het is in vijf zones verdeeld, waarvan er drie toegankelijk zijn voor bezoekers: de 141 km² grote zone 1, die Yala West (Ruhuna) wordt genoemd, zone 2 en de circa 67 km² grote zone 5, die **Kumana** heet (zie blz. 264). Het **Yala West**

(**Ruhuna**) **National Park** is het met afstand populairste deel en wordt in het hoogseizoen dan ook tamelijk overlopen. U bereikt het park via de weg die niet ver van de kustplaats **Kirinda** (▶ L 23) naar de ingang bij **Palatupana** (▶ M 23) loopt.

De meeste bezoekers bekijken het park vanaf het circa 40 km lange wegennet. Met enig geluk spot u in het kale savannelandschap of rond de waterpoelen een olifant, een sambar, een axishert of een lippenbeer. Het park staat ook bekend om de hoogste luipaardendichtheid ter wereld en de dichtbegroeide riviermondingen en lagunes zijn het leefgebied van watervogels en moeraskrokodillen. De kust wordt gekenmerkt door prachtige stranden en uitgestrekte duinen.

## Overnachten

**Ecologisch en stijlvol – Jetwing Yala en Jetwing Tented Villas:** aan de rand

### Jeepsafari's

Met name Tissamaharama (zie blz. 162) heeft zich ontwikkeld tot uitvalsbasis voor een bezoek aan de nationale parken Bundala en Yala West (Ruhuna). De aanbieders van safari's hebben zich verenigd in de Independent Safari Jeep Association (ISJA, 2 Punchi Akurugoda, Tissamaharama, tel. 047 567 14 80) en rekenen voor hun tochten van een halve dag doorgaans dezelfde prijs: afhankelijk van het type auto LKR 4000-7000 per voertuig exclusief de toegang tot het park. De kosten van de verplichte gids zijn bij de entreeprijs inbegrepen. Een van de gevestigde aanbieders is **Flamingo Jeep,** Pannegamuwa, Weerawila, tel. 047 223 74 06 of 077 710 38 35.

van het park, tel. 047 471 07 10, www. jetwinghotels.com, 2 pk vanaf $ 147. Deze resorts liggen op een prachtige locatie vlak bij het strand en behoren tot de stijlvolste vakantieverblijven in deze regio. Het aanbod bestaat uit 82 ruime kamers met uitzicht op zee en 14 luxueuze tenten. Aandacht voor het milieu staat hier hoog in het vaandel, onder andere door het gebruik van zonne-energie. Tip: op safari naar Yala National Park met een van de gidsen van het hotel.

**Dicht bij de natuur** – Joe's Bungalows Yala: Kirinda, tel. 011 250 78 48, www. jolankaresorts.com, bungalow vanaf $ 120. Twee eenvoudige, minimalistisch ingerichte kamers met ventilator en veranda. Bij Kirinda, op ongeveer 10 km van het park.

## Kataragama ▶ L 22

Waar vindt u dat nog meer: een bedevaartsoord dat voor boeddhisten van evenveel belang is als voor hindoes en moslims? In **Kataragama** zijn de drie wereldreligies vreedzaam verenigd. De naam van de plaats, die circa 17 km ten noordoosten van Tissamaharama aan de rivier de Menik ligt, is een verwijzing naar de vereerde god: met Kataragama wordt de hindoeïstische oorlogsgod Skanda (Murugan voor Tamils) bedoeld, die door de Singalese boeddhisten als zoon van Shiva tot de beschermgod van het eiland is verkozen. De geschiedenis van het bedevaartsoord gaat terug tot de 3e eeuw v.Chr.; koning Dutthagamani (regeerperiode 161-137 v.Chr.) zou de oorlogsgod hier al eer hebben bewezen.

Het hele jaar door, maar vooral tijdens het Esala Perahera (zie hierna), komen er pelgrims naar Kataragama. De belangrijkste heiligdommen liggen ten noorden van de rivier, die met zijn

*ghats*, trappen die omlaagvoeren naar het water, ook gebruikt wordt voor de rituele reiniging. De **Maha Devale**, omringd door een met olifantenbeelden verfraaide muur, is het religieuze middelpunt van de plaats. Elke dag om 4.30 (behalve za.), 10.30 en 18.30 uur vinden hier ceremonies (*puja*) ter ere van de oorlogsgod plaats. Op het terrein bevinden zich ook schrijnen voor Vishnu en Ganesha, en bovendien de **Masjid-Ul-Khizr**, een moskee die gewijd is aan de wijsgeer Al-Khidr. Via een 800 m lange laan komt u bij het verder naar het noorden gelegen **Kiri Vihara** ('melktempel'), waarvan de witte stoepa al van verre zichtbaar is.

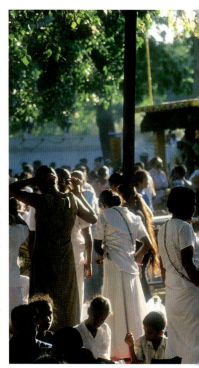

## Overnachten

Wellnessoase – **Mandara Rosen Hotel:** 57 Detagamuwa, tel. 047 223 60 30, www.mandarahotels.com, 2 pk vanaf $ 115. Comfortabel hotel met 56 zeer ruime kamers en twee suites, op circa 2 km van Kataragama. Groot zwembad, een wellness- en een fitnesscentrum.

## Info en festiviteiten

### Festiviteiten

**Esala Perahera:** juli/aug. In de maand Esala vindt in Kataragama dit veertiendaagse festival plaats, met ceremonies en elke avond prachtige processies. De laatste beginnen meestal rond 19 uur. Het hoogtepunt en meteen ook einde van de feestelijkheden is de dag dat het vollemaan is (Esala Poya). Veel gelovigen lopen tijdens Esala Perahera de Pada Yatra, een bedevaartstocht van Jaffna naar Kataragama. Informatie vindt u op www.kataragama.org.

### Vervoer

**Bus:** vanaf het busstation in de buurt van de Maha Devale rijden er bussen naar Colombo (verscheidene keren per dag) en langs de zuidkust naar Galle en Monaragala (waar u kunt overstappen naar het hoogland of de oostkust).

De Maha Devale in Kataragama is voor zowel hindoes als boeddhisten een heilige plaats

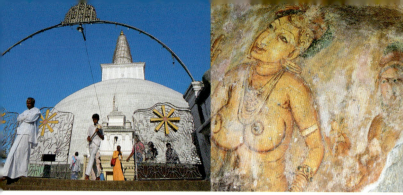

# Culturele Driehoek

## Hoogtepunten ✳

**Anuradhapura:** de eerste koningsstad van Sri Lanka getuigt van een hoogbeschaafde samenleving met veel boeddhistische invloeden en is een van de belangrijkste bedevaartsoorden van het eiland. Zie blz. 169.

**Polonnaruwa:** de tweede koningsstad van Sri Lanka spreidt te midden van de prachtige monumenten ook een idyllische natuur tentoon. Zie blz. 184.

**Sigiriya:** knappe wolkenmeisjes, imposante ruïnes en een prachtig uitzicht weten bezoekers van deze beroemde bergvesting al eeuwenlang te fascineren. Zie blz. 191.

## Op ontdekkingsreis

**Arankele en Ridi Vihara – onbekende kloosters:** tussen Kurunegala en Dambulla liggen in een rustige omgeving enkele oeroude kloosters. De voormalige toevluchtsoorden van boeddhistische monniken ademen een heel bijzondere sfeer. Zie blz. 170.

**Polonnaruwa – op de fiets naar apen en ruïnes:** een fietstocht langs de ruïnes van Polonnaruwa is zowel inspannend als informatief. U komt niet alleen langs imposante stoepa's en Boeddhabeelden, maar ziet onderweg ook apen, vogels en vrome pelgrims. Zie blz. 188.

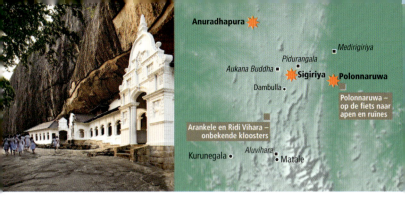

## Bezienswaardigheden

**Aukana Buddha:** dit reusachtige beeld is een meesterwerk van de steenhouwkunst en straalt een weldadige rust uit. Zie blz. 180.

**Medirigiriya:** de weinig bezochte kloosterruïne met de ronde stoepa is een bezoek zeker waard. Zie blz. 184.

**Aluvihara:** in deze tempel bij Matale is in de 1e eeuw v.Chr. de boeddhistische leer voor het eerst opgeschreven. Zie blz. 199.

## Actief

**Klim met uitzicht:** wie de indrukwekkende rots Pidurangala heeft bedwongen, wordt beloond met een adembenemend uitzicht. Zie blz. 194.

**De lucht in:** de vlakte tussen Dambulla en Sigiriya is een van de populairste gebieden in Sri Lanka voor tochten met een heteluchtballon. Zie blz. 196.

## Sfeervol genieten

**The Sanctuary at Tissawewa:** in dit hotel in Anuradhapura heeft ooit koningin Elizabeth overnacht. Maar ook gewone mensen kunnen hier een high tea komen gebruiken. Zie blz. 178.

**Lake House in Polonnaruwa:** geniet van een aperitiefje met een fantastisch uitzicht op het stuwmeer. Zie blz. 190.

**Sri Muthumariamman Thevasthanam:** trommelen voor de goden – diverse keren per dag vinden in deze tempel in Matale plechtige *puja*-ceremonies plaats ter ere van hindoegoden. Zie blz. 198.

## Uitgaan

Een noemenswaardig uitgaansleven is er niet in de steden in de Culturele Driehoek. Wie een hotelbar maar niets vindt, kan ook simpelweg naar de stemmen van de natuur gaan luisteren.

# In het land van de koningen

Meer dan 1500 jaar bevond zich in het hart van het eiland ook het centrum van Sri Lanka's beschaving: Rajarata, het land van de koningen. De getuigen van het oude Sri Lanka liggen verspreid over de oude metropolen Anuradhapura en Polonnaruwa en de laatste Singalese koningsstad Kandy. In deze zogenaamde **Culturele Driehoek** stuit u overal op de bouwkundige hoogstandjes van de vroege bewoners: tal van waterreservoirs, die al indruk maakten op de koloniale machthebbers uit Europa, kolossale stoepa's, uitgestrekte kloostercomplexen en imposante Boeddhabeelden in de eerste twee koningssteden **Anuradhapura** en **Polonnaruwa**, en de adembenemende rotsvestingen **Yapahuwa** en **Sigiriya**. Er zijn ook rustige plekjes die een heel bijzondere magie tentoonspreiden, zoals de monumentale Boeddhabeelden van **Aukana** en **Sasseruwa**, de in de jungle gelegen kloosters **Ritigala** en **Dimbulagala** en de indrukwekkende kloosterruine van **Medirigiriya**. En voor natuurliefhebbers zijn er de nationale parken van **Minneriya** en **Kaudulla**, die een gevarieerde dierenwereld bieden.

## Kurunegala ▶ E 15

Wie vanuit Colombo naar de Culturele Driehoek reist, komt vrijwel onvermijdelijk langs **Kurunegala**, want bij deze stad (90.000 inwoners) kruist de A6 van Colombo (97 km) naar Trincomalee (164 km) de A10 van Kandy (42 km) naar Puttalam (90 km). Bij gebrek aan bezienswaardigheden stoppen de meeste reizigers hier alleen om een hapje te eten of te overnachten, terwijl de stad in de 13e en 14e eeuw toch enkele decennia een koningsstad is geweest. Maar niets in Kurunegala herinnert nog aan die periode.

Wie voldoende tijd heeft, kan een wandeling gaan maken langs het **Kurunegala Wewa** of een van de omliggende heuvels beklimmen. Vanaf de 325 m hoge **Athagala** – 'olifantrots', vanwege de vorm – met het Boeddhabeeld hebt u een mooi uitzicht.

# INFO

**Kaart:** ▶ E-J 10-15

## Informatie

De meeste monumenten in de Culturele Driehoek staan onder beheer van het Central Cultural Fund (CCF, www.ccf.lk), dat ijverig is in het incasseren van de tamelijk hoge entreegelden, maar laks in het verstrekken van goed informatiemateriaal. Bij de loketten van de bezienswaardigheden zijn slechts enkele Engelstalige publicaties verkrijgbaar.

## Reis en vervoer

Kurunegala, Habarana, Matale en de oude koningssteden Anuradhapura en Polonnaruwa zijn weliswaar per trein te bereiken, maar omdat de bezienswaardigheden in de Culturele Driehoek tamelijk verspreid liggen, is het aan te raden om een auto met chauffeur te huren. Wie weinig tijd heeft, kan als uitvalsbasis voor dagtochten een centraal gelegen plaats als Habarana, Giritale of Sigiriya kiezen, waar goede overnachtingsadressen zijn.

## Overnachten

**Degelijk** – **Kandyan Reach:** 344-350 Kandy Road, tel. 037 222 42 18, www. kandyanreach.com, 2 pk vanaf $ 54. Dit zakenhotel ligt ongeveer 1,5 km ten zuiden van het centrum en beschikt over 23 kamers met airconditioning, een groot restaurant en een zwembad.

## Eten en drinken

**Curry in de tuin** – **Saruketha:** Dambulla Road, 2nd Mile Post, tel. 037 469 06 67, www.saruketha.lk, dag. 7-23 uur, gerechten vanaf LKR 500. Populair adres voor mensen op doorreis, aan de A6 richting Dambulla, circa 4 km ten noordoosten van Kurunegala.

**In de stad** – **Pot & Spoon Restaurant:** 79/21 Colombo Road, tel. 037 222 34 36, dag. 6-21 uur, gerechten vanaf LKR 300. Niet bepaald knus, maar wel smakelijke curry's en biryani's.

## Info

### Vervoer

**Trein:** Kurunegala ligt aan de Northern Line. Vanaf het station, ten zuiden van het centrum, vertrekt negen keer per dag een trein naar Colombo en één keer per dag naar Trincomalee. Ook gaat er een paar keer per dag een trein naar Jaffna, via Anuradhapura.

**Bus:** vanaf het busstation, ten noorden van de klokkentoren, vertrekken ongeveer elk halfuur bussen naar Anuradhapura, Colombo, Dambulla, Kandy en Puttalam.

## Yapahuwa ▶ E 13

**Dag. 8-18 uur, LKR 1000**
De indrukwekkende rotsvesting van **Yapahuwa** ligt vlak bij het spoorwegknooppunt **Maho Junction**, circa 45 km ten noorden van Kurunegala, en kan goed op doorreis naar Anuradhapura (75 km) worden bezocht. Bijna 100 m boven de vlakte ligt de vesting, die naar het voorbeeld van Sigiriya (zie blz. 191) is gebouwd, tegen een rotshelling. In de 13e eeuw was dit verschillende keren een toevluchtsoord voor bedreigde koningen. Nu ligt de vesting al ruim acht eeuwen in puin, waardoor er van de twee grachten en de dubbele ringmuur aan de voet van de rots nauwelijks nog iets is te zien. Alleen de stenen buitentrap met fijne reliëfs en leeuwen als wachters is ingrijpend gerestaureerd. De trap loopt aan de zuidkant van de rots steil omhoog, naar waar zich vermoedelijk het paleis of de schrijn voor de tand van Boeddha bevond.

## Info

### Vervoer

**Trein:** Yapahuwa ligt ongeveer 4 km ten oosten van de Maho Junction, waar de Northern Line en de Trincomalee Line samenkomen. Op de intercity na stoppen hier alle treinen. Vanaf het station kunt u een tuktuk naar Yapahuwa nemen (circa LKR 800 retour).

**Bus:** alle bussen tussen Kurunegala en Anuradhapura rijden via de A28, die circa 6 km ten westen van Yapahuwa loopt. Ter hoogte van Maho moet u uitstappen en voor het vervolg van uw reis een tuktuk nemen.

## Anuradhapura ✹

▶ E/F 10

Ruim 1300 jaar geschiedenis balt zich samen tussen idyllische stuwmeren en prachtige ruïnes, tussen    ▷ blz. 172

# Arankele en Ridi Vihara – onbekende kloosters

Tussen Kurunegala en het bijna 60 km noordoostelijker gelegen Dambulla liggen in een rustige omgeving enkele oeroude kloosters. Deze voormalige toevluchtsoorden van boeddhistische monniken worden nauwelijks bezocht door toeristen, maar ademen een heel bijzondere sfeer en herbergen mooie kunstwerken.

**Kaart:** ▶ F 14/15
**Duur:** bijna een hele dag.
**Arankele:** overdag, toegang gratis. **Ridi Vihara:** 8-18 uur, donatie LKR 200.

**Tip:** de kloosters liggen behoorlijk afgelegen, dus u hebt een tuktuk of een auto nodig waarvan de chauffeur ook voor de accommodatie kan zorgen. De route kan vanuit zowel Kurunegala (zie blz. 168) als Dambulla (zie blz. 195) worden gereden. De beschreven route heeft Kurunegala als startpunt.

## Boeddha's radicaalste volgelingen

In de Culturele Driehoek zou u zo nu en dan de indruk kunnen krijgen dat elke heuvel of rots ooit als toevluchtsoord van boeddhistische monniken heeft gediend. Tot de bekendste kloosters behoren die van Dambulla (zie blz. 195) en Ritigala (zie blz. 182), maar er zijn ook minder bekende kloosters die in de bossen liggen en juist daarom een heel bijzondere sfeer ademen.

Op sommige plaatsen, zoals in het Arankele-klooster, leefden aanhangers van de strenge orde van de Pamsukulika ('lompengewaden') zo sober dat ze hun gewaden van lijkwaden maakten, maar één keer per dag aten en urenlang mediteerden. Ver van de steden woonden ze in grotten of eenvoudige hutten en wezen pompeuze religieuze gebouwen beslist van de hand. Hun protest tegen het religieuze establishment in de kloosters in de steden ging zo ver dat ze in hun latrines over steenplaten urineerden waarop in reliëf een afbeelding van een tempel stond. In de 6e en 7e eeuw traden velen toe tot de orde, maar ook nu nog leven monniken naar hun voorbeeld in grote afzondering.

## Oase van rust

**Arankele**, een van de mooiste kloosters van Sri Lanka, ligt midden in een dicht bos, circa 24 km ten noorden van Kurunegala. Via de A6 rijdt u richting Dambulla en slaat u na ongeveer 12 km bij Ibbagamuwa af richting Kumbukgete. Vanaf deze weg voert u na een paar kilometer een weg naar links richting Hiripitiya. De overblijfselen van het klooster liggen midden in een jungle aan de voet van de Dolukanda.

De oorspronkelijke naam noch de exacte bouwperiode van het klooster is bekend. De gebouwen dateren vermoedelijk uit de 6e eeuw, terwijl de inscripties met Brahmi-tekens – die al in de 3e eeuw v.Chr. in India werden gebruikt – erop wijzen dat enkele grotten al in de voorchristelijke tijd werden bewoond. De ruïnes liggen op een uitgestrekt, deels bebost terrein en zijn door een netwerk van paden met elkaar verbonden. Te zien zijn resten van cellen, een ruimte voor zieken en een waterreservoir. De monniken mediteerden op twintig zogenaamde *padhanagara*, verhoogde stenen platforms.

## Het zilverklooster

Een andere aanrader is het **Ridi Vihara**, dat nog altijd in gebruik is. De naam *ridi* (zilver) *vihara* (klooster) is een verwijzing naar het zilver dat hier in de 2e eeuw v.Chr. tijdens het bewind van koning Dutthagamani zou zijn gevonden. U bereikt het klooster door van Arankele terug te rijden naar Ibbagamuwa, vanaf daar de A6 richting Dambulla te volgen, na 2 km rechtsaf de B409 te nemen en na ongeveer 7 km weer rechts af te slaan de B393 op. Na een paar kilometer bereikt u het plaatsje Ridigama, met 1,5 km ten zuiden ervan het klooster.

Het Ridi Vihara ligt tegen een steile bergrug met verscheidene grotten. In de onderste grot, **Pahala Vihara** ('onderste klooster'), bevindt zich een liggende boeddha, waarvan het platform deels verfraaid is met tegeltjes in Delfts blauw, ironisch genoeg met Bijbelse taferelen. In de grotten van het **Uda Vihara** ('bovenste klooster') zijn wandschilderingen uit de jaren zeventig van de 18e eeuw te bewonderen, die tot de mooiste voorbeelden van de School van Kandy behoren (geen flitslicht gebruiken bij het fotograferen!).

imposante dagoba's en de zeer vereerde bodhiboom. **Anuradhapura**, de eerste koningsstad van Sri Lanka, getuigt niet alleen van de bouwkundige hoogstandjes van een boeddhistische beschaving, maar is ook een van de belangrijkste bedevaartsoorden van het land.

# Geschiedenis

De opkomst van de stad nam een aanvang onder de eerste boeddhistische koning van Sri Lanka, Devanampiya Tissa (regeerperiode circa 250-210 v.Chr.), die belangrijke kloosters stichtte en met het Tissa Wewa voor een effectieve watervoorziening zorgde. Zijn voorbeeld werd gevolgd door tal van koningen, die de steeds groter wordende metropool van boeddhistische heiligdommen en waterreservoirs voorzagen.

Anuradhapura trok gelovigen uit de hele wereld, onder wie in de 5e eeuw de Chinese monnik Fa Xian, die een omvangrijk verslag over zijn verblijf schreef. Bevriende heersers uit Thailand en Myanmar stuurden monniken naar de beroemde klosteruniversiteiten Maha Vihara en Abhayagiri Vihara om de orthodoxe leer te studeren. In de stad was het een komen en gaan van Perzische en Griekse handelaren.

De inval van de Zuid-Indiase Chola in 1017 luidde de ondergang van Anuradhapura in. Toen koning Vijayabahu I (regeerperiode 1055-1110) de bezetters vijftig jaar later had verdreven, koos hij Polonnaruwa als domicilie. De ooit zo machtige metropool viel ten prooi aan de jungle, alleen de bodhiboom bleef pelgrims trekken.

Aan het einde van de 19e eeuw werd onder leiding van de Britse archeoloog H.C.P. Bell met de restauratie van de stad begonnen, die tot op heden voortduurt. Om de monumenten te beschermen, liet de Sri Lankaanse regering de inwoners in de jaren vijftig verhuizen naar de nieuw gestichte New Town ten oosten van de rivier de Malwathu. In 1982 zette de UNESCO de Sacred City of Anuradhapura op de Werelderfgoedlijst.

# Bezienswaardigheden

De belangrijkste toegangsweg tot de **Sacred City** (dag. 8-17.30 uur, $ 25, tickets in het Jetavana Museum) is Sri Maha Bodhi Mawatha. Omdat het terrein met de ruïnes zeer uitgestrekt is, doet u er verstandig aan met een auto met chauffeur te komen of een tuktuk te nemen. Sfeervoller, maar ook inspannender is een verkenning op de fiets (verhuur via uw accommodatie). Ondanks de hitte is op de religieuze locaties een korte broek of een mouwloos shirt taboe. En wie om de dagoba of de Jaya Sri Maha Bodhi heen wil lopen, zal eerst zijn schoenen moeten uittrekken.

### Maha Vihara

Aan het waterreservoir Basawak Kulama ligt het oudste klooster van Anuradhapura en de gedurende een millennium beroemdste boeddhistische universiteit van het eiland: **Maha Vihara**. Het 'grote klooster' is in de 3e eeuw gesticht door koning Devanampiya Tissa, maar van de meeste gebouwen is niets meer over. Op het terrein bevinden zich de heilige bodhiboom **Jaya Sri Maha Bodhi** [1] (zie blz. 176), de ruïnes van de **Loha Pasada** [2], een meermaals verbouwde kapittelzaal voor monniken, en de kolossale, maar liefst 107 m hoge **Ruvanveli Seya Dagoba** [3]. De laatste dateert uit de 2e eeuw v.Chr., maar is een aantal keren verbouwd. Een hoogtepunt zijn de 344 gebeeldhouwde olifanten die de muren van de witgeschilderde dagoba sieren.

## Jetavana Dagoba en Jetavana Museum

Het kloostercomplex ten oosten van het Maha Vihara, met als middelpunt de 71 m hoge **Jetavana Dagoba** 4, is door koning Mahasena (regeerperiode 274-301) gesticht als zetel van een strenge orde. Alleen de fundamenten getuigen nog van de vroegere afmetingen van het klooster. De koepelvormige dagoba is in de voorbije jaren grotendeels gerestaureerd.

De voorwerpen die bij de restauratiewerkzaamheden zijn gevonden, waaronder waardevolle sieraden, gouden ornamenten en beeldjes van hindoegoden, worden tentoongesteld in het bezienswaardige **Jetavana Museum** 5 (Trincomalee Road).

## Thuparama en koningscitadel

Ten noordoosten van het Basawak Kulama verheft zich de oudste stoepa van Sri Lanka, de in de 3e eeuw v.Chr. gebouwde **Thuparama** 6 (Thuparama Mawatha). De witgeschilderde stoepa is omringd door steunzuilen, want oor-spronkelijk was erboven een *vatadage* aangebracht, een koepelvormige, circustentachtige overkapping van hout. Interessant zijn ook de wachters en de halfronde steenplaat – die maansteen wordt genoemd – voor de ingang.

Wie Sanghamitta Mawatha verder naar het noorden volgt, komt langs de overblijfselen van de **koningscitadel** 7, die ooit 1,6 bij 1,2 km mat. Omdat de meeste gebouwen van hout waren, is er maar weinig van bewaard gebleven. Te zien zijn de fundamenten van de troon-zaal, een refectorium (eetruimte van de monniken) en de tempel waar de tand van Boeddha werd bewaard.

## Abhayagiri Vihara

Het noorden van de Sacred City wordt in beslag genomen door het oorspronkelijk meer dan 200 ha grote **Abhayagiri Vihara,** waar u eenvoudig kunt verdwalen in het doolhof van ruïnes. Het enorme kloostercomplex was een geschenk van koning Vattagamani Abhaya (regeerperiode 103 en 89-77 v.Chr.) en was als liberale klooster universiteit met

De imposante Ruvanveli Seya Dagoba in Anuradhapura

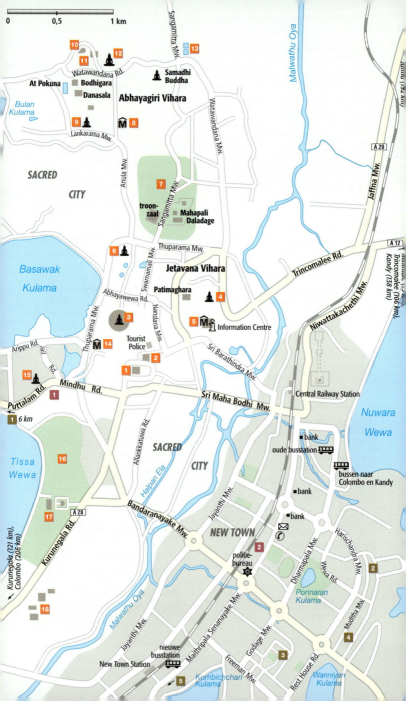

# Anuradhapura

een internationale reputatie een concurrent van het Maha Vihara. Van tijd tot tijd woonden er meer dan vijfduizend monniken in het klooster.

Een goede introductie is het **Abhayagiri Museum** 8 (dag. 10-17 uur, bij de entreeprijs inbegrepen), met Boeddhabeelden, inscripties en een maquette van het complex. Niet ver hiervandaan staat de witgeschilderde stoepa van het **Lankarama** 9 (Lankarama Mawatha). Langs de **At Pokuna** (Olifantenvijver) komt u bij de overblijfselen van een kapittelzaal voor de monniken, die vanwege de schoonheid de naam **Ratna Pasada** 10 (Edelsteenpaleis) kreeg.

De grootste bezienswaardigheid van het ruïnecomplex **Pancavasa** 11, verder naar het oosten, is de mooie maansteen voor de ingang, een halfronde steenplaat met boogvormige versieringen. De 75 m hoge **Abhayagiri Dagoba** 12 (Watawandana Mawatha) geeft een indruk van hoe mooi het klooster ooit is geweest. Ongeveer 1 km verder, aan de noordoostkant van het klooster, liggen de twee identieke waterreservoirs van **Kuttam Pokuna** 13.

## Archeologisch Museum en Mirisavati Dagoba

In een gebouwencomplex uit de koloniale tijd is het **Archeologisch Museum** 14 (Thuparama Mawatha, dag. behalve feestdagen 8-17 uur, bij de entreeprijs inbegrepen) ondergebracht, met een interessante collectie Boeddhabeelden, inscripties en steenplaten uit de latrines van de ascetische orde van de Pamsukulika (zie blz. 171).

Ten zuiden van het Basawak Kulama staat de 60 m hoge **Mirisavati Dagoba** 15 (Puttalam Road) uit de 2e eeuw v.Chr., die in 1987 tijdens restauratiewerkzaamheden instortte, maar zes jaar later is herbouwd.

## Naar het zuiden

In het zuiden van de Sacred City strekt zich langs het Tissa Wewa het voormalige **Royal Goldfish Park** 16 uit, een lusthof met kanalen en waterreservoirs waarvan sommige zijn gereconstrueerd. Ten zuiden ervan staat het **Isurumuni Maha Raja Vihara** 17 (dag. 8-17 uur, LKR 200) uit het begin van de 4e eeuw. Dit klooster is tegenwoordig weer in gebruik en pronkt aan de rand van een waterreservoir met mooie, in de rots uitgehouwen reliëfs. Interessant is ook het kleine **Boeddhamuseum**.

Wie rust zoekt, kan een paar honderd meter zuidelijker nog het voormalige klooster **Vessagiri** 18 (Kurunegala Road) bezoeken, waarvan alleen nog restanten van ▷ blz. 178

## *Favoriet*

### De heiligste boom van Sri Lanka

'De koning der bomen – de bodhiboom – stond in het mooie Maha-
megha-park en verrichtte vele wonderen,' zo staat in de kroniek Mahavamsa
over de stek van de bodhiboom uit
het Indiase Bodhgaya waaronder Siddharta Gautama verlichting vond en
die in de 3e eeuw v.Chr. door de non
Sanghamitta naar Anuradhapura werd
gebracht. Al meer dan 2300 jaar lopen
gelovigen eerbiedig om de **Jaya Sri
Maha Bodhi** heen, de 'zegevierende
grote bodhiboom'. Dit is een van de
spiritueelste locaties van Sri Lanka.
**Jaya Sri Maha Bodhi 1**: ceremonies
van een halfuur om 6.30, 10.30 en
18.30 uur, LKR 200. De heilige plaats
mag alleen blootsvoets worden
betreden.

fundamenten getuigen. Ook veel vogels vinden dit een aangename plek.

## Overnachten

Het aantal goedkope en gemiddeld geprijsde onderkomens is vrij groot. Voor wie luxueuzer wil overnachten, is er het **Palm Garden Village Hotel** **1** (www.palmgardenvillage.com, 2 pk vanaf $ 140), 6 km ten westen van de stad. Bij veel hotels kunt u fietsen huren.

Knus en aangenaam – **Hotel Randiya** **2**: 394/19A Muditha Mawatha, tel. 025 222 28 68, www.hotelrandiya.com, 2 pk vanaf $ 52. De veertien kamers zijn ietwat gedateerd, maar beschikken over airconditioning en een eigen badkamer. Goed restaurant.

Persoonlijk – **Little Paradise** **3**: 622/18 Godage Mawatha, tel. 025 223 51 32, www.littleparadiseanuradhapura.com, 2 pk vanaf $ 40. De zes kamers van dit *guesthouse* beschikken over airco en een balkon. De vriendelijke eigenaren bereiden goede curry's.

Degelijke middenklasse – **Milano Tourist Rest** **4**: 596/40 J.R. Jaya Mawatha, tel. 025 222 23 64, www.milanotouristrest.com, 2 pk vanaf $ 30. Vijftien enigszins kleurloze, maar ruime kamers met airconditioning, wel wat buitenaf gelegen. Aangename tuin.

Aan het meer – **Lake Wave Hotel** **5**: 522/31 Lake Road, Stage 2, tel. 025 377 25 25, www.lakewavehotel.com, 2 pk vanaf $ 25. Rustig gelegen aan het Kumbichchan Kulama, in de buurt van het nieuwe busstation. Sommige van de twaalf sobere kamers bieden uitzicht op het meer. Fietsverhuur.

## Eten en drinken

Eten als een vorstin – **The Sanctuary at Tissawewa** **1**: tel. 025 222 22 99, www.tissawewa.com, gerechten vanaf LKR 800. In dit architectonische juweeltje uit het koloniale tijdperk aan het Tissa Wewa heeft koningin Elizabeth al eens overnacht. Ook niet-gasten kunnen een kopje thee gaan drinken op de veranda of de lunch gebruiken (geen alcohol).

Curry-instituut – **Salgado Hotel & Bakery** **2**: 222 M. Senanayake Mawatha, dag. 6.30-19.30 uur, gerechten vanaf LKR 350. Al vanaf 1886 worden er in dit eenvoudige etablissement schuin tegenover het postkantoor currygerechten bereid. Ook de kip biryani en de nasi goreng zijn smakelijk.

## Info en festiviteiten

### Festiviteiten

**Poson Poya:** juni. Bij vollemaan in juni maken tot wel twee miljoen gelovigen een bedevaart naar Anuradhapura en Mihintale, ter herinnering aan de bekering van koning Devanampiya Tissa.

### Vervoer

**Trein:** Anuradhapura ligt aan het traject Colombo-Jaffna (zes keer per dag een trein) en heeft twee stations (Main Station en New Town).

**Bus:** vanaf het oude busstation tussen Dharmapala Mawatha en Maithripala Senanayake Mawatha rijden ongeveer elk halfuur bussen via Dambulla naar Kandy en via Kurunegala naar Colombo. Vanaf het nieuwe busstation aan Maithripala Senanayake Mawatha vertrekt eens per uur een bus naar Polonnaruwa en gaan er meerdere keren per dag bussen naar Trincomalee en Jaffna.

## Mihintale ▶ F 10

Dagelijks, LKR 500, museum wo.-ma. 9-17 uur, bij entreeprijs inbegrepen

# Mihintale

**Bezienswaardigheden**

1. Hospitaal
2. Museum
3. Klooster
4. Sinha Pokuna
5. Kantaka Cetiya
6. Ambasthala Vatadage
7. Aradhana Gala
8. Maha Seya
9. Mihindu Guha
10. Naga Pokuna

**Eten en drinken**

1. Hotel Mihintale

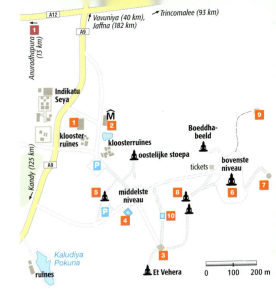

Zo'n 13 km ten oosten van Anuradhapura steekt bij de kruising van de A12 (Puttalam-Trincomalee) en de A9 (Kandy-Jaffna) de hoogte van Mihintale boven het vlakke landschap uit. Deze locatie wordt beschouwd als de bakermat van het Sri Lankaanse boeddhisme, want hier ontmoette koning Devanampiya Tissa in de 3e eeuw v.Chr. de monnik Mahinda, waarna hij zich korte tijd later tot het boeddhisme bekeerde. Mahinda, de zoon van de grote Indiase koning Ashoka, was als zendeling naar het eiland gestuurd. Het duurde niet lang of Mihintale had zich tot een belangrijk bedevaartsoord ontwikkeld.

Om de middaghitte te mijden, kunt u het best vroeg op de ochtend (goede lichtval voor foto's!) of laat in de middag naar Mihintale gaan.

Het complex is in drie niveaus te verdelen. Op het onderste niveau zijn overblijfselen van een klooster te vinden, waaronder een **hospitaal** 1 uit de 9e of 10e eeuw. Een stoffig **museum** 2 er vlakbij stelt vondsten uit opgravingen tentoon.

Het middelste niveau bereikt u via een oude stenen trap met 421 treden. Ook hier liggen overblijfselen van een **klooster** 3. Te zien zijn onder andere het refectorium (eetzaal) met twee lange stenen kuipen waaruit het eten werd opgeschept, een bewaarplaats van relikwieën en een vergaderruimte. Water kwam uit een goed bewaard gebleven reservoir, vanwege de leeuwenbeelden **Sinha Pokuna** 4 genoemd. Via een zijpad kunt u nog de resten van de stoepa **Kantaka Cetiya** 5 gaan bekijken.

Voor het bovenste niveau met het belangrijkste heiligdom moet u nog eens 321 treden bedwingen. Hier markeert de mooie witte stoepa **Ambasthala Vatadage** 6 de plek waar de koning en de monnik elkaar voor het eerst ontmoeten. Een zijpad loopt naar de **Aradhana Gala** 7, een enorme rots vanwaar u een prachtig uitzicht heeft. Dat laatste geldt ook voor de **Maha Seya** 8 ('grote stoepa'). Via een rotspad kunt u naar **Mihindu Guha** 9 ('Mahinda's bed') lopen, een rotsspleet

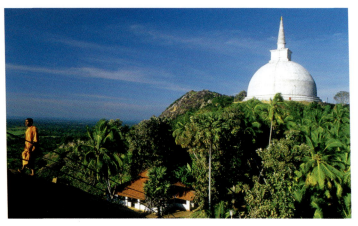

Het tempelcomplex van Mihintale is de bakermat van het Sri Lankaanse boeddhisme

die de monnik als rustplaats zou hebben gebruikt. Vanaf de trap naar het bovenste niveau buigt een pad af naar het **Naga Pokuna** 🔟. Dit natuurlijke waterbekken heeft zijn naam te danken aan het reliëf van een slang op de rotsen.

## Overnachten, eten en drinken

**Vlakbij** – **Hotel Mihintale** 1⃣: aan de A12, tel. 025 226 65 99, www.chcrest houses.com/mihintale, gerechten vanaf LKR 600. Op een steenworp afstand van de parkeerplaats kunt u hier uw honger en dorst stillen en bovendien overnachten in een van de tien kamers (2 pk $ 55).

## De Aukana en de Sasseruwa Buddha ▶ F 12

Volgens een legende spraken een meester in de steenhouwkunst en zijn leerling af dat ze een wedstrijdje zouden houden: wie als eerste een staand Boeddhabeeld had gemaakt, zou een klok luiden. Natuurlijk won de meester, de leerling kwam niet verder dan een half voltooid werk. Het werk van de eerste staat ongeveer halverwege Anuradhapura en Dambulla ten westen van de A9: de **Aukana Buddha**, een meesterwerk. Het 13 m hoge, in een rots uitgehouwen beeld dateert waarschijnlijk uit de 5e of 6e eeuw en is een van de mooiste beeltenissen van Boeddha op het eiland (dagelijks, toegang LKR 750).

Een kilometer of twintig verder naar het westen, niet ver van het dorp **Negampaha**, staat op het terrein van de idyllisch in het bos gelegen Rasvehera-tempel het onvoltooide werk: de **Sasseruwa Buddha**.

## Info

### Vervoer

De Aukana Buddha is alleen op een omslachtige manier met het openbaar vervoer te bereiken en de Sasseruwa Buddha helemaal niet. Een auto met chauffeur is dan ook de beste optie.

**Trein:** op circa 2 km van de Aukana Buddha ligt het gelijknamige station, waar treinen op de trajecten Colombo-Trincomalee en Colombo-Batticaloa stoppen (beide twee keer per dag).

# Olifanten-reservaten ▶ H/J 11/12

In de reservaten worden alleen jeeps toegelaten (vanaf LKR 5000 voor 3 à 4 uur). Deze staan te wachten voor de ingang van de reservaten of kunnen in Habarana worden gehuurd; dag. 7-18 uur, Minneriya $ 15, Kaudulla $ 10, Hurulu Eco Park $ 12 p.p. plus $ 8 service charge per groep plus LKR 250 per voertuig en 15% belasting

In de wijde omtrek van Habarana zijn er drie beschermde natuurgebieden die deel uitmaken van een corridor voor olifantenkudden, die van de Culturele Driehoek tot aan de oostkust loopt. Het bekendst is het **Minneriya National Park** (▶ H/J 12), dat 9 km ten oosten van Habarana aan de A11 richting Polonnaruwa ligt. Het 88,9 km² grote park ligt rond een stuwmeer uit de 3e eeuw en trekt tijdens de droge tijd tussen juni en augustus honderden olifanten. In die periode kunt u hier ook goed sambars en axisherten observeren.

Even verder naar het noordoosten is in 2002 een 66,6 km² groot gebied – eveneens rond een 3e-eeuws stuwmeer – uitgeroepen tot het **Kaudulla National Park** (▶ J 11). Hier trekken vooral tussen september en november grotere kudden olifanten doorheen. Van oktober tot mei is het 255 km² grote **Hurulu Eco Park** (▶ H 11/12) een goede locatie om olifanten te observeren. Het park is in 2007 gesticht en ligt rond het Hurulu Wewa. Op de oevers van dit meer staan op veel plekken prachtige *kumbuks*, bomen van de soort *Terminalia arjuna*. De ingang van het park ligt 3 km ten noorden van Habarana aan de A6 richting Trincomalee.

## Overnachten

De dichtstbijzijnde goede overnachtingsmogelijkheden vindt u in Habarana (bij de kruising van de A6 en de A11), maar ook de regio Sigiriya (zie blz. 194) is een goede uitvalsbasis.

Resort aan het water – **Habarana Village by Cinnamon:** Habarana, tel. 066 227 00 47, www.cinnamonhotels.com, 2 pk vanaf $ 135. Op dit 11 ha grote terrein met veel bomen bevinden zich 106 grote kamers met airconditioning en veranda. Er is ook een zwembad. Aan het Habarana Wewa, dat veel vogels trekt.

Midden in het groen – **Mutu Village:** Kashyapagama, Habarana, tel. 077 269 45 79, www.mutuvillage.com, 2 pk vanaf $ 40. De vijf schone en kleurrijk ingerichte kamers bevinden zich in het hoofdgebouw en twee houten huisjes, te midden van veel groen. Er is ook een ayurvedacentrum op het terrein. In het zuiden van Habarana, net ten oosten van de A6.

## Info

### Vervoer

**Trein:** Habarana (▶ H 12) ligt aan het traject Colombo-Trincomalee respectievelijk Colombo-Batticaloa (beide twee keer per dag een trein). De treinreis naar de oostkust (circa twee uur) voert door een prachtig landschap!
**Bus:** naar Habarana met de bus vanuit Anuradhapura (elk halfuur), de bus op het traject Dambulla-Kandy (elk halfuur) of vanuit Trincomalee. Giritale (▶ J 12) ligt aan de A11 en is een stopplaats voor alle bussen ▷ blz. 184

## Favoriet

### De jungle op de Ritigala
▶ G 11/12

Apengeneraal Hanuman zou de 766 m
hoge Ritigala hoogstpersoonlijk naar
Sri Lanka hebben gebracht vanwege
de geneeskrachtige kruiden die erop
groeiden. De dichtbeboste berg is eeuwenlang een toevluchtsoord van ascetische monniken geweest en doet nog
altijd zeer mysterieus aan. Aan de voet
liggen de overblijfselen van meer dan
duizend jaar oude kloosters.

**Ritigala**: 1 km ten noordwesten van
Habarana, zie Vervoer blz. 181, dag.
8.30-16.30 uur, toegang gratis.

die tussen Habarana en Polonnaruwa pendelen.

# Medirigiriya ▶ J 11

**Dagelijks, toegang gratis**
De weinig bezochte kloosterruïne van **Medirigiriya** ligt enigszins afgelegen op circa 32 km ten noorden van Polonnaruwa en kan daarom alleen met de auto worden bezocht. Op een hoogte staat hier een ronde bewaarplaats van relikwieën, waarvan de dubbele rondlopende zuilenrij bijzonder harmonieus uitziet. Oorspronkelijk lag het heiligdom beschut onder een *vatadage*, een circustentachtige houten overkapping. Behalve de achthoekige zuilen met versierde kapitelen zijn ook de boeddha's in de nabijgelegen tempels (*gedige*) goed bewaard gebleven.

Het klooster is gesticht door koning Aggabodhi IV (regeerperiode 667-683) uit Anuradhapura. Voor die tijd lag op deze plek het klooster Mandalagirika Vihara, dat al in de Mahavamsa-kroniek wordt genoemd.

# Polonnaruwa ✳ ▶ J 12/13

**Polonnaruwa**, de tweede koningsstad van Sri Lanka, spreidt te midden van de tempelruïnes een idyllische natuur tentoon. Het 13e-eeuwse Parakrama Samudra voorziet de stad nog altijd van water en is bovendien een waardevolle biotoop voor allerlei dieren. De stad biedt indrukwekkende monumenten, die u het best op de fiets of met een tuktuk kunt verkennen.

## Geschiedenis

Ruim twee eeuwen lang was Polonnaruwa het kloppend hart van het oude koninkrijk Rajarata. Tussen 1017 en 1235 regeerden hier vijftien koningen en twee koninginnen, maar al voor die tijd nam de stad een belangrijke positie in vanwege de nabijheid van de rivier de Mahaweli.

Polonnaruwa was een belangrijke legerbasis in de tijd dat Anuradhapura hoofdstad was. Vanwege de strategische ligging aan de langste rivier van Sri Lanka sloegen de indringers uit het Zuid-Indiase Cholarijk hier in de 11e eeuw hun tenten op. Een bloeiperiode beleefde de koningsstad onder Parakramabahu I (regeerperiode 1153-1186), wiens omvangrijke bouwprogramma culmineerde in de aanleg van het 21,65 km² grote stuwmeer Parakrama Samudra (Topa Wewa). Na de dood van zijn opvolger Nissanka Malla (regeerperiode 1187-1196) ging het bergafwaarts met de stad. Aan het einde van de 13e eeuw werd Polonnaruwa uiteindelijk verlaten en algauw door de jungle verzwolgen. Aan het einde van de 19e eeuw werd onder leiding van de Britse archeoloog H.C.P. Bell met de restauratiewerkzaamheden begonnen. Samen met Anuradhapura en Sigiriya werd de Ancient City of Polonnaruwa in 1982 op de Werelderfgoedlijst van de UNESCO opgenomen.

## Bezienswaardigheden

**Dag. 7.30-18 uur, $ 25, tickets in het museum, museum dag. 9-18 uur, bij de entreeprijs inbegrepen**
De meeste ruïnes bevinden zich in de **Sacred City**, die ten noorden van de nieuwe stad ligt. De monumenten van Polonnaruwa liggen in vier archeologische zones: de **zuidelijke groep** aan het Parakrama Samudra, de **oude koningsstad** in het centrum, de **citadel** ten noorden daarvan en ten slotte de **noordelijke groep**.

Het mooiste voorbeeld van een ronde bewaarplaats van relikwieën in Sri Lanka: de Vatadage van Polonnaruwa

## Museum 1

Een uitstekende introductie op het antieke tempelcomplex is een bezoek aan het **museum**. Het biedt inzicht in de verschillende tijdvakken, presenteert maquettes van de oorspronkelijke monumenten en stelt waardevolle voorwerpen tentoon die getuigen van de vroegere rijkdom van Polonnaruwa. Een hoogtepunt is de collectie hindoeïstische bronzen beelden, waaronder een dansende Shiva en een Vishnu.

## Royal Palace 2

Ten noorden van het museum liggen de overblijfselen van het laat-12e-eeuwse paleis van koning Nissanka Malla, waaronder de badruimte, de audiëntiezaal en de koninklijke raadzaal voor bijeenkomsten van de ministers en generaals, met een leeuwentroon en 48 imposante zuilen.

## Citadel

De ommuurde **citadel** is terug te voeren op de bouwlustige Parakramabahu I. Zijn paleis **Vijayanta Prasada** 3 ('zegevierend geschenk)', genoemd naar de legendarische hemelresidentie van de hindoegod Indra, was volgens de 13e-eeuwse Culavamsa-kroniek zeven verdiepingen hoog en voorzien van

# Polonnaruwa

duizend kamers. Er rest niet meer dan de tot wel 3 m dikke buitenmuren van het vierkante bakstenen gebouw, zodat u zich een voorstelling zult moeten maken van de vroegere pracht ervan.

Een klein stukje oostelijker vindt u de **Rajavesya Bhujanga** **4** (koninklijke raadzaal), met prachtige friezen met afbeeldingen van olifanten, leeuwen en dwergen. De koninklijke familie kon zich opfrissen in de eveneens mooi versierde badruimte **Kumara Pokuna** **5**, in het zuidoosten van de citadel.

## Dalada Maluwa **6**

Even ten noorden van de citadel ligt de **Dalada Maluwa**, het verhoogde en ommuurde **terras** met de gewijde gebouwen van de hoofdstad, zoals de tempel met de tand van Boeddha. Een van de hoogtepunten is de indrukwekkende **Vatadage**, een ronde bewaarplaats van relikwieën met op de basis friezen met voorstellingen van leeuwen en dwergen en bij de ingang twee gebeeldhouwde wachters. De buitenste zuilenrij droeg vermoedelijk een houten overkapping ter bescherming van een centrale stoepa.

Ernaast staat het beeld van de **bodhisattva Avalokitheshvara**, de in het mahayana-boeddhisme vereerde personificatie van de compassie, en weer

wat verder een **tempel** (*gedige*) voor een inmiddels verwoest Boeddhabeeld.

Na de verdrijving van de Zuid-Indiase Chola in 1070 liet Vijayabahu I het **Atadage** bouwen, het huis van de acht relikwieën, om er de vereerde tand van Boeddha te bewaren. Alleen de versierde steunzuilen en de benedenverdieping zijn bewaard gebleven. Later werd het relikwie bewaard in het nabijgelegen **Hatadage**, het huis van de zestig relikwieën. Met de inscripties op het **Galpota** ('stenen boek'), een 25 ton zwaar blok van gneis, liet koning Nissanka Malla zijn regeerperiode bejubelen. De **Satmahal Prasada**, een vierkant, piramidevormig bouwwerk, vertoont stilistische parallellen met Wat Kukut in het Thaise Lamphun.

## Hindoetempel

Binnen de oude koningsstad liggen enkele hindoeïstische heiligdommen die vermoedelijk door de Tamilgemeenschap werden gebruikt. Het mooist bewaard gebleven is de **Shiva Devale Nr. 1** **7** – tussen de citadel en de Dalada Maluwa –, waar waardevolle beelden van een dansende Shiva zijn gevonden. In het vierkante sanctuarium is nog een lingam te zien.

Ook de **Shiva Devale Nr. 2** **8**, in het oosten van de oude stad, is vrij goed bewaard gebleven. ▷ blz. 190

**2** (4 km) ↑

Lakshauyana
Wewa

Hatamuna Rd.

Dambulla (68 km)/Anuradhapura (101 km)

Sinhapura Rd.

**13** einde

lotusvijver

Somawatiya Rd.

**12**

P

uitgang ←

**Kiri Vihara**
Lankatilaka
**11**
**Baddhasima
Pasada**

noordelijke
groep

Habarana Rd.

*Sacred*

**10**

*City*

**Shiva Devale Nr. 4**
**9**

koningstad

**8**

**6**
**Pabula
Vihara**

**7**

1st Channel Rd.

Somawatiya    Rd.

*Old Town*

ingang

**2**  **3**
**4**
**5**  citadel

General
Hospital

Main Rd.

**1**  **1**  M
begin

*Parakrama*

*Samudra*

politie-
bureau    Circular Rd.

*(Topa Wewa)*

**3**

Isipathana

Daham Mw.

Mw.

**A11**    *Kaduruwela*

station

Batticaloa (106 km)

Batticaloa Rd.

New

Town Rd.

Potgul Mw.

Waraganela Rd.

4th Channel Rd.

2nd Channel Rd.

**15** ★
zuidelijke
groep

**1**    **14**

Nidahas Swarna Jayanthi Mw.

4th Channel Rd.

Aluthwewa Rd.

*Aluthwewa*

New Town Rd.

**2**

*New Town*

0    0,5    1 km

## Polonnaruwa – op de fiets naar apen en ruïnes

Deze fietstocht langs de ruïnes van Polonnaruwa is zowel inspannend als informatief. U komt niet alleen langs indrukwekkende stoepa's en Boeddhabeelden, maar ziet onderweg ook apen, vogels en vrome pelgrims.

**Stadsplattegrond:** zie blz. 186-187.
**Start-/eindpunt:** het museum **1** (zie blz. 185).
**Afstand:** circa 10 km heen en terug.
**Route:** vanaf het museum loopt een tamelijk goede weg naar het noorden. De circa 2 km lange weg van het Gal Vihara naar het Tivanka Pilimage is in mindere staat.

**Duur:** halve dag, inclusief bezichtigingen.
**Tip:** de meeste hotels verhuren fietsen (vanaf LKR 300 per dag), waarvan u de staat voor aanvang van deze tocht beslist moet controleren. Het archeologische park is altijd toegankelijk.

### Langoeren en ceylonkroonapen

Het is goed mogelijk dat u tijdens deze fietstocht in een stevige vechtpartij verzeild raakt, want tussen de ruïnes scharrelen rivaliserende groepen ceylonkroonapen rond die met veel gekrijs en ontblote tanden hun territorium tegen soortgenoten verdedigen. Soms wordt dit gekrakeel met enige verwondering gadegeslagen door witbaardlangoeren en hoelmans, die eveneens in groepen in deze bosrijke omgeving leven, maar een stuk relaxter en vredelievender zijn. De dieren in Polonnaruwa behoren overigens tot de best bestudeerde primaten ter wereld, want al sinds 1968 heeft het Amerikaanse Smithsonian Primate Biology Program hier een onderzoeksstation. U hebt overigens niets te vrezen van de apen, zolang u maar op respectvolle afstand blijft.

## Imposante kloosters

Wie vanaf het museum langs het paleis Vijayanta Prasada **3** en de Dalada Maluwa **6**, het verhoogde terras met de gewijde gebouwen, in noordelijke richting fietst, passeert algauw de noordelijke poort van de vroegere koningsstad. U bevindt zich nu in een gebied waar verscheidene voormalige kloosters staan, die ook vandaag de dag nog weten te imponeren met hun afmetingen. Onderweg maken halsband- en grote alexanderparkieten met luide kreten hun aanwezigheid kenbaar en het zou ook zomaar kunnen dat u een ijsvogel spot.

Ten westen van de weg liggen twee kloosterruïnes uit de 12e eeuw: het **Menik Vihara** **9** ('edelsteenklooster') met overblijfselen van een stoepa en een tempel, en het **Rankot Vihara** **10**, waarvan de halfronde, 55 m hoge dagoba al van verre te zien is. Dit prachtige klooster werd gesticht door Rupavati, de tweede vrouw van koning Parakramabahu I, om haar karma te verbeteren.

Een klein stukje verder strekken zich eveneens aan uw linkerhand de indrukwekkende overblijfselen van een derde klooster uit, het 80 ha grote **Alahana Parivena** **11** ('klooster bij de verbrandingsplaats'), waar de plechtigheden rond de cremate van overleden koningen plaatsvonden. Te zien zijn de ruïnes van de Baddhasima Pasada, een woonruimte en kapittelzaal van monniken, de Lankatilaka oftewel de tempel met een staande boeddha en het Kiri Vihara, de op een na hoogste stoepa van Polonnaruwa (24 m) die veel weg heeft van een kaasstolp.

## De beroemdste boeddha's van Sri Lanka

Op slechts een steenworp afstand van het Alahana Parivena bevinden zich de vier boeddha's van **Gal Vihara** **12**, die tot de hoogtepunten van Polonnaruwa behoren en op elk bezichtigingsprogramma staan. De beelden zijn tussen 1153 en 1186 tijdens de regeerperiode van Parakramabahu I in een lange rug van gneis uitgehouwen en heel verfijnd uitgevoerd. Ze maken deel uit van het **Uttarama** ('noordelijk klooster'), een kloostercomplex waarvan vrijwel niets bewaard is gebleven. Naast twee mediterende boeddha's zijn een liggende boeddha en een 7 m hoge staande boeddha met voor de borst gekruiste armen te zien. Mogelijk is dit een – zeldzame – voorstelling van de meelevende Boeddha, die het leed van alle levende wezens op zich neemt.

Wie nog wat kracht in de benen heeft, stapt op de fiets om het ietwat moeizame, circa 2 km lange traject naar het **Tivanka Pilimage** **13** af te leggen. Deze tempel is niet alleen een bezoek waard vanwege de grappige dwergen en vrolijke leeuwen die de buitenkant sieren, maar ook om de overblijfselen van schilderingen op de binnenmuren. Deze verbeelden bekende taferelen uit het leven van Boeddha, waaronder de laatste tien incarnaties als prins alvorens hij als Siddharta Gautama werd wedergeboren.

Vanaf hier kunt u dezelfde route terug nemen of via de nabijgelegen hoofdstraat terug naar het museum fietsen.

Het heiligdom dateert uit de tijd van de Zuid-Indiase Chola-koning Rajaraja I (regeerperiode 985-1014), die de stad in 993 had ingenomen.

**9** -**13**: zie blz. 189.

### Zuidelijke groep

In het zuiden van Polonnaruwa, dat goed te bereiken is via de oostelijke dam van het Parakrama Samudra, liggen de fundamenten en andere overblijfselen van het **Potgul Vihara** **14**, vermoedelijk van de bibliotheek. Onduidelijk is wie het in de rotsen uitgehouwen **beeld** **15** voorstelt. Vaak wordt gesuggereerd dat het om koning Parakramabahu gaat met een wetboek in zijn handen, maar waarschijnlijker is dat het een geleerde of kluizenaar betreft.

# Overnachten

De overnachtingsmogelijkheden in Polonnaruwa zijn beperkt, omdat de meeste bezoekers in een van de grote resorts bij Sigiriya of Habarana verblijven.

**Aan het meer – Sudu Araliya** **1**: New Town, tel. 027 222 54 06, www.hotel suduaraliya.com, 2 pk vanaf $ 85. Het grootste hotel van Polonnaruwa ligt in een park en biedt honderd kamers met airconditioning waarvan een deel met uitzicht op het meer. Groot zwembad.

**Tussen de apen – Primate Centre Lodge** **2**: New Town, tel. 077 311 35 30 of 078 395 14 00, www.primates.lk, 2 pk $ 30-50. Het onderzoeksstation voor primaten ligt aan het stuwmeer in een groene omgeving. De elf kamers met badkamer en airconditioning zijn eenvoudig, maar comfortabel.

**Knus – Devi Tourist Home** **3**: Lake View Watte, New Town Road, tel. 027 222 31 81 of 077 908 12 50, 2 pk vanaf $ 15, zonder ontbijt. In dit *guesthouse* achter de katholieke kerk vindt u vijf eenvoudige, maar schone kamers met

badkamer. De islamitische familie serveert lekkere currygerechten en kan ook excursies voor u regelen.

## Eten en drinken

Het culinaire aanbod beperkt zich grotendeels tot de accommodaties.

**Aan het meer – The Lake House** **1**: tel. 027 222 22 99, www.thelakehouse.lk, currygerechten vanaf LKR 1000. Vanwege de prachtige locatie aan het stuwmeer trekt het goede lunchbuffet veel reisgezelschappen. Aan het eind van de middag is het een stuk rustiger en kunt u hier goed terecht voor een aperitiefje.

**Bij mensen thuis – Gami Gedara** **2**: 1609 Bendiwewa, Jayanthipura, tel. 071 294 04 74 of 077 454 43 96, currymenu vanaf LKR 700. Een gastvrij echtpaar serveert in hun eigen woning authentieke en smakelijke currygerechten. Circa 4 km ten noorden van Polonnaruwa, met uitzicht op de rijstvelden.

## Info

### Vervoer

Zowel het trein- als het busstation ligt in de wijk Kaduruwela, circa 3 km ten zuidoosten van het centrum.

**Trein:** drie keer per dag naar Colombo, zes keer per dag naar Batticaloa. Voor Trincomalee neemt u de trein naar Colombo en stapt u bij Gal Oya Junction over.

**Bus:** minstens één keer per uur naar Anuradhapura, Batticaloa, Dambulla-Kandy en Colombo.

# Dimbulagala ▶ K 13

**Vanuit Polonnaruwa per auto met chauffeur**

Circa 16 km ten zuidoosten van Polonnaruwa verrijst boven de vlakte de **Dimbulagala** – of **Gunners Quoin** ('observatieplaats') zoals de jachtlustige Britten deze plek noemden – , een interessante bestemming voor een excursie van een halve dag, inclusief een korte wandeling (circa 2 km heen en weer). Voor Singalese boeddhisten is de 545 m hoge bergrug een belangrijk bedevaartsoord, omdat de Verlichte hier tijdens zijn bezoek aan het eiland een voetafdruk zou hebben achtergelaten. Behalve deze erfenis van Boeddha liggen hier ook nog overblijfselen van kloosters, waar in de 4e eeuw ascetische monniken hun toevlucht zochten.

Startpunt voor een bezoek is het moderne klooster aan de noordwestkant van de Dimbulagala, vanwaar een lastig en vervuild pad naar de **Ashmalika Dagoba** met de voetafdruk van Boeddha loopt. Het mooie uitzicht is de inspanning echter beslist waard.

Ongeveer 3 km ten oosten van het klooster ligt de **Pulligoda**, met in een grot aan de voet van de berg overblijfselen van rotsschilderingen. De kleuren zijn verrassend goed bewaard gebleven.

## Sigiriya ✳ ▶ H 12/13

De rotsvesting van **Sigiriya** biedt niet alleen een fantastisch uitzicht, maar ook een interessant inkijkje in een misdaadverhaal uit het verleden, dat met de moord op een koning en een broederstrijd genoeg stof voor een Bollywoodfilm zou opleveren. Het decor krijgt u er gratis bij, want de markante rotsvesting ligt 200 m boven de vlakte.

## Geschiedenis

Kassapa ging niet zachtzinnig te werk. In 473 eigende hij zich de troon toe en liet zijn vader, koning Dhatusena, levend inmetselen. Zijn halfbroer Moggallana, de beoogde troonopvolger, vluchtte hierop naar het Zuid-Indiase Pandya-rijk. Om veiligheidsredenen liet Kassapa op een steile rots van gneis de vesting **Simha Giri** ('leeuwenberg') bouwen en keerde hoofdstad Anuradhapura de rug toe. Elke vorm van oppositie werd bruut de kop ingedrukt door de tiran. Pas achttien jaar later wist zijn halfbroer met steun van Zuid-Indiase huursoldaten Kassapa te verdrijven. Diens laatste uren verliepen dramatisch: zittend op een olifant, aan het hoofd van zijn leger, kwam Kassapa vast te zitten in een moeras bij Habarana, waarop zijn soldaten in paniek op de vlucht sloegen. Helemaal alleen gelaten beroofde hij zich van het leven.

Na de dood van Kassapa in 491 raakte Sigiriya in vergetelheid. In de eeuwen daarna vestigden monniken zich aan de voet van de berg en in de 16e en 17e eeuw deed de vesting dienst als militaire buitenpost van de koningen van Kandy. Pas in de Britse tijd kwamen de imposante ruïnes weer in de belangstelling te staan. Onder leiding van de archeoloog H.C.P. Bell werd in 1895 met de restauratie begonnen. Sinds 1982 staat de Ancient City of Sigiriya op de Werelderfgoedlijst van de UNESCO.

## Bezienswaardigheden

Dag. 7-19 uur, $ 30, tickets bij de ingang, in de buurt van het Sigiriya Museum en bij de parkeerplaats Om de hitte en de bezoekersstromen te mijden, kunt u de rotsvesting het best zo vroeg mogelijk op de ochtend of juist laat in de middag bezoeken. Voor de klim en de afdaling moet u minimaal 2,5 uur uittrekken. Zorg ervoor dat u genoeg water en zonnebrandcrème bij u hebt.

In naam van de goden: naakt brengen de 'wolkenmeisjes' van Sigiriya hogere machten en andere bezoekers het hoofd op hol

## Sigiriya Museum 1

www.ccf.gov.lk/sigiriya-museum. htm, dag. 8.30-17.30 uur, bij de entreeprijs inbegrepen, anders LKR 710

Het museum bij de hoofdingang biedt een goed overzicht van de ontwikkeling van Sigiriya door de eeuwen heen. Tot de museumstukken behoren vondsten uit vroegboeddhistische kloosters, sieraden, alledaagse gebruiksvoorwerpen en terracotta beeldjes van de 'wolkenmeisjes', die mogelijk ooit als souvenir werden verkocht.

## Koninklijke tuinen

Sigiriya was een rechthoekige koningsstad die zich over een oppervlakte van 130 ha rondom de rots uitstrekte. Dat Kassapa ondanks de voortdurende dreiging waarde hechtte aan schoonheid en ontspanning blijkt niet in de laatste plaats uit de symmetrisch aangelegde **Pleasure Garden** 2 (Lusthof), die met waterwerken, vijvers en paviljoens voor weldadige afwisseling zorgde. Delen van de tuin zijn gereconstrueerd.

Op de reusachtige rotsblokken in de **Boulder Garden** 3 (Rotstuin) erboven

beroemde **cloud maidens** (wolkenmeisjes). De kleuren van de rotsschilderingen zijn nog zo levendig dat het
lijkt alsof de kunstenaars de portretten
van de rondborstige vrouwen niet in de
5e eeuw, maar pas onlangs op de rotswand hebben geschilderd. Oorspronkelijk zouden er ongeveer vijfhonderd
portretten zijn geweest, waarvan er
nog 22 bewaard zijn gebleven. Wie de
schoonheden precies zijn, is onduidelijk. Vermoedelijk gaat het om *apsaras*,
die volgens het hindoegeloof voor het
vermaak van de goden zorgen.

Dat de wolkenmeisjes door de eeuwen heen bezoekers hebben geënthou-
siasmeerd, blijkt wel uit de graffiti op
de **Mirror Wall** (Spiegelmuur), een 3 m
hoge muur die in dezelfde tijd voor de
rotsspleet met de wolkenmeisjes is gebouwd. Achthonderd krabbels konden
de onderzoekers ontcijferen, waaronder die van een opgewonden bezoeker: 'Vrouwen als dezen doen het hart
van mannen smelten en hun lichaam
sidderen.'

## Leeuwenterras en paleiscomplex

De klim naar het paleis op de afgevlakte
top van de rots gaat via de noordkant.
Via een trap komt u eerst op het **Lion's
Paw Terrace** 5 (Leeuwenpootterras)
met twee kolossale leeuwenpoten van
steen. Het zijn de overblijfselen van
de enorme hoofdopgang die Kassapa
in de vorm van een zittende leeuw liet
bouwen. Wie naar het hoogste niveau
met de restanten van het **Palace Complex** 6 wil, moet absoluut geen hoog-
tevrees hebben: de in de rotsen uitgehouwen treden en de ijzeren trappen
hebben weliswaar leuningen, maar het
gaat hier bijna loodrecht omhoog. Helemaal boven liet Kassapa zijn 1,5 ha
grote paleis bouwen, waarvan alleen
nog overblijfselen van fundamenten te
zien zijn.

hebben ooit paviljoens gestaan. Inscripties in het Brahmi-schrift tonen aan dat
deze rotsen al in de 3e eeuw v.Chr. een
toevluchtsoord waren van monniken.
Overblijfselen van rotsschilderingen
doen vermoeden dat hier ten tijde van
de heerschappij van Kassapa ook monniken woonden.

## Wolkenmeisjes en Mirror Wall 4

Ongeveer halverwege de rots voert
een ijzeren wenteltrap naar een met
hekken beschermde rotsspleet met de

# Sigiriya

**Bezienswaardigheden**

**1** Sigiriya Museum
**2** Pleasure Garden
**3** Boulder Garden
**4** Wolkenmeisjes en Mirror Wall
**5** Lion's Paw Terrace
**6** Palace Complex

**Overnachten**

**1** Jetwing Vil Uyana
**2** Sigiriya Hotel
**3** Back to Beyond Kurulu Uyana
**4** Lakmini Lodge

**Eten en drinken**

**1** Sigiriya Rest House

## Overnachten

In de omgeving van Sigiriya zijn er enkele duurzame, maar ook peperdure resorts, waaronder het **Jetwing Vil Uyana** **1** (www.jetwinghotels.com, 2 pk vanaf $ 250; zie blz. 82) op circa 8 km van de rots.

**Milieuvriendelijk** – **Sigiriya Hotel** **2**: tel. 066 228 68 21 of 493 05 00, www.serendibleisure.com, 2 pk vanaf $ 110. Dit resort met 79 kamers in bungalows ligt vlak bij het Sigiriya Wewa en biedt een mooi uitzicht op de rotsvesting. De wake-upcall wordt zo nu en dan verzorgd door een aap. Zwembad, restaurant en een ayurvedacentrum. Het milieu staat hier hoog in het vaandel.

**Jungle** – **Back to Beyond Kurulu Uyana** **3**: Pidurangala, 1,3 km ten noorden van Sigiriya, tel. 066 491 89 12, www.backofbeyond.lk, 2 pk vanaf $ 90. Voor deze eenvoudige, maar smaakvol ingerichte lodge zijn veel natuurlijke materialen gebruikt. De zeven mooi ingerichte kamers bevinden zich in boomhutten en bungalows. Midden in de jungle, niet ver van de Pidurangala. Niet geschikt voor mensen met een insectenfobie.

**Low budget** – **Lakmini Lodge** **4**: Sigiriya Road, tel. 066 228 61 13 of 071 063 89 59, lakminilodge@hotmail.com, 2 pk $ 25-45. Dit *guesthouse* ligt op circa 1 km van de rotsvesting en biedt achttien kamers, waarvan negen eenvoudige (wel met badkamer) en negen betere in het hoofdgebouw met uitzicht op Sigiriya.

## Eten en drinken

**Met uitzicht** – **Sigiriya Rest House** **1**: in het gelijknamige hotel, tel. 066 228 62 99, www.chcresthouses.com/sigiriya, gerechten vanaf LKR 800. Het mooie uitzicht op de nabijgelegen rotsvesting Sigiriya is de belangrijkste reden om hier iets te gaan eten. De gerechten en de bediening zijn van middelmatige kwaliteit.

## Actief

**Klim met uitzicht** – De **Pidurangala** (LKR 500), een kolossale rots die 1 km ten noorden van Sigiriya ligt, was ooit een toevluchtsoord van boeddhistische monniken en kan worden beklommen (goed schoeisel en klimervaring zijn een vereiste). Vanaf boven hebt u een adembenemend uitzicht, onder meer op de rotsvesting.

## Info

### Vervoer

**Trein**: het dichtstbijzijnde station bevindt zich in Habarana (zie blz. 181), dat ruim 10 km verder naar het noorden ligt.

**Bus**: om het halfuur rijdt er een rechtstreekse bus naar Dambulla (18 km). In Inamaluwa (9 km) kunt u langs de A6 een bus aanhouden die in noordelijke of zuidelijke richting rijdt.

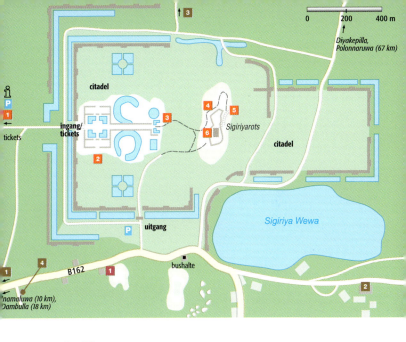

# Dambulla ▶ G 13

Het in het hart van de Culturele Driehoek gelegen **Dambulla** is van grote betekenis als verkeersknooppunt en regionale overslagplaats van groente en fruit. Hier kruisen de A9 (Kandy-Jaffna) en de A6 (Kurunegala-Trincomalee) elkaar, waardoor er altijd druk verkeer is in de plaats. In het Rangiri Dambulla Cricket Stadium vinden regelmatig internationale cricketwedstrijden plaats. Voor toeristen is Dambulla vooral interessant vanwege de grotten van het Dambulla Raja Maha Vihara.

## Dambulla Raja Maha Vihara

### Geschiedenis

De bergen van Dambulla waren na een invasie van Zuid-Indiase Tamils in de 1e eeuw v.Chr. een schuilplaats van koning Vattagamani Abhaya uit Anuradhapura. Later hakten monniken hier grotten in de rotsen uit, waar ze zich gingen wijden aan de meditatie en de studie van boeddhistische geschriften. In de daaropvolgende eeuwen kregen de monniken regelmatig schenkingen van koningen, die de grotten bovendien van nieuwe Boeddhabeelden en schilderingen lieten voorzien. De laatste die dit deed, was koning Kirti Sri Rajasimha (regeerperiode 1747-1782) uit Kandy.

Nog altijd speelt het Dambulla Raja Maha Vihara, dat ook wel **Rangiri Vihara** ('gouden klooster') wordt genoemd, een belangrijke rol. Over de schoonheid van de bijna 30 m hoge goudkleurige boeddha bij de ingang valt te twisten, maar het klooster is voor het moderne boeddhisme van belang als educatief centrum voor monniken. Op 12 maart 1998 werd hier zelfs geschiedenis geschreven toen na bijna een millennium weer theravada-nonnen werden gewijd.

## De grotten

Dag. 7.30-19 uur, een donatie wordt op prijs gesteld, neem voldoende water mee!

In het zuiden van Dambulla ligt het **Dambulla Raja Maha Vihara** tegen een rotsachtige, 341 m hoge heuvelrug. De gebouwen van het moderne klooster staan aan de voet van de heuvel, de vijf grotten – waarvan de meeste door mensenhanden zijn vergroot – iets erboven.

De eerste grot, **Devaraja Viharaya**, wordt gedomineerd door een liggende boeddha. Grot nummer twee, **Maharaja Viharaya**, is met een lengte van 37 m en een diepte van 23 m de grootste en ook mooiste van de vijf. De wanden zijn versierd met schilderingen en er staan bijna zestige levensgrote beelden van Boeddha en hindoegoden en ook een sierlijke stoepa. De vele Boeddha-beelden en schilderingen in de derde grot, **Maha Aluth Viharaya**, stammen uit de 18e-eeuwse regeerperiode van koning Kirti Sri Rajasimha uit Kandy.

Evenals zijn voorgangers liet de koning ook een beeld van zichzelf maken. In de vierde grot, **Pachima Viharaya**, vindt u onder andere een mediterende boeddha, een stoepa en schilderingen uit de koloniale tijd. De laatste grot, **Deveni Aluth Viharaya**, deed oorspronkelijk dienst als opslagruimte en werd pas in 1915 met beelden en schilderingen versierd. U mag foto's maken in de grotten, maar alleen zonder flits om de schilderingen niet te beschadigen.

# Overnachten

In Dambulla zelf zijn vrijwel alleen eenvoudige *guesthouses* te vinden, maar aan het 10 km oostelijker gelegen Kandalama Wewa liggen twee mooie, zij het dure resorts: het **Amaya Lake** (www.amayalake.com, 2 pk vanaf $ 135) en het **Heritance Kandalama** (www.heritancehotels.com, 2 pk vanaf $ 153; zie blz. 83), dat verscheidene keren is onderscheiden voor duurzaamheid.

Rust in het groen – **The Green Edge**: 8 Ela Road, Pahalawewa, tel. 077 382 00 56, www.thegreenedge-dambulla.com, 2 pk $ 50. Deze particuliere bungalow ligt in een rustige omgeving, ongeveer 1,5 km ten noordoosten van het centrum. Er zijn vier modern ingerichte kamers en een gemeenschappelijke veranda. Fietsverhuur.

# Info en festiviteiten

## Festiviteiten

**Rangiri Dambulla Maha Perahera:** apr./mei. Dit tempelfeest vindt plaats op de dag voor Vesak Poya, vollemaan in april/mei, met onder meer een processie.

## Vervoer

**Bus:** als regionaal knooppunt is het busstation aan de A9 een halte van bussen

De boeddhistische grottempel van Dambulla, een Werelderfgoed van de UNESCO

uit Kandy (om het uur) en Colombo (via Kurunegala om het halfuur) die verder rijden richting noorden of noordoosten. Ook vertrekken er bussen naar Anuradhapura (om het uur), Polonnaruwa (om het uur) en Sigiriya (om het halfuur).

## Nalanda Gedige ▶ G14

**Hele dag open, toegang gratis**
Ongeveer 24 km ten zuiden van Dambulla liggen in het plaatsje **Nalanda** de ruïnes van het boeddhistische **Nalanda Gedige,** dat vooral van belang is vanwege de bouwkundige gelijkenis met hindoetempels in het Zuid-Indiase Mahabalipuram. Het tussen de 8e en 10e eeuw gebouwde kloostercomplex bestaat uit een stoepa en een tempel (*gedige*). De laatste heeft de gedaante van een hindoeheiligdom en vertoont aan de buitenkant ook enkele hindoeïstische motieven. Binnen staat nog een van de ooit drie Boeddhabeelden.

Om het klooster niet ten prooi te laten vallen aan het Mahaweli-ontwikkelingsproject (zie blz. 75) zijn de overblijfselen rond 1980 afgebroken en op dezelfde plaats gereconstrueerd op de waterkering van het nieuw gecreëerde stuwmeer.

## Info

**Vervoer**

**Bus:** verbindingen via de A9 met Dambulla (24 km) en Matale (25 km). Vlak bij kilometerpaal 49 loopt een weg naar de ruïnes.

## Matale en omgeving ▶ G 15/16

Naarmate u via de A9 verder zuidwaarts rijdt in de richting van Matale (25 km) wordt het landschap heuvelachtiger en dichter begroeid. Dankzij het aangename klimaat en de vruchtbare bodem gedijen in deze omgeving tal van tropische voedingsgewassen. Langs de A9 zult u dan ook verscheidene **spice gardens** (specerijentuinen) zien, die met hun mooi aangelegde perken vol vanilleplanten, kruidnagelbomen en saffraanbomen vooral gericht zijn op toeristen. Zij worden geacht om na een rondje over het terrein de veel te dure producten te kopen.

U kunt **Matale** ook vanuit Kandy (zie blz. 202) aandoen, want dat ligt maar een kilometer of 25 verder naar het zuiden.

## Sri Muthumariamman Thevasthanam

608 Main Street, dag. 6.30-11.45, 16.30-19.30 uur, LKR 300 voor bezichtiging binnen, puja 6.30, 16.30 uur

Het centrum van Matale wordt gedomineerd door de reusachtige toren (*gopuram*) boven de ingang van de hindoeïstische **Sri Muthumariamman Thevasthanam**. Met zijn 108 voet – een heilig getal in het hindoeïsme – oftewel 33 m is dit de hoogste tempel van Sri Lanka. Het heiligdom werd in 1852 gesticht door Tamilimmigranten uit Zuid-India, voor wie Matala een verzamel- en rustplaats was op hun voettocht van Mannar aan de noordwestkust van Sri Lanka naar de plantages in het hoogland.

De enorme tempel is gewijd aan Mariamman, een in Zuid-India populaire godin die moederlijke (*amma* = moeder), maar ook destructieve eigenschappen in zich verenigt. In de tempel bevinden zich echter ook altaren en schrijnen ter ere van Ganesha, Lakshmi, Durga en de goden naar wie de (oorspronkelijk) negen planeten zijn genoemd. Vooral de *puja*-ceremonies

Smaakvol en kleurrijk: de Sri Lankaanse kruidenmengsels

trekken veel gelovigen naar de tempel. Dan worden onder begeleiding van trommels en hoorns de beelden in een kleine processie door de tempel gedragen. Het heiligdom is ingrijpend gemoderniseerd na de verwoestingen die er in juli 1983 tijdens anti-Tamilgeweld werden aangericht.

## Aluvihara

### Dag. 8-18 uur, LKR 250
Ongeveer 3 km ten noorden van Matale ligt op een rotshelling het grotklooster **Aluvihara**, dat een belangrijke rol heeft gespeeld in de geschiedenis van het theravada-boeddhisme. Vierhonderd jaar na het eerste boeddhistische concilie in het Noord-Indiase Rajagriha werd hier de Pali-canon op schrift gesteld, een in het Pali opgestelde verzameling van Boeddha's preken en orderegels, inclusief commentaar. Opdrachtgever was koning Vattagamani Abhaya (regeerperiode 103, 89-77 v.Chr.), die voor de verovering van Anuradhapura door de Tamils naar Dambulla was gevlucht en in het grotklooster Aluvihara vijfhonderd monniken bijeenbracht voor het vierde boeddhistische concilie om van gedachten te wisselen over controversen in de leer van Boeddha. Vervolgens liet hij de leer op bladeren van de parasolwaaierboom vastleggen, waarmee de monniken zeven maanden bezig waren.

Gelet op de betekenis van het klooster zijn de gebouwen verrassend bescheiden. Het complex is in de loop der eeuwen steeds weer gerenoveerd en delen ervan zijn in vlammen opgegaan toen zich hier in 1848 opstandelingen verschansten en werden aangevallen door het Britse leger. Daarbij gingen waardevolle geschriften voor altijd verloren. Vandaag de dag kunt u nog enkele grotten bezichtigen, waar-

onder een met zeer aanschouwelijke voorstellingen van de 32 hellestraffen en een met een beeld van de geleerde Buddhaghosa. De expositieruimte heeft maar weinig interessants te bieden. Vanaf een vooruitstekende rots met een stoepa hebt u een prachtig uitzicht over de vlakte.

## Overnachten

Omdat Kandy relatief dichtbij ligt, brengen maar weinig toeristen de nacht door in Matale.
**Koloniaal huis in het centrum –** **Clover Grange:** 95 King Street, tel. 066 223 11 44, 2 pk vanaf $ 30. Dit centraal gelegen hotel in een huis uit de koloniale tijd beschikt over zes grote kamers met ventilator en een leuke tuin. In het bijbehorende restaurant komen degelijke gerechten op tafel.

## Info en festiviteiten

### Festiviteiten
**Masimga Maga Mahothsavam:** febr./ mrt. Hoogtepunt van het jaarlijkse, 26 dagen durende tempelfeest in Matale is de Pancha Ratha Bawani, een processie met vijf reusachtige praalwagens waarop beelden van goden door de straten worden gereden.
**Sangayana Perahera:** juni. Ter gelegenheid van Poson Poya, vollemaan in juni, vindt een avondprocessie met olifanten plaats die van Aluvihara naar het centrum van Matale voert.

### Vervoer
**Trein:** wie over voldoende tijd beschikt, kan de trage stoptrein naar Kandy nemen (circa 1,5 uur, zes keer per dag).
**Bus:** via de A9 rijden verscheidene bussen in de richting van Dambulla en Kandy.

# Kandy en het hoogland

## Hoogtepunten ✳

**Kandy:** de laatste koningsstad van Sri Lanka ademt een koloniale sfeer en biedt een interessante mengeling van geschiedenis, cultuur en natuur. Zie blz. 202.

**Nuwara Eliya en omgeving:** nergens anders op het eiland is het zo Brits en koel als in de hoogst gelegen stad van Sri Lanka. De schilderachtige omgeving nodigt uit tot wandelingen. Zie blz. 221.

**Ella en omgeving:** door de unieke ligging is Ella een van de populairste bestemmingen in het hoogland. Zie blz. 236.

**Sinharaja Forest Reserve:** dit beschermde natuurgebied staat bekend om de inheemse flora en fauna. Zie blz. 242.

## Op ontdekkingsreis

**Met de trein het hoogland in:** een treinreis door diepgroene theeplantages en het schilderachtige berglandschap is een van de mooiste reiservaringen in Sri Lanka. Zie blz. 216.

**Via pelgrimspaden naar Adam's Peak:** Boeddha en Shiva zijn al eens naar de top geklommen en zelfs Adam is hier ooit geweest. Geen wonder dat elke gelovige eilandbewoner één keer in zijn leven deze heilige berg wil beklimmen. Zie blz. 224.

**Horton Plains – wandeling naar het einde van de wereld:** deze heuvelachtige hoogvlakte is een van de eigenaardigste landschappen op het eiland. Vanaf World's End kunt u bij helder weer tot aan de kust kijken. Zie blz. 230.

Met de trein het hoogland in

Kandy

Knuckles Range

Kitulgala

Nuwara Eliya en omgeving

Hakgala Botanic Gardens

Horton Plains – wandelen naar het einde van de wereld

Ella en omgeving

Haputale

Via pelgrimspaden naar Adam's Peak

Boeddha's van Buduruwagala

Uda Walawe National Park

Sinharaja Forest Reserve

## Bezienswaardigheden

**Hakgala Botanic Gardens:** maak een wandeling door de botanische tuin bij Nuwara Eliya. Zie blz. 228.

**Boeddha's van Buduruwagala:** de rotsreliëfs bij Wellawaya zijn een bezoek beslist waard. Zie blz. 240.

## Actief

**In de Knuckles Range:** van Corbett's Gap wandelt u door een dal met dichte bossen, theeplantages en rijstvelden naar Meemure. Zie blz. 215.

**Woest water:** de Kelani bij Kitulgala is een van de populairste raftingrivieren van het eiland. Zie blz. 220.

**Wandeling naar de Adisham Monastery:** het klooster ten westen van Haputale is een geliefde wandelbestemming. Zie blz. 234.

**Wandelen door theeplantages:** vanuit Ella kunt u zonder al teveel inspanning Little Adam's Peak beklimmen. Zie blz. 237.

## Sfeervol genieten

**Lipton's Seat:** de theekoning van Groot-Brittannië, de beroemde Thomas J. Lipton, genoot al van het panorama vanaf dit uitkijkpunt bij Haputale, een van de sfeervolste plekken in het hoogland. Zie blz. 234.

**Ochtendbad van jumbo's:** vroeg op de ochtend verzamelen zich tientallen olifanten bij het stuwmeer in het Uda Walawe National Park om gezamenlijk een bad te nemen – kijken mag! Zie blz. 244.

## Uitgaan

**Slightly Chilled (Bamboo Garden):** vanaf het terras van deze bar op een helling kijkt u uit over de daken en het meer van Kandy – de ideale locatie om te chillen. **1** Zie blz. 211.

**Hill Club in Nuwara Eliya:** hier kunt u niet alleen stijlvol dineren, maar ook een biljartje leggen in de gezellige bar met open haard. **1** Zie blz. 227.

# Land van duizend bergen

Thee en dennenbomen in plaats van rijst en palmen: het hoogland in het hart van het eiland is een fascinerende wereld op zich. Een reis door het 'land van duizend bergen en uitgestrekte dalen,' zoals de Duitse auteur Hermann Hesse dit gebied ooit karakteriseerde, maakt ontmoetingen mogelijk met vrome pelgrims op de heilige **Adam's Peak** en met hardwerkende pluksters op de theeplantages, voert naar donderende watervallen en door adembenemende landschappen. Aangename plaatsen zoals **Haputale** en **Ella** vlijen zich tegen steile berghellingen en de ongerepte natuur op de **Horton Plains** lokt wandelaars naar het 'einde van de wereld'. En telkens weer stuit u op de erfenis van het Britse rijk, in het bijzonder in **Nuwara Eliya**, het bergoord op 2000 m hoogte waar de Britten in de zomer de hitte ontvluchtten.

**Kandy**, de laatste koningsstad van Sri Lanka, pronkt met de wereldberoemde tand van Boeddha en menig betoverend klooster, en de botanische tuin van **Peradeniya** geeft met meer dan vierduizend plantensoorten een goed beeld van de verscheidenheid van de tropische flora. In **Kitulgala** worden opwindende raftingtochten aangeboden op het woeste water van de rivier de Kelani en de stad van de edelstenen, **Ratnapura**, lokt al eeuwenlang handelaren naar het eiland. Het **Sinharaja Forest Reserve**, aan de zuidkant van het hoogland, biedt de laatste overblijfselen van het regenwoud op het eiland en behoort met zijn vele inheemse planten tot de botanische hoogtepunten van Sri Lanka. De grijze eminentie van de dierenwereld kunt u op meerdere locaties tegenkomen: met hun geleiders ontspannen badend in het **Pinnawela Elephant Orphanage** of in de vrije natuur in het **Uda Walawe National Park**.

## Kandy ☀ ▶ G 16/17

Eeuwenlang boden de omliggende bergen de koningen van Kandy bescherming tegen Europese indringers, tot het Britse rijk in 1815 de laatste

# INFO

**Kaart:** ▶ E-K 16-22

## Reis en vervoer

De mooiste manier om naar het hoogland te reizen is met de trein van Colombo naar Kandy en eventueel nog verder naar Badulla via Hatton, Nanu Oya (voor Nuwara Eliya) en Ella. Ook het busnet in het hoogland is bijzonder fijnmazig. Het flexibelst bent u echter met een auto met chauffeur, want veel bezienswaardigheden liggen enigszins buitenaf. Cinnamon Air laat luchttaxi's vliegen tussen Colombo en Kandy.

## Tip

Het weer in de bergen laat zich zo nu en dan van zijn wispelturige kant zien, vooral in Nuwara Eliya. Ook in de droge tijd kan er plaatselijk een regenbui vallen. Van november tot en met februari daalt het kwik 's nachts regelmatig tot onder de 10° C. Een regenjack en een trui zijn daarom beslist geen overbodige luxe.

In de Sri Dalada Maligawa van Kandy wordt een tand van Boeddha vereerd

monarch dwong afstand te doen van de troon. Tien jaar later openden de koloniale machthebbers een wegverbinding van Colombo naar het 116 km noordoostelijker gelegen **Kandy**.

De laatste koningsstad oogt niet meer als een 'bescheiden dorp', zoals een 19e-eeuwse bezoeker het teleurgesteld uitdrukte, maar aan de periferie ademt de stad met zijn 160.000 inwoners nog altijd een landelijke sfeer. In de dichtgeslibde straten rondom het meer toont Kandy daarentegen alle voor- en nadelen van een bruisende metropool.

De stad ligt op een hoogte van ongeveer 500 m aan de rivier de Mahaweli, heeft een gematigd klimaat en biedt een interessante mengeling van geschiedenis, cultuur en natuur. Dankzij het Kandy Lake (ook Bogambara Lake genoemd) in het hart van de stad kunt u zich eenvoudig oriënteren. Op de noordoever staat de Tempel van de Tand, terwijl zich ten westen van het meer tot aan het station het winkelgebied uitstrekt.

## Geschiedenis

Als beschermster van de Singalese cultuur en identiteit heeft Kandy zich eeuwenlang succesvol weten te verzetten tegen de pogingen van de koloniale mogendheden om de stad te veroveren. Ook nu nog is de trots op de eigen cultuur bij veel gelegenheden te bespeuren, of het nu gaat om de kunstige Kandy-dansen of om het Esala Perahera (zie blz. 54), dat elk jaar uitbundig wordt gevierd.

In een tijd dat het eiland in verschillende machtscentra uiteengevallen was, stichtte Vikramabahu III (regeerperiode 1357-1374) uit Gampola een stad aan de oevers van de Mahaweli, die echter pas een eeuw later onder Senasammata Vikramabahu de hoofdstad werd van **Kanda Uda Pas Rata**, het koninkrijk van de Vijf Bergen. In totaal twaalf koningen bestuurden vanuit Kandy het kleine rijk in de bergen, dat vanaf de 16e eeuw door de Portugezen en vanaf 1638 door de Hollanders steeds meer in het nauw werd gedreven. ▷ blz. 206

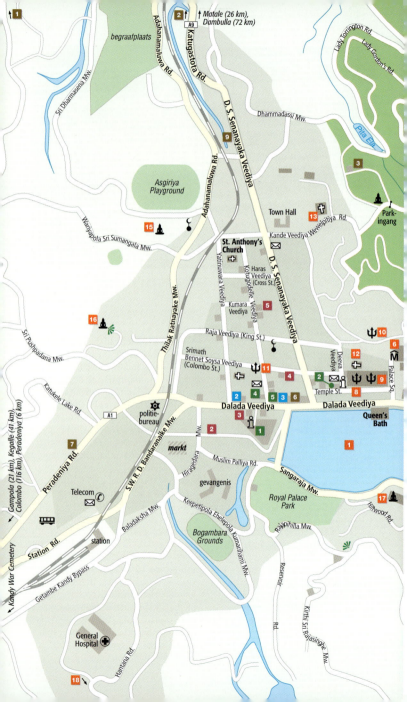

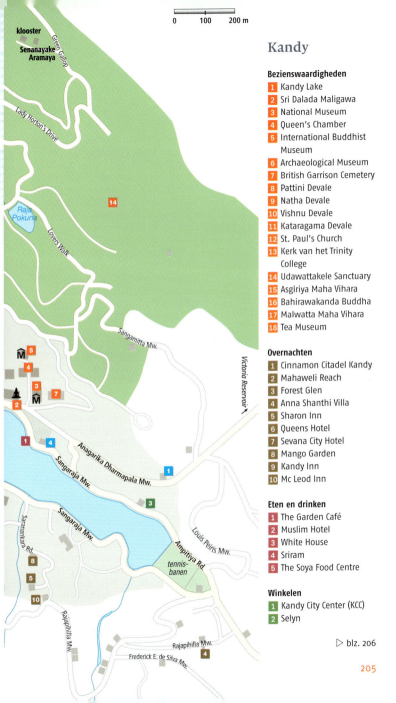

# Kandy

## Bezienswaardigheden

1. Kandy Lake
2. Sri Dalada Maligawa
3. National Museum
4. Queen's Chamber
5. International Buddhist Museum
6. Archaeological Museum
7. British Garrison Cemetery
8. Pattini Devale
9. Natha Devale
10. Vishnu Devale
11. Kataragama Devale
12. St. Paul's Church
13. Kerk van het Trinity College
14. Udawattakele Sanctuary
15. Asgiriya Maha Vihara
16. Bahirawakanda Buddha
17. Malwatta Maha Vihara
18. Tea Museum

## Overnachten

1. Cinnamon Citadel Kandy
2. Mahaweli Reach
3. Forest Glen
4. Anna Shanthi Villa
5. Sharon Inn
6. Queens Hotel
7. Sevana City Hotel
8. Mango Garden
9. Kandy Inn
10. Mc Leod Inn

## Eten en drinken

1. The Garden Café
2. Muslim Hotel
3. White House
4. Sriram
5. The Soya Food Centre

## Winkelen

1. Kandy City Center (KCC)
2. Selyn

▷ blz. 206

# Kandy (zie kaart blz. 204-205)

**3** BPS Bookshop
**4** Vijitha Yapa Bookshop
**5** ODEL LUV SL

**Uitgaan**
**1** Slightly Chilled (Bamboo Garden)

**2** The Pub
**3** Pub Royale
**4** Kandyan Culture Centre

De laatsten hadden uiteindelijk het hele kustgebied in handen, waardoor het geïsoleerde Kandy volledig afhankelijk van hen was. In 1803 liep een eerste poging van de Britten om Kandy te veroveren uit op een jammerlijke mislukking, maar in 1815 slaagden ze erin de laatste koning, Sri Vikrama Rajasimha, te dwingen afstand te doen van de troon. Hierna verwerd de ooit zo trotse koningsstad tot een bestuurszetel van geringe betekenis.

## Bezienswaardigheden

### Kandy Lake **1**

De aangename sfeer dankt Kandy niet in de laatste plaats aan het **Kandy Lake**, dat onder de laatste koning tussen 1810 en 1812 werd aangelegd en aanvankelijk de naam Kiri Muhuda (Melkmeer) kreeg. Na de inname van Kandy lieten de Britten de westkant van het meer dempen om meer ruimte te creëren voor de uitdijende stad. Ze legden ook de circa 4 km lange boulevard langs het meer aan, die nog altijd in trek is. Ook voor een foto bent u hier op de juiste plaats, want het Kandy Lake met de weerspiegelende Tempel van de Tand biedt een prachtig plaatje.

### Sri Dalada Maligawa **2**

Dalada Veediya, dag. 6-20 uur, LKR 1500; toegang alleen met een lange broek (ook geen mouwloos shirt) en bij de ingang van de tempel dient u uw schoenen uit te trekken; om veiligheidsredenen moet u door een controlepost

De belangrijkste attractie van Kandy is het **Sri Dalada Maligawa**, het Paleis van de Heilige Tand zoals het boeddhistische heiligdom letterlijk vertaald heet. Dankzij de beboste Udawattakele Sanctuary op de achtergrond en de markante schilddaken zijn de tempelgebouwen bijzonder fotogeniek, maar uit architectonisch oogpunt niet bijster spectaculair. Het hoofdgebouw dateert uit de late 17e eeuw, de gracht en de opvallende achtkantige toren zijn pas onder de laatste koning van Kandy toegevoegd. In 1998 reden leden van de paramilitaire LTTE een vrachtauto vol springstof het gebouw in, waarbij vrijwel de hele voorgevel werd verwoest.

Het complex wordt gedomineerd door een U-vormig gebouw van twee verdiepingen dat een kleine binnenplaats en de feitelijke tempel met het relikwie omsluit. Vervolgens komt u bij een gebouw met een expositieruimte, met ervoor een imposante achtkantige toren. Ten noorden ervan staat de voormalige koninklijke audiëntiezaal.

De ingang naar de heilige **Tempel van de Tand**, de **Vadahitina Maligawa**, bevindt zich aan de zijkant van het U-vormige gebouw. Vanaf het **Hewisi Mandapaya**, het 'hof van de trommelaars', voeren trappen naar de eerste verdieping, waar gelovigen zich verzamelen voor de ruimte met de vereerde tand. Het relikwie is onder Vimala Dharma Surya I (regeerperiode 1591-1604) hiernaartoe gebracht en zou na de dood van Boeddha uit diens as zijn geborgen. Het schrijn wordt alleen geopend voor de één uur durende *pujas* (zie blz. 56), om 5.30, 9.30 en 18.30 uur. Alleen dan kunt u de vergulde houder met het relikwie te zien krijgen.

In het gebouw achter de achtkantige toren, de **Alut Maligawa** (dag. 9-20 uur, bij de entreeprijs inbegrepen), staan in de New Shrine Hall beelden van de Verlichte, een geschenk van Thailand ter gelegenheid van de 2500e sterfdag van Boeddha. De twee verdiepingen erboven doen dienst als museum, waar de geschiedenis van de tempel uit de doeken wordt gedaan.

In het noorden van het tempelcomplex kunt u nog een blik werpen op de **Magul Maduwa**, de koninklijke **audiëntiezaal** uit 1784. In het houten gebouw, waarvan het schilddak door zuilen wordt gedragen, werd geschiedenis geschreven toen hier op 2 maart 1815 de laatste koning van Kandy afstand deed van de troon.

Het kleine **Raja Tusker Museum** ernaast is gewijd aan de vereerde olifant Raja (dag. 9-16.30 uur, bij de entreeprijs inbegrepen), die meer dan vijftig jaar de relikwiehouder met Boeddha's tand mocht dragen bij het Esala Perahera en in 1988 stierf. Sindsdien kan hij in opgezette vorm worden bewonderd.

## National Museum 3

**Di.-za. 9-17 uur, LKR 500**

Aan een zijweggetje achter het complex met de Tempel van de Tand staan nog de gebouwen van de voormalige koninklijke residentie, die deels dienstdoen als museum. In de vroegere residentie van de koningin is het **National Museum** gevestigd. De niet bijster interessante collectie omvat onder andere sieraden en kledingstukken van het hof, lakwerk en kunstnijverheid.

## Queen's Chamber en Archaeological Museum

Ook het gebouw links van het National Museum was in gebruik bij de koningin: de **Queen's Chamber** 4. Tegen-

woordig is hier een planningsbureau ondergebracht. Het aanpalende grote huis (1880) deed aanvankelijk dienst als residentie van de gouverneur en vervolgens als hooggerechtshof. Samen met de open audiëntiezaal ernaast herbergt het nu het **International Buddhist Museum** 5 (dag. 9-20 uur, bij de entreeprijs inbegrepen). In het gebouw ertegenover op de helling is het **Archaeological Museum** 6 (wo.-ma. 8-17 uur, toegang gratis) gevestigd, maar de collectie is oninteressant en een bezoek niet echt waard.

## British Garrison Cemetery 7

**Hemamali Mawatha, ma.-za. 8-17 uur, toegang gratis, een donatie wordt op prijs gesteld**

Enigszins verscholen in een zijstraatje van Anagarika Dharmapala Mawatha ligt de in 1822 gestichte **Britse garnizoensbegraafplaats** met 163 graven van Britse eilandbewoners. Op sommige grafstenen staat de doodsoorzaak nog te lezen: zo werd John Spottiswood Robertson door een wild geworden olifant vertrapt en verwisselde A. McGill in 1873 het tijdelijke met het eeuwige als gevolg van een zonnesteek. Een van de prominenten die hier begraven liggen is John D'Oyly, die in 1815 de akte van abdicatie van de laatste koning in ontvangst nam.

## De vier devale

**Overdag, toegang gratis**

Hoe zeer het hindoeïsme verweven is met het Sri Lankaanse boeddhisme blijkt wel uit de vier tempels (*devale*) ter ere van de vier beschermgoden van het eiland: Natha, Upulvan (Vishnu), Pattini en Kataragama (Skanda). Twee *devale* liggen op het ommuurde terrein ten westen van de Tempel van de Tand. De **Pattini Devale** 8 is gebouwd voor de godin van de deugd en de trouw, die in Zuid-India wordt vereerd. Ernaast

staat de 14e-eeuwse **Natha Devale**  9
voor de god Natha, die doorgaans wordt
geassocieerd met Maitreya, de toekom-
stige Boeddha. Een stukje noordelijker
vindt u de **Vishnu Devale** 10, met een
mooie houten zaal met versierde zuilen van Ceylonees ijzerhout. In Kotugodelle Veediya in de binnenstad van
Kandy bevindt zich de **Kataragama Devale** 11. De oorlogsgod wordt afgebeeld
met zes hoofden en twaalf handen met
wapens.

## St. Paul's Church en Trinity College

Ook de christelijke kerken van Kandy
zijn beslist bezienswaardig. De massieve **St. Paul's Church** 12 in Deeva
Veediya valt behoorlijk uit de toon in
het centrum, maar weet binnen te bekoren met strenge, maar harmonieuze
lijnen. Enigzins buitenaf in Wewelpi-
tiya Road staat de **kerk** 13 van het in
1822 gestichte **Trinity College** (262 D.S.
Senanayaka Veediya), die met de stevige houten zuilen en het zware zadel-
dak geïnspireerd is op de architectuur
van traditionele zalen.

## Udawattakele Sanctuary 14

Dag. 6-18 uur, LKR 650

De beboste heuvels ten noordoosten
van het Kandy Lake behoren tot het
104 ha grote **Udawattakele Sanctuary**,
oorspronkelijk een park van de koningen en in 1938 door de Britten uitgeroepen tot beschermd natuurgebied.
De imposante bomen en bamboebos-
sen zijn een leefgebied van vogels en
apen. Blijf op de hoofdpaden, want u
kunt hier gemakkelijk verdwalen. Wees
bovendien alert op bloedzuigers, die
vooral na een regenbui actief worden.

## Asgiriya Maha Vihara en Bahirawakanda Buddha

Het **Asgiriya Maha Vihara** 15 (Asgiriya
Vihara Mawatha) is alleen al een bezoek

waard vanwege de ligging ervan. In de
hoofdruimte van het grote klooster uit
1312 zijn ruim driehonderd jaar oude
wandschilderingen te bewonderen. Er
is ook een school voor monniken.

Niet ver hiervandaan staat op de top
van de gelijknamige heuvel de **Bahirawakanda Buddha** 16 (dag. 8-17 uur,
LKR 200), vanwaar u een prachtig uitzicht hebt. Het 27 m hoge beeld uit 1993
kan worden beklommen.

## Malwatta Maha Vihara 17

Sangaraja Mawatha, dag. 8-18 uur, toegang gratis

Op de zuidoever van het Kandy Lake
staat een van de invloedrijkste kloos-

*Gelovigen verdringen zich voor de Tempel van de Tand*

ters van Sri Lanka, het **Malwatta Maha Vihara**. Het klooster is door Kirti Sri Rajasimha (regeerperiode 1747-1782) gesticht en is het hoofdverblijf van de zogenaamde Siyam Nikaya, een van de drie boeddhististische monnikenorden op het eiland.

### Tea Museum 18

Hantane Road, tel. 081 380 32 04, di.-za. 8.30-16, zo. 8.30-15 uur, LKR 750

Het weinig bezochte **Tea Museum** bevindt zich in de stilgelegde Hantane Tea Factory, 5 km ten zuidwesten van Kandy. In het fabrieksgebouw uit 1925 wordt de koloniale theeproductie aanschouwelijk gemaakt met behulp van oude apparaten en foto's. Zo wordt een droogcilinder tentoongesteld die theepionier James Taylor bij zijn experimenten zou hebben gebruikt. Vanuit het restaurant op de vierde verdieping hebt u een panoramisch uitzicht over het berglandschap.

## Overnachten

Kandy heeft een grote keus aan budgetaccommodatie en middenklassehotels. De hotels in de hoogste categorie, zoals het **Cinnamon Citadel Kandy** 1 (www.cinnamonhotels.com, 2 pk vanaf $ 160) en het **Mahaweli Reach** 2 (www.mahaweli.com, 2 pk vanaf $ 136), liggen enigszins buitenaf. Tijdens het Esala Perahera in juli/augustus moet u rekening houden met forse prijsstijgingen en bovendien zijn te meeste hotels dan al maanden van tevoren volgeboekt. Rond het trein- en busstation proberen ronselaars toeristen naar hotels te loodsen die hun provisie geven.

**Aan het reservaat – Forest Glen 3:** 150/6 Lady Gordon's Drive, tel. 081 222 22 39 of 077 732 52 28, www.forestglen kandy.com, 2 pk $ 55. Dit mooie *guesthouse* ligt aan de rand van het Udawattakele Sanctuary en evengoed op slechts tien minuten lopen van het centrum. De acht kamers zijn eenvoudig, maar smaakvol ingericht. Ideaal voor rustzoekers en natuurliefhebbers.

**Comfortabel – Anna Shanthi Villa 4:** 203 Rajapihilla Terrace, tel. 081 222 33 13, annashanthivilla@gmail.com, 2 pk vanaf $ 50. De vier kamers in dit *guesthouse* in een zijstraatje ten oosten van het Kandy Lake combineren eenvoud met stijl. Kleine, maar verzorgde tuin. Ook hier zijn rustzoekers aan het juiste adres.

**Mooi uitzicht – Sharon Inn 5:** 59 Saranankara Road, tel. 081 222 24 16 of 222 14 00, 2 pk $ 50-75. Een van de beste adressen in deze straat vol concurrenten, want de tien comfortabele kamers met badkamer zijn schoon en bieden in de meeste gevallen een mooi uitzicht. Vanaf 19.30 uur kunnen ook niet-gasten aanschuiven voor het smakelijke Sri Lankaanse buffet (zie Eten en drinken).

**Koloniaal – Queens Hotel 6:** Dalada Veediya, tel. 081 223 30 26 of 222 28 13, www.queenshotel.lk, 2 pk vanaf $ 107. Dit hotel opende al in 1844 zijn deuren. Sommige van de tachtig kamers zijn behoorlijk kitscherig, maar wel comfortabel. De meeste zijn voorzien van een ventilator. In de lobby en de bar waant u zich in de koloniale tijd. Klein zwembad, twee restaurants.

**Vlak bij het station – Sevana City Hotel 7:** 84 Peradeniya Road, tel. 081 222 28 61, www.sevanakandy.com, 2 pk vanaf $ 28. Centraal gelegen aan een drukke weg, op slechts tien minuten lopen van het station. Sommige van de vijftien tamelijk ruime en schone kamers beschikken over airconditioning. Het meubilair is gedateerd, maar nog wel in goede staat.

**Goede prijs-kwaliteitverhouding – Mango Garden 8:** 32A Saranankara Road, tel. 081 223 51 35 of 077 780 94 56 (vragen naar mr. Malik), www.mango garden.lk, 2 pk vanaf $ 25. Dit *guesthouse* met twee verdiepingen beschikt over zeventien kamers van verschillende grootte. Het smakelijke eten wordt op een terras met uitzicht geserveerd. Verhuur van motoren.

**Vol met antiek – Kandy Inn 9:** 291A D.S. Senanayake Street, tel. 081 220 52 49, www.kandyinn.com, 2 pk vanaf $ 20. In de Kandy Inn, ook wel Madugalle's Friendly Family Guest House genoemd, waant u zich in een museum. De vijf kamers en de grote veranda stralen een aangename sfeer uit. De eigenaresse kan u tips geven voor uw reis en is bovendien een goede kok.

**Eenvoudig, maar schoon – Mc Leod Inn 10:** 65 A Rajapihilla Mawatha, tel. 081 222 28 32, mcleod@sltnet.lk, 2 pk $ 20. Een klassieker onder de goedkope *guesthouses*: tien kamers, een goede keuken en vriendelijke eigenaren. Via een trap naast het huis loopt u zo naar de populaire Saranankara Road.

# Eten en drinken

**Dinerbuffet – Sharon Inn 5:** 59 Saranankara Road, tel. 081 222 24 16, dag. vanaf 19.30 uur, buffet LKR 1100. Stipt om 19.30 uur wordt het uitgebreide buffet met dagelijks wisselende gerechten geopend. Reserveren!

**Populair – The Garden Cafe** [1]: 9 Sangaraja Mawatha, tel. 081 222 03 55, dag. 7.30-21 uur, gerechten vanaf LKR 350. Dit eenvoudige etablissement aan het meer is zeer populair bij de lokale bevolking vanwege de voortreffelijk gekruide curry's. Ook de vruchtensappen en het ontbijt zijn aan te bevelen.

**Curry's – Muslim Hotel** [2]: Dalada Veediya, vlak bij de klokkentoren, dag. 6-22.30 uur, gerechten vanaf LKR 350. Populair restaurant met een grote keus aan biryani- en currygerechten. Ook thee en gebak.

**Culinair instituut – White House** [3]: 21 Dalada Veediya, tel. 081 223 27 65, dag. 8.30-23 uur, gerechten vanaf LKR 250. Op de benedenverdieping goedkope lunch- en dinermenu's en een goede bakkerij, op de bovenverdieping een wat duurder restaurant waar u stijlvol kunt dineren.

**Zuid-Indiaas – Sriram** [4]: 87 Srimath Bennet Soysa Veediya (Colombo Street), dag. 9-21.30 uur, eenvoudige gerechten vanaf LKR 250. Goede keus aan goedkope gerechten, waaronder veel vegetarische opties.

**Alles van soja – The Soya Food Centre** [5]: YMCA, 116 Kotugodelle Veediya, ma.-za. 8-18.30, zo. 8-16.30 uur, hapjes circa LKR 200. Soja-ijs, gerechten met tofoe en snelle happen zoals samosa's en roti.

# Winkelen

**Winkelcentrum – Kandy City Center (KCC)** [1]: 5 Dalada Veediya, tel. 081 220 28 44, www.kandycitycentre.lk. Het beste winkelcentrum van de stad met tal van boetieks en andere kleine winkels.

**Fair trade – Selyn** [2]: 7 1/1 Temple Street, www.selyn.lk, ma.-za. 9.30-19, zo. 9.30-17 uur.

**Boeken – BPS Bookshop** [3]: 54 Sangaraja Mawatha, tel. 081 223 72 83, www.bps.lk, ma.-za. 9-16.30 uur. Goede keus aan boeddhistische boeken. **Vijitha Yapa Bookshop** [4]: 5 Kotugodelle Veediya, ma.-za. 9-18 uur. Onder meer Engelstalige boeken over land, volk en natuur van Sri Lanka.

**Souvenirs – Odel LUV SL** [5]: Queen's Hotel, 6 Dalada Veediya, dag. 10-20 uur.

# Uitgaan

**Bier met uitzicht – Slightly Chilled (Bamboo Garden)** [1]: 29A Anagarika Dharmapala Mawatha, tel. 081 447 60 99, dag. 11-23 uur. Dit trendy etablissement biedt binnen rotanmeubilair en buiten een groot terras met mooi uitzicht. Er worden ook Chinese gerechten geserveerd.

**Trefpunt van backpackers – The Pub** [2]: 36 Dalada Veediya, dag. 11-23 uur. Het eten is matig, het tapbier niet goedkoop, maar vanwege de centrale locatie en de aangename sfeer kunt u niet om deze pub heen.

**Charmant – Pub Royale** [3]: Dalada Veediya, naast het Queens Hotel, dag. 10-22 uur. Deze pub behoort tot het Queens Hotel en is de perfecte locatie voor met bier overgoten gesprekken over de zin van het leven.

# Info en festiviteiten

## Info

**Sri Lanka Tourism Information Centre:** Kandy City Centre (KCC), tel. 081 222 26 61, dag. 8.30-17 uur.

## Festiviteiten

**Esala Perahera:** juli/aug, aanvang twee weken voorafgaand aan vollemaan (Esala Poya). Meer informatie op www.sridaladamaligawa.lk.

## Tip

### Kandy-dansen

Ze mogen dan nogal toeristisch zijn, maar de beroemde Kandy-dansen zijn een cultureel instituut dat u niet mag missen. De ongeveer één uur durende voorstellingen vinden plaats op de volgende locaties: **Kandyan Culture Centre** 4, 321 Sangaraja Mawatha, tel. 081 223 91 18; **Red Cross Hall**, 68 Sangaraja Mawatha, tel. 077 135 89 55, ten noordoosten van het meer; **YMBA**, 5 Rajapihilla Mawatha, tel. 081 223 34 44, ten zuidwesten van het meer (aanvang telkens om 17 uur, LKR 1000).

### Vervoer

**Trein:** vanaf het station in Station Road, ten zuidwesten van het centrum, gaat er elf keer per dag een trein naar Colombo. Richting Badulla moet u in Peradeniya (zie blz. 212) overstappen.
**Bus:** vanaf het chaotische busstation, tegenover het treinstation, rijden bussen in alle windrichtingen, onder andere naar Anuradhapura, Colombo, Nuwara Eliya en Trincomalee.

## De omgeving van Kandy

De aantrekkingskracht van Kandy gaat vooral uit van de bergachtige omgeving, die met de botanische tuin in Peradeniya, het Elephant Orphanage in Pinnawela, de Knuckles Range en enkele tempels veel afwisseling biedt.

## Peradeniya Royal Botanic Gardens ▶ G 17

www.botanicgardens.gov.lk, dag. 7.30-17 uur, LKR 1500

Circa 6 km ten zuidwesten van Kandy liggen in een bocht van de Mahaweli de **Peradeniya Royal Botanic Gardens**, die in 1371 als koninklijk lusthof werden aangelegd. In 1821 vestigden de Britten hier een botanisch onderzoeksstation en drie jaar later werden op het 62 ha grote terrein de eerste theestruiken van het eiland geplant.

Tijdens een wandeling door de hoefijzervormige tuin krijgt u een meer dan goede indruk van de tropische flora, want er staan hier maar liefst ruim vierduizend plantensoorten. De tuin telt alleen al tienduizend bomen, waaronder **Javaanse baniaanbomen, kanonskogelbomen** en Afrikaanse **baobabs**. Bijzonder indrukwekkend is ook de tot wel 40 m hoge **reuzenbamboe** in de buurt van de vijver. Bovendien omvat het complex een **specerijentuin** en een **orchideeënkas** en staan er in de Memorial Section tal van bomen die geplant zijn door buitenlandse staatshoofden, ter herinnering van hun bezoek aan het eiland. Maar ook de dierenwereld is vertegenwoordigd: in sommige bomen hangen **vliegende honden** als donkere vruchten aan de takken.

## Info

### Vervoer

**Trein:** vanaf station Peradeniya Junction (aan de A5) vertrekken treinen naar Badulla en Colombo, drie keer per dag in beide richtingen.
**Bus:** vanaf Dalada Veediya in Kandy vertrekken bussen naar Peradeniya die bij de botanische tuin stoppen.
**Tuktuk:** LKR 400 enkele reis.

## Tempels ▶ G 17

Dag. 8-18 uur, LKR 200-300 per tempel

In het rustige heuvellandschap ten zuidwesten van Peradeniya liggen drie bezienswaardige tempels, die goed te combineren zijn met een bezoek aan de botanische tuin (zie blz. 212). Voor een bezichtiging, waarvoor u in totaal minimaal drie uur moet uittrekken, kunt u het best een tuktuk huren in Peradeniya (circa LKR 1000).

Alle drie de tempels dateren uit de 14e eeuw, toen de koningen in het nabijgelegen Gampola resideerden. Circa 2 km ten zuiden van de A1 ligt op een rotsachtige bergrug in de buurt van **Kiriwalula** het **Gadaladeniya Raja Maha Vihara**. U vindt hier een overdekte dagoba, een schrijn ter ere van Vishnu en een rijkversierde zaal met een groot Boeddhabeeld.

Een paar kilometer verder naar het zuiden torent het **Lankatilaka Raja Maha Vihara** boven een vlakte met rijstvelden en theeplantages uit. Dit is met afstand het indrukwekkendste van de drie heiligdommen. De tempel uit 1344 bestaat uit een boeddhistisch en een hindoeïstisch gedeelte. In de centrale ruimte bevinden zich wandschilderingen met taferelen uit het leven van de Verlichte, die ook in de vorm van een groot beeld aanwezig is. In een vierkant bijgebouw loopt een gang naar vijf nissen, die stuk voor stuk aan een andere hindoegod zijn gewijd.

Nog eens 1,5 km zuidelijker staat de **Embekke Devale**, die gewijd is aan de oorlogsgod Kataragama en vooral interessant is vanwege de prachtig gesneden zuilen van ijzerhout in de zogenaamde trommelzaal.

## Pinnawela Elephant Orphanage ▶ F 17

Dag. 8.30-18 uur, LKR 2500; beste tijd voor een bezoek is vlak voor het voeden van de olifantsjongen om 9.15, 13.15 en 17 uur of vlak voordat de dieren een bad nemen (10-12 en 14-16 uur)

Ongeveer 35 km ten westen van Kandy loopt vanaf de A1 een weg naar de populairste, waarschijnlijk duurste en misschien ook wel meest omstreden toeristische attractie: het **Pinnawela Elephant Orphanage**. Meer dan zeventig olifanten leven er in dit 'weeshuis', dat in 1975 op het 9 ha grote terrein van een voormalige kokosplantage aan de rand van Pinnawela werd gesticht. Aanvankelijk ging het veelal om olifantjes die hun moeder waren verloren, maar vandaag de dag zijn de meeste dieren hier gefokt. Evengoed vinden er elk jaar nog altijd tientallen grijze dikhuiden de dood in Sri Lanka, waaronder menige olifantkoe (zie ook blz. 64). Veel wezen worden nu opgevangen in een van de Elephant Transit Homes in Ritigala en Udawalawe.

In de loop der jaren heeft het Orphanage zich ontwikkeld tot een magneet voor toeristen, die vooral afkomen op de langdurige baddersessies van de olifanten. Twee keer per dag nemen de dieren een duik in de rivier de Ma – een tafereel dat tot de meeste gefotografeerde van Sri Lanka behoort. Maar u kunt ook een kijkje nemen bij olifantsjongen of tegen betaling grotere olifanten voederen. Dat de meeste dieren daarbij urenlang staan vastgeketend, stuit op scherpe kritiek van dierenbeschermers. Wie dus olifanten in hun natuurlijke omgeving wil zien, moet naar een van de nationale parken gaan.

## Elephant Freedom Project ▶ F 17

Randeniya, Hiriwadunna, Kegalle, tel. 077 212 13 05, www.elephantfreedomproject.com, www.volunteersatwork.org, dag. 8.30-16.30 uur

De olifanten in het Orphanage van Pinnawela nemen twee keer per dag een bad

Het Elephant Freedom Project, dat in 2013 van start is gegaan, heeft zijn basis op 4 km ten zuiden van het Orphanage. Het beoogt bezoekers te betrekken bij de dagelijkse werkzaamheden met de twee olifanten, zoals wandelen, wassen en poep opruimen. Maar u kunt hier ook een kookcursus volgen waarbij er gezamenlijk wordt geluncht, en drie keer per week komt een school op bezoek en wordt de kinderen Engels geleerd. Een bezoek is alleen mogelijk na aanmelding via de website.

## Info

### Vervoer

Voor een auto met chauffeur vanaf Kandy bent u ongeveer LKR 4000 kwijt. U kunt ook de bus naar Kegalla nemen en bij de kruising met de B199 overstappen richting Rambukkana. Van daaruit is het nog ongeveer 6 km met de tuktuk (circa LKR 300).

## Knuckles Range ▶ G-J 16

**www.knucklesrange.com**
Wie vanuit Kandy naar het noordoosten kijkt, ziet meestal in wolken gehulde bergen. Die behoren tot de **Knuckles Range**, waarvan de Tunhisgala de hoogste top is (1863 m). Het onder de lokale bevolking als Dumbara Kandu Wetiya (Nevelberg) bekende massief kreeg van de Britten de naam Knuckles Range omdat de vorm ervan doet denken aan de knokkels (*knuckles*) van een gebalde vuist. Vanwege de deels ongerepte nevelbossen en de soortenrijkdom is het 155 km² grote gebied in 2010 samen met de Horton Plains en de Peak Wilderness op de Werelderfgoedlijst van de UNESCO geplaatst.

Het bergmassief wordt steeds populairder als wandelgebied, maar omdat bewegwijzering ontbreekt doet u er verstandig aan om langere tochten bij een plaatselijke aanbieder te boeken (zie Info). Een mooie en niet al te lastige wandeling voert van **Corbett's Gap**, een pas op een hoogte van 1129 m met een prachtig uitzicht, naar het dorp **Meemure** in het oosten van de Knuckles.

Vanuit Kandy is de westkant van het bergmassief het eenvoudigst te bereiken. Hier liggen twee natuurlijke bezienswaardigheden: de **Hunas Falls** (761 m) en het **Hunnasgiriya Estate**, een thee- en kruidnagelplantage.

### Wandeling van Corbett's Gap naar Meemure

U kunt het best een auto met chauffeur huren die u naar Corbett's Gap brengt en u weer oppikt in Meemure, lengte 12 km, duur 3-4 uur, entreeprijs natuurgebied LKR 975

Corbett's Gap is te bereiken via een niet al te beste asfaltweg, die in **Hunnasgiriya** vanaf de A 26 (Kandy-Mahiyangana) richting noorden loopt. In **Deanston**, 6 km ten noorden van Hunnasgiriya, moet u bij het kantoor van het **Forest Department** de entreeprijs voor het beschermde natuurgebied betalen. Daarna is het nog 11 km naar **Corbett's Gap**, waar in de buurt enkele redelijke onderkomens te vinden zijn. Vraag de chauffeur u bij een ervan af te zetten.

Vervolgens loopt u via haarspeldbochten een dal in, waarbij u steeds een fantastisch uitzicht op het woeste bergmassief hebt. Het landschap wordt beheerst door dichte bossen – in de schaduw waarvan kardemom wordt geteeld –, theeplantages en rijstvelden. Na een tijdje komt u langs de bungalows van **Corberts Rest** (zie bbls. 218). Bij een brug over de rivier de Heen kunt u even

een rustpauze inlassen. Vanaf hier is het nog ongeveer 1,5 km naar **Meemure**, een dorpje dat tot in de jaren tachtig geen stroom had en niet via een weg bereikbaar was.

Net voor het dorp kunt u nog een ommetje maken door een bosperceel en langs rijstvelden naar een mooie waterval.

## Overnachten

Comfort in de bergen – **Dumbanagala Chalet**: Dumbanagala Plantation, Looloowatta (▶ H 16), tel. 081 380 44 39 of 071 837 75 76, www.dumbanagala chalet.com, 2 pk vanaf $ 80. Dit gerieflijke chalet ligt op een hoogte van 1100 m ten zuiden van ▷ blz. 218

Van Corbett's Gap naar Meemure

## Met de trein het hoogland in

Langs theeplantages, watervallen en bijzondere stationnetjes rijdt de trein vanaf de kustvlakte langzaam omhoog een schilderachtig berglandschap in. Zo nu en dan voelt u zich terugverplaatst in de tijd dat het Britse rijk hier de scepter zwaaide. Zelfs de dienstregeling lijkt uit een ander tijdperk te komen, want de trein rijdt maar zelden op tijd.

**Kaart:** startpunt Colombo ▶ B 19, bestemming Badulla ▶ K 18
**Info:** reistijd circa 10 uur, maar u kunt ook delen van het traject doen, bijvoorbeeld Nanu Oya-Ella. Vertrek Colombo dag. 5.55, 8.30 en 9.45 uur, vertrek Badulla dag. 5.45, 8.30 en 10 uur, zie www.railway.gov.lk. Reserveer tijdig, want deze fraaie treinreis door de bergen is erg populair. Kaartje eerste klas LKR 1000, tweede klas LKR 600 en derde klas (oncomfortabel) LKR 400. Aan sommige treinen werden tot voor kort wagons van de Rajadhani Express (www.rajadhani.lk) of Expo Rail (www.exporail.lk) gekoppeld, maar ten tijde van het schrijven van deze gids hadden beide vervoerders hun diensten tijdelijk gestaakt.

### Eigenzinnige dames

Podi Menike gedraagt zich als een eigenzinnige dame: nooit op tijd, nauwelijks opgemaakt en een beetje brutaal.

Zo goed past de naam 'klein meisje' dus niet bij de blauwe trein die elke ochtend rond 5.55 uur **station Colombo Fort** verlaat en daarna piepend en krakend door een adembenemend landschap tuft om in de late namiddag in het 290 km oostelijker gelegen Badulla aan te komen.

Udarata Menike ('bergmeisje'), vertrekt pas rond 9.45 uur vanaf het station in het centrum van Colombo. Als zij ergens na 19.25 uur in Badulla arriveert, heeft de avondkoelte het hoogland al in haar greep.

## Draaien als een tulband

Het was een soort verlaat kerstcadeau van de Britten: toen op 27 december 1864 gouverneur Henry Ward de spoorverbinding tussen Colombo en het 54 km noordoostelijker gelegen Ambepussa opende, begon in het koloniale Ceylon een nieuw tijdperk. Drie jaar later was Kandy op het spoornet aangesloten, en in 1885 Nanu Oya, maar pas in 1924 bereikten de rails van de Main Line Badulla in het hoogland.

De aanleg van de 290 km lange spoorlijn was een hele onderneming door de aanleg van vele bruggen, het boren van 46 tunnels en de bouw van viaducten over diepe kloven. Vooral de 562 m lange Poolbank Tunnel tussen Hatton en Kotagala en de Demodara Loop tussen Ella en Badulla kostten de ingenieurs menig zweetdruppeltje. Bij die laatste zou een eenvoudige boer de doorslaggevende tip hebben gegeven: het tracé moest op dezelfde manier worden aangelegd als zijn tulband om zijn hoofd was gedraaid. De kosten en moeite waren niet voor niets, want de spoorlijn bleek van onschatbare waarde voor het transport van koffie en thee.

## De hoogte in

Nadat de trein Colombo achter zich heeft gelaten, rijdt u aanvankelijk over een grotendeels weinig spectaculaire kustvlakte. Na 85 km, vanaf **Rambukkana** (▶ F 16), wordt het groene landschap heuvelachtiger en bepalen terrasvormige rijstvelden en restanten van de jungle het beeld. Tussen **Balana** (▶ F 17) en **Kadugannawa** (▶ F 17) loopt het spoor langs een steile rotshelling en hebt u een spectaculair uitzicht op de afgevlakte **Bible Rock** (Batalegala). Wie niet verder dan **Kandy** (▶ G 16/17) gaat, kan ook een snellere intercitytrein nemen (ongeveer 2,5 uur). Voor reizigers met bestemming Badulla gaat de reis verder via de bedrijvige marktplaatsen **Gampola** (▶ G 17) en **Hatton** (▶ G 19). Na **Kotagala** (▶ G 19) hebt u mooi uitzicht op de watervallen Devon en St. Clair. Waar u ook kijkt, overal strekken zich theeplantages als groene tapijten over het heuvellandschap uit. Na 207 km bereikt de trein **Nanu Oya**, het eindstation voor passagiers met bestemming **Nuwara Eliya** (▶ H 19). Tussen **Pattipola** (▶ H 19) en **Ohiya** (▶ H 20) aan de rand van de Horton Plains klimt de trein naar het hoogste punt van het traject (1897 m). Daarna volgt opnieuw een bijzonder fraai gedeelte dat u via de plaatsen **Bandarawela** (▶ J 19) en **Ella** (▶ K 19) naar eindbestemming **Badulla** (▶ K 18) brengt.

Corbett's Gap aan de weg naar Hunnasgiriya (circa 17 km). De keuze bestaat hier uit vier twee- en twee driepersoonskamers, een eenpersoonskamer, een slaapzaal met twaalf bedden en een huisje. Vanaf de veranda hebt u een fantastisch uitzicht. Reserveren!

**Panoramisch uitzicht – Corberts Rest:** Sphinx Eyrie, 150 Karambaketiya, Meemure (▶ H 16), tel. 077 732 68 91 of 077 320 90 25, www.corbertsrest.com, 2 pk vanaf $ 60. Dit complex ligt aan de weg naar Meemure, op ongeveer 3 km van Corbett's Gap, en biedt een fantastisch uitzicht op de ertegenovergelegen bergen. Op de helling staan acht ruime bungalows van steen met veranda. Groepen kunnen ook in de slaapzaal overnachten. Attent en behulpzaam personeel. Reserveren is een must.

# Info

Op www.lakdasun.org vindt u goede informatie over trektochten in de Knuckles Range. Omdat het gebergte lastig te bereiken is met het openbaar vervoer kunt u het best een excursie boeken in Kandy. Trek tijdens de tocht speciale sokken tegen bloedzuigers aan!

**Expeditor Guesthouse:** 41 Saranankara Road, Kandy, 071 720 47 22 (vraag naar mr. Sumana Bandara), www.expeditor kandy.com. De eigenaar van dit *guesthouse* organiseert al jaren trektochten door de Knuckles Range.

## Mahiyangana en omgeving ▶ J/K 16/17

Het op 223 m hoogte gelegen **Mahiyangana** is een belangrijk verkeersknooppunt op de route van het hoogland naar het oosten. Voor de reis met een auto met chauffeur vanuit Kandy (circa 75 km) kunt u uit twee opties kiezen,

die beide door een fraai landschap voeren: via de A26, die ten oosten van Hunnasgiriya steil bergafwaarts loopt en bij **Hasalaka** een mooi uitzicht biedt op de 111 m hoge **Ratna Ella Falls**, of via de minder drukke B492 en B474 langs het Victoria- en het Randenigala-stuwmeer, maar die route wordt na 18 uur afgesloten vanwege overstekende olifanten.

De eerste bezoeker van Mahiyangana was ook meteen de beroemdste: Boeddha in hoogsteigen persoon reisde naar de 'lieflijke oever van de Mahaweli en het mooie bosrijke park Mahanaga' om een groep demonen te bekeren. Zo staat het althans in de Mahavamsa-kroniek. Ter herinnering aan deze legendarische gebeurtenis is de 30 m hoge witte stoepa van het **Mahiyangana Raja Maha Vihara** (dag. 7-18 uur, toegang gratis) gebouwd, een van de oudste van het eiland. Het heiligdom staat op een uitgestrekt terrein op 1 km ten zuiden van de stad en behoort tot de belangrijkste bedevaartsoorden in deze omgeving.

Op de weidse vlakte ten noordoosten van Mahiyangana ligt het olifantrijke **Maduru Oya National Park**, aan de rand waarvan nog vertegenwoordigers van de Vedda-minderheid wonen. Vier van hun dorpen kunnen worden bezocht; deze liggen in de omgeving van **Dambana**, 25 km ten noordoosten van Mahiyangana en niet ver van de A26 richting Maha Oya.

## Overnachten

Mahiyangana beschikt niet echt over aanbevelenswaardige accommodatie. Een goed alternatief is het **Sorabora Gedara** (www.soraboragedara.com, 2 pk vanaf $ 40), 2,5 km ten noordoosten van de stad aan het Sorabora Wewa.

**Vriendelijke eigenaren – The Nest:** 45 Padiyathalawa Road, tel. 077 619 95 11, www.nest-srilanka.com, 2 pk vanaf $ 25. Dit *guesthouse* ligt circa 2 km ten oosten van de klokkentoren en biedt vijf ruime, maar ietwat gedateerde kamers. De eigenaar organiseert uitstapjes in de nabije omgeving.

## Info en festiviteiten

### Festiviteiten

**Saman Devala Perahera**: sept. Elk jaar wordt op Binara Poya, vollemaan in september, het bezoek van Boeddha aan Mahiyangana herdacht.

### Vervoer

**Bus**: vanaf het busstation aan de B57 rijdt om de circa drie kwartier een bus naar Kandy, maar er vertrekken hier ook regelmatig bussen naar Badulla, Polonnaruwa en Ampara. Wie naar de oostkust wil, moet in Monaragala overstappen.

## Kitulgala ▶ F 18

Het kleine **Kitulgala**, 70 km ten zuidwesten van Kandy, is tegenwoordig synoniem met avontuurlijke vakanties. De autorit ernaartoe via de A7 – of u nu uit Karawanella in het westen of Hatton in het oosten komt – voert door een indrukwekkend landschap. Op sommige plaatsen loopt de bochtige weg evenwijdig aan de woeste **Kelani**, die in de omgeving van Adam's Peak ontspringt en na ongeveer 145 km ten noorden van Colombo in zee uitmondt. Door de stroomversnellingen leent de rivier zich uitstekend voor raftingtochten (zie blz. 220). In het **Kitulgala** (**Kelani Valley**) **Rainforest Reserve**, waar nog restanten regenwoud te vinden zijn, komen wandelaars en vogelaars aan hun trekken. Filmliefhebbers zouden daarentegen een kijkje moeten

gaan nemen op een van de hoofdlocaties waar regisseur David Lean in 1956 *The Bridge on the River Kwai* heeft opgenomen. Deze op de roman van Pierre Boulle gebaseerde film gaat over de aanleg door geallieerde krijgsgevangenen van de zogenaamde Dodenspoorlijn van Thailand naar Birma tijdens de Japanse bezetting. In het **Kitulgala Rest House** (zie hierna) hangen nog een paar foto's van de filmopnamen.

## Overnachten

**Voor filmliefhebbers** – **Kitulgala Rest House**: Kitulgala, tel. 036 567 23 33 of 228 75 28, www.chcresthouses.com/kithulgala, 2 pk $ 90. De prachtige locatie aan de rivier, de herinneringen aan de filmopnames van *The Bridge on the River Kwai* en de vijftien comfortabele kamers maken een verblijf hier tot een belevenis.

**Comfort in de natuur** – **Royal River Resort**: Eduru Ella, afslag in de buurt van kilometerpaal 38, tel. 036 228 75 75 of 011 273 27 55, www.plantationgrouphotels.com, 2 pk vanaf $ 80. Vier gerieflijke kamers, een zwembad en een open restaurant in een natuurlijke omgeving op ongeveer 6 km van Kitulgala aan de rivier de Ing – alle ingrediënten voor een aangenaam verblijf.

**Knusse ecolodge** – **The Rafter's Retreat**: Kitulgala, tel. 036 228 75 98 of 077 742 14 55, www.raftersretreat.com. 2 pk vanaf $ 85. De tien houten chalets en boomhuizen staan onder schaduwrijke bomen aan de rivier. Alles is hier puur natuur, dus er kruipen en vliegen ook allerlei insecten rond. Eigenaar Channa Perera, een echt natuurmens, organiseert avontuurlijke tochten, die de vorm aannemen van raften, mountainbiken, wandelen of vogels observeren. Informeer vooraf naar de verschillende prijzen.

## Actief

Raften en meer – **The Rafter's Retreat:** zie hiervoor. **Xclusive Adventures:** Gingathhena Road, Kitulgala, tel. 072 456 96 15 of 072 968 76 91, www.xclusive-adventures.com. De 5 km lange tocht over de rivier de Kelani duurt ongeveer 1 tot 1,5 uur ($ 20 p.p.). Beide aanbieders organiseren ook trektochten en andere outdooractiviteiten.

## Info

### Vervoer

**Bus:** alle bussen tussen Colombo (90 km) en Hatton (35 km) respectievelijk Nuwara Eliya stoppen op korte afstand van het Kitulgala Rest House in de buurt van kilometerpaal 37. In het 27 km westelijker gelegen Avissawella (▶ D/E 19) kunt u overstappen naar Ratnapura. Vanuit Kandy kunt u beter met een auto met chauffeur naar Kitulgala rijden.

## Dickoya ▶ G 19

Ingebed in een (thee-)groen berglandschap ligt ongeveer 35 km ten zuidoosten van Kitulgala (en 4 km ten zuiden van Hatton) **Dickoya** op een hoogte van 1100 m. De plaats zelf is oninteressant, maar dat geldt niet voor het gebied rondom het **Castlereagh Reservoir,** dat samen met het verder naar het zuiden gelegen **Maussakelle Reservoir** een belangrijke rol in de water- en elektriciteitsvoorziening speelt. Het Castlereagh Reservoir ligt in het Bogawantalawa-dal, dat de bijnaam Golden Valley of Tea heeft en tot de beste theeteeltgebieden van Sri Lanka behoort. Een van de bekendste theeplantages is **Norwood Estates** ten zuidoosten van het stuwmeer, waar u over de velden

mag lopen. De fabriek kan niet worden bezichtigd.

## Overnachten

Luxueuze villa's – in de heuvels rondom Dickoya en het circa 7 km zuidelijker gelegen Norwood staan te midden van theeplantages vijf oude **plantersvilla's** die tot chique vakantiewoningen zijn omgebouwd en via **Tea Trails** (www.resplendentceylon.com/teatrails) voor een stevig bedrag kunnen worden gehuurd.

Betaalbaar comfort – **Lower & Upper Glencairn:** Hatton-Maskeliya-Dalhousie Road, Dickoya, tel. 051 224 02 70, reserveren via tel. 011 244 78 45, www.ceybankholidayhomes.com, 2 pk vanaf $ 35. Twee aangename villa's van Britse plantagebezitters met elk vijf kamers en een terras vanwaar u van de prachtige omgeving kunt genieten. Gelet op de prijs een goede keus.

## Info

### Vervoer

**Trein:** Dickoya ligt slechts 4 km ten zuiden van Hatton, vanwaar treinen naar Colombo en Badulla rijden (beide richtingen vier keer per dag).
**Bus:** minimaal eens per uur naar Colombo, Kandy, Kitulgala en Nuwara Eliya.

## Dalhousie ▶ F 19

Het nietige **Dalhousie** (uitgesproken als 'delhouws') ligt aan de voet van **Adam's Peak** en is het beginpunt van de belangrijkste pelgrimsroute de heilige berg op (zie blz. 224). Wie het dorp te druk vindt, kan accommodatie zoeken in het 28 km noordoostelijker gelegen

Dickoya (zie hiervoor). Tijdens het bedevaartseizoen van december tot en met mei kunt u beter niet in het weekend of bij vollemaan naar Dalhousie gaan, want dan is het er onaangenaam druk.

## Overnachten

De overnachtingsmogelijkheden in Dalhousie zijn bescheiden, maar veel eigenaren van *guesthouses* kunnen u tips geven voor de beklimming van Adam's Peak of organiseren uitstapjes in de omgeving. De volgende onderkomens liggen allemaal aan de enige straat in het dorp, die naar de voet van de berg loopt. Reserveer tijdig!

**Relaxte sfeer – Slightly Chilled:** tel. 052 205 55 02, www.slightlychilledhotel.com, 2 pk vanaf $ 55 incl. halfpension. Twaalf degelijke kamers met badkamer, waar het water niet altijd even warm is. Sommige kamers hebben ook een balkon. In het restaurant kunt u goed eten en ondertussen genieten van het uitzicht.

**Vlak bij de Peak – Green View Guest Inn:** tel. 052 205 55 60, www.greenviewguest.com, 2 pk vanaf $ 29. Dit *guesthouse* ligt op tien minuten lopen van het beginpunt van de klim naar Adam's Peak en biedt schone kamers met badkamer. U ontbijt op het terras.

**Ongedwongen – Achinika Holiday Inn:** tel. 052 353 03 77 of 071 605 84 85, www.adamspeakholidayinn.com, 2 pk $ 20-35. De twaalf eenvoudige en schone kamers beschikken over een badkamer, een klamboe en een veranda.

## Info

**Bus:** in het bedevaartseizoen (dec.-mei) rijdt meerdere keren per dag een rechtstreekse bus naar het ruim 30 km noordoostelijker gelegen Hatten. In de rest van het jaar moet u overstappen in Maskeliya (▶ G 19) en de bus naar Hatten nemen (om de 20 min.).

# Van Kandy naar Nuwara Eliya  ▶ G/H 17/18

Veel toeristen geven vanwege het panoramische uitzicht de voorkeur aan de trein als vervoermiddel richting hoogland, maar een autorit vanuit Kandy naar het 80 km zuidoostelijker gelegen Nuwara Eliya geeft eveneens een uitstekende indruk van het adembenemende berglandschap. Via de A5, die in goede staat verkeert, overbrugt u in totaal 1400 hoogtemeters. Na 58 km kunt u de reis even onderbreken bij de **Ramboda Falls** (▶ H 18) en een blik werpen op het om redenen van natuurbehoud omstreden **Kotmale Reservoir** (▶ G 18). Op de **Labookellie Tea Estate** (aan de A5, circa 15 km ten westen van Nuwara Eliya, www.mackwoods.com, dag. 8-18 uur, toegang gratis), met ruim 1000 ha de op een na grootste theeplantage van Sri Lanka, kunt u de fabriek bezichtigen en natuurlijk ook thee kopen.

Een veel rustigere, maar ook tijdroverendere route (ongeveer 90 km) loopt vanuit Kandy via **Ampitiya** (▶ G 17) en **Appallagoda** (▶ H 17) naar **Marassana** (▶ H 17), met onderweg een fantastisch uitzicht op het in de verte gelegen Randenigala- en Victoria-stuwmeer, en vervolgens over de B413 via **Hanguranketa** (▶ H 17), **Padiyapelella** (▶ H 18) en **Kandapola** (▶ H 18) naar Nuwara Eliya.

# Nuwara Eliya en omgeving ✷  ▶ H 18/19

Villa's in tudorstijl, keurig geklede golfers en knapperende haardvuren – **Nuwara Eliya**  ▷ blz. 226

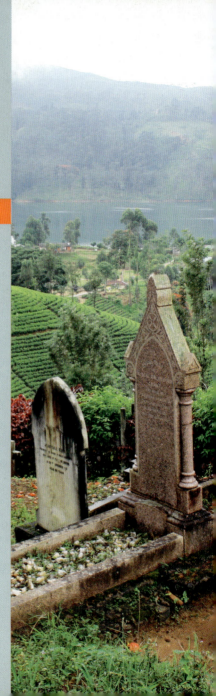

## *Favoriet*

### De oude kerk van Warleigh ▶ G 19

Wie de bochtige weg van Dickoya in de richting van Norwood volgt, komt al vrij snel langs de **Christ Church of Warleigh** (1878), die niet ver van de weg staat. Omgeven door theeplantages ziet het mooie kerkje vanaf een hoogte uit over het Castlereagh Reservoir. Dit is een van de lieflijkste plekjes in deze omgeving. Neem ook even een kijkje in de kerk, waar de glas-in-loodramen voor een geheimzinnig kleurenspel zorgen.

## Via pelgrimspaden naar Adam's Peak

Elke gelovige eilandbewoner wil één keer in zijn leven Adam's Peak beklimmen. De 2243 m hoge berg, die als een kegel boven de omgeving uitsteekt, is een van de belangrijkste bedevaartsoorden van Sri Lanka. Boeddha zou hier tenslotte al eens zijn geweest, maar ook Shiva en de uit het paradijs verdreven Adam zouden de berg ooit hebben bedwongen.

**Kaart:** ▶ F 19/20.
**Start-/eindpunt:** Dalhousie (zie blz. 220).
**Duur:** klim circa 3 uur (inclusief pauzes), afdaling circa 2,5 uur.
**Tip:** wie vanaf de top de zon wil zien opkomen, moet voor 2.30 uur vertrekken. Probeer zoveel mogelijk in een gelijkmatig tempo te lopen, want de klim telt ruim 5200 treden. Neem ook voldoende water en warme, winddichte kleding mee.

### Sri Pada

'Als een rookkolom stijgt de berg van Serendib van het eiland op,' zo noteerde de Marokkaanse ontdekkingsreiziger Ibn Battuta in de 14e eeuw. Zijn fantasie mag dan enigszins met hem op de loop zijn gegaan, maar **Adam's Peak** steekt met zijn markante kegelvorm daadwerkelijk boven het omliggende berglandschap uit.

Adam's Peak behoort tot de **Maskeliya Range**, die op zijn beurt deel uitmaakt van het **Peak Wilderness Sanctuary**, dat het hoogland in het zuiden begrenst. De berg lijkt al vroeg van religieuze betekenis te zijn geweest. Al in de 11e eeuw bedwong koning Vijayabahu I uit Polonnaruwa de top, een voorbeeld dat door veel koningen na hem werd gevolgd. Adam's Peak wordt door de Singalezen **Sri Pada** (Heilige Voetafdruk) genoemd, maar de katholieke Portugezen doopten de berg in de 16e eeuw **Pico de Adam**, waarvan de huidige naam is afgeleid.

## Sadhu, Sadhu, Sadhu

Tijdens het officiële bedevaartseizoen in Sri Lanka – tussen Unduvap Poya, vollemaan in november/december en het Vesak-feest in april/mei – zijn er in sommige nachten, vooral bij vollemaan en in het weekend, tienduizenden mensen tegelijk onderweg naar de top van Adam's Peak. Soms is er zelfs sprake van filevorming op de trappen. Het doel van de beklimming is de heilige (*sri*) voetafdruk (*pada*) op de top, een 1,5 m lange verlaging in het roodachtige steen.

Voor de boeddhistische gelovigen is het zonneklaar dat die door de Verlichte hier is achtergelaten toen hij volgens de Mahavamsa-kroniek bij zijn bezoek aan Kalyani, het huidige Kelaniya bij Colombo, een uitstapje maakte naar de berg. De pelgrims leggen bloemen neer, luiden de klokken net zo vaak als ze de berg tot dan toe hebben beklommen en roepen 'Sadhu, sadhu, sadhu' ('goed zo, goed zo, goed zo').

Ook hindoeïstische Tamils maken graag een bedevaartstocht de **Sivanoli patha malai** (bergpad van Shiva) op, zoals zij de berg noemen, want voor hen is duidelijk dat niet Boeddha, maar Shiva hier een voetafdruk heeft achtergelaten. Zij beschouwen de berg als een symbool van Shiva's woonplaats op de Kailash in de Himalaya.

## Trappen, trappen en nog eens trappen

Er zijn twee manieren om de top te bereiken. De route **Gilimalai Para** begint bij de Maha Saman Devale in de buurt van Ratnapura (zie blz. 241), maar de meeste pelgrims en toeristen beklimmen de berg via de koningsweg, **Raja Mawatha**, vanuit **Dalhousie** (zie blz. 220). Het nietige bergdorp aan de noordkant van Adam's Peak ligt op 1200 m hoogte, zodat er tot op de top nog ongeveer duizend hoogtemeters te overwinnen zijn.

Het pelgrimspad begint na de brug en loopt gedurende het eerste kwart van de beklimming vrij licht omhoog, langs heilige schrijnen en stalletjes met allerlei koopwaar. Na een tijdje passeert u een grote versierde **poort** en weer wat verder ziet u een **vredespagode** die hier in 1976 door Japanse boeddhisten is opgericht. Vlak daarna maakt het pad een bocht naar links en steekt u een bruggetje over. Hier begint de echte klim, die uit talloze, steeds steilere trappen bestaat. Onderweg kunt u op veel plekken een kop thee kopen en even een pauze inlassen. Alle inspanningen zijn in één klap vergeten als u eenmaal op de top staat, waar de opkomende zon een zacht licht werpt op de omgeving en de schaduw van de berg op de nevelflarden projecteert.

Gilimalai Para (vanuit Ratnapura)

(uitgesproken als 'noerelia') toont zich eerder Brits dan tropisch. De stad (*nuwara*) van het licht (*eliya*) vlijt zich op een hoogte van 1890 m aan de voet van de Pidurutalagala, Sri Lanka's hoogste berg, en doet met het vaak bewolkte en regenachtige weer ook wat klimaat betreft *very british* aan. De charme zit in de eerbiedwaardige hotels, de golfclub uit 1889 en de renbaan uit 1875, die stuk voor stuk nostalgische gevoelens oproepen. Vanwege het koele klimaat is Nuwara Eliya een van de populairste vakantiebestemmingen onder Sri Lankanen, vooral tijdens het Sri Lankaanse nieuwjaarsfeest (half april). Buitenlandse toeristen vergapen zich vooral aan de schilderachtige omgeving, die uitnodigt tot lange wandelingen.

## Geschiedenis

Door de vochtige warmte, de wilde dieren en de vele ziekten was Ceylon voor de Britten heel iets anders dan een tropisch paradijs. Des te dankbaarder waren ze toen ambtenaar John Davy in 1818 tijdens een jachtpartij op olifanten met enkele officieren een hooggelegen dal ontdekte, de perfecte locatie voor een luchtkuuroord in de bergen. Tien jaar later al opende het eerste sanatorium zijn deuren. Toen in 1837 de weg was voltooid, ontwikkelde Nuwara Eliya zich tot het populairste vakantieoord op het eiland.

Natuurkenner Samuel W. Baker zag het potentieel van de vruchtbare bodem en stimuleerde de teelt van Europese groenten. Bovendien begon hij hier een brouwerij, waarvoor hij het verse bronwater uit de omliggende bergen gebruikte. Door de neergang van de koffieteelt in de tweede helft van de 19e eeuw kon Nuwara Eliya opklimmen tot een centrum van de theeproductie. Rondom de stad strekt zich nog altijd een van de belangrijkste thee- en groenteteeltgebieden in het hoogland uit.

Architectonisch relict uit de Britse koloniale tijd: het rode Post Office

# Bezienswaardigheden

## In het centrum

Het 'Zwarte Woud-achtige landschap lag er levenloos bij en was in wolken gehuld,' schreef de Duitse auteur Hermann Hesse na zijn bezoek in november 1911. Tegenwoordig is er tamelijk veel bebouwing in 'het koele, groene dal' en heeft het op sommige plaatsen zelfs stadse trekjes. In New Bazaar Street in het centrum met de **markt** `1` en de **Bale Bazaar** `2` (waar veel warme kleding wordt verkocht), laat de stad zich van zijn hectische en benauwde kant zien. In het hart van Nuwara Eliya liggen als groene oases het terrein van de **Nuwara Eliya Golf Club** `3` en het 11 ha grote **Victoria Park** `4` (toegang via Railway Station Road, dag. 7-18 uur, LKR 300).

Tot de architectonische relicten uit de Britse koloniale tijd behoren het rode **Post Office** `5`, de uit 1924 daterende **St. Xavier's Church** `6`, het **Jetwing St. Andrew's Hotel** `7` en het **Grand Hotel** `8`. In het zuiden van het centrum bevinden zich de nog altijd voor paardenrennen gebruikte **Race Course** `9` en het **Lake Gregory** `10`, waar u een boottochtje kunt maken. Het stuwmeer is genoemd naar William Gregory, die van 1872 tot 1877 gouverneur was.

## Single Tree Hill en Pidurutalagala

Wie van wandelen houdt, kan vanaf de afslag bij Hotel Clifton Inn, ten zuiden van de renbaan, ongeveer 2 km door de theeplantages lopen en vanaf de **Single Tree Hill** `11` van het uitzicht genieten.

De 2524 m hoge **Pidurutalagala** `12`, de hoogste berg van Sri Lanka, is maar gedeeltelijk toegankelijk omdat op de top beveiligde zendinstallaties staan. Gelukkig is de route omhoog op zich al interessant, want die voert door een

**Tip**

### Dineren in retrostijl – de Hill Club

De muisgrijze voorgevel van het herenhuis uit 1876 doet al tamelijk onwerkelijk aan en eenmaal binnen wordt het beeld bepaald door massief meubilair. De tijd tot het diner kunt u doden aan de 150 jaar oude biljarttafel, maar dan wordt u toch echt in de grote eetzaal verwacht – de heren met colbertje en stropdas (die te leen zijn), de dames in kleding 'die past bij die van de heren', zoals het kledingvoorschrift luidt. Bij gedempt licht brengt de onberispelijk geklede ober de menukaart naar uw tafeltje. De overwegend westerse gerechten zijn geïnspireerd op de Britse keuken. Voor een digestiefje kunt u terecht in de Mixed Bar. **Hill Club** `1`: 29 Grand Hotel Road, tel. 052 222 26 53, vijfgangenmenu circa $ 24.

dicht nevelbos met rododendrons en boomvarens. Het enigszins steile pad voert achter het Jetwing St. Andrew's (zie blz. 228) de dichtbeboste berg op (2 à 3 uur).

## Pedro Tea Estate en Seetha Amman Kovil

Een kilometer of drie ten noorden van Nuwara Eliya ligt aan de voet van de Pidurutalagala de 267 ha grote **Pedro Tea Estate** `13` (dag. 8-17 uur, LKR 200), een theeplantage die al in 1885 in bedrijf is genomen. U kunt hier de theefabriek bezichtigen en een wandeling over de plantage maken.

In het plaatsje **Sita Eliya**, ongeveer 5 km ten zuidoosten van Nuwara Eliya aan de weg naar Badulla, staat de **Seetha Amman Kovil** `14` (dag. 7-18 uur, toegang gratis). Voor hindoes

# Nuwara Eliya

markeert deze kleurrijke, maar verder sobere tempel de plek waar volgens het Ramayana-epos demonenkoning Ravana prinses Sita gevangen hield (zie blz. 58). Onder de vele beelden van goden vindt u ook Rama, zijn gemalin Sita en zijn halfbroer Lakshmana. Apengeneraal Hanuman wordt met een eigen schrijn vereerd.

### Hakgala Botanic Gardens 15

A5 richting Badulla, www.botanic gardens.gov.lk, dag. 8-17 uur, LKR 1500

Ongeveer 10 km ten zuidoosten van Nuwara Eliya liggen op een hoogte van tussen de 1670 en 1800 m de prachtige **Hakgala Botanic Gardens** aan de voet van de Hakgala Rock. De botanische tuin werd in 1861 aangelegd voor de cultivering van de Zuid-Amerikaanse kinaboom (*Cinchona*), de leverancier van kinine, het natuurlijke middel tegen malaria. Nu kunt u heerlijk wandelen op het 27 ha grote terrein, waar van april tot en met augustus de rozentuin in bloei staat en het hele jaar door onder andere imposante boomvarens, kamferbomen en montereycipressen te bewonderen zijn. Zeer waarschijnlijk spot u in bomen ook een ondersoort van de inheemse witbaardlangoer. Wie dorst heeft kan vlak bij de ingang van het park in restaurant Humbug een verrukkelijke aardbeienshake proberen. Alle lokale bussen richting Badulla stoppen bij de botanische tuin.

# Overnachten

In vergelijking met andere plaatsen in het hoogland zijn de prijzen voor een overnachting in en rond Nuwara Eliya al iets hoger, maar in de weken na het Sri Lankaanse nieuwjaarsfeest – half april – rijzen ze werkelijk de pan uit. Controleer eerst of uw kamer warm water en verwarming heeft en kijk ook goed of de dekens dik genoeg zijn: 's nachts kan het bijzonder koud worden.

Wie op een theeplantage wil overnachten, kan terecht bij **Jetwing Warwick Garden** (www.jetwinghotels.com, 2 pk vanaf $ 240) op het Warwick Estate bij Ambawela, een kilometer of vijftien ten zuidoosten van Nuwara Eliya, of bij **Heritance Tea Factory** (www.heritance hotels.com, 2 pk vanaf $ 200) op een theeplantage bij Kandapola, circa 14 km ten oosten van Nuwara Eliya. Beide opties zijn erg mooi, maar wel duur.

Boetiekhotel in tudorstijl – **Jetwing St. Andrew's** 7 : 10 St. Andrew's Drive, tel. 052 222 24 45, www.      ▷ blz. 233

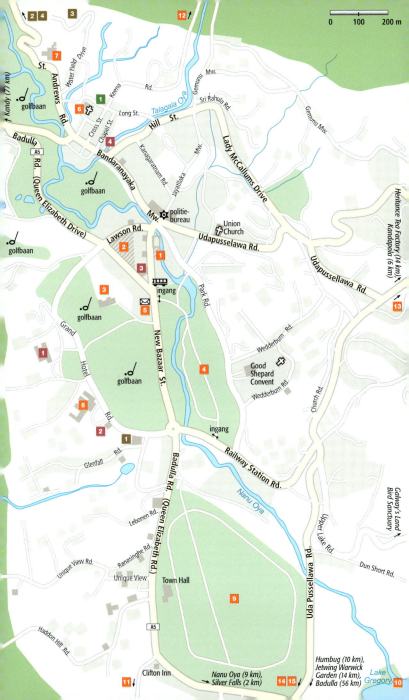

# Op ontdekkingsreis

## Horton Plains – wandelen naar het einde van de wereld

Gehavende bomen, weidse grasvlakten en vaak ook voorbijjagende wolken karakteriseren de Horton Plains, die eerder doen denken aan West-Europa dan aan de tropen. De heuvelachtige hoogvlakte is een van de eigenaardigste landschappen van het eiland. Vanaf World's End, een tot wel 900 m hoge steil aflopende rotswand, reikt de blik bij helder weer tot ver in het zuiden.

**Kaart:** ▶ H 19/20.
**Start-/eindpunt:** parkingang aan de weg van Pattipola naar Ohiya, 35 km ten zuidoosten van Nuwara Eliya.
**Lengte/duur:** circa 9 km, 3-4 uur.

**Info en kosten:** dag. 6-18 uur, $ 15 p.p. plus $ 8 *service charge* per groep plus LKR 250 per voertuig en 15% belasting.
**Tips:** het is aan te bevelen om 's ochtends vroeg te starten, omdat aan het eind van de ochtend vaak dichte mistflarden ontstaan. Mijd de weekends, omdat het dan erg druk is. Trek goede schoenen en winddichte kleding aan en neem voldoende water, een verrekijker en zonnebrandcrème mee.

### Erfgoed van de Britten

Het is aan de Britse passie voor de jacht te danken dat dit eigenaardige berglandschap grotendeels ongerept bewaard is gebleven. Op het circa 2100 m hoge plateau, dat genoemd is naar Robert W. Horton, van 1831 tot 1837 gouverneur van de Crown Colony of Ceylon, brachten de Britten hun vrije tijd door met de jacht op luipaarden en olifanten.

Maha Eliya (Witte Vlakte), zoals de Horton Plains door de Singalezen worden genoemd, ligt tussen de ruim 2300 m hoge toppen van de Kirigalpota en de Thotupola Kande. Het is een van de vochtigste gebieden van Sri Lanka. Er valt hier tot wel 5000 mm neerslag per jaar, die wordt afgevoerd via enkele voor het eiland belangrijke rivieren, waaronder de Mahaweli.

Sinds 1969 is 3160 ha van de hoogvlakte een beschermd natuurgebied. In 1988 zijn de Horton Plains uitgeroepen tot nationaal park en vanaf 2010 staan ze samen met de Knuckles Range (zie blz. 214) en het aangrenzende Peak Wilderness Sanctuary op de Werelderfgoedlijst van de UNESCO.

## Lori's en lafayettehoenderen

Het was een enorme sensatie toen in 2010 voor het eerst sinds ruim een halve eeuw weer eens een exemplaar van een zeer schuwe ondersoort van de rode slanke lori op de gevoelige plaat was vastgelegd. Er werd al aangenomen dat het nachtdiertje met het clownsgezicht was uitgestorven. Olifanten komen niet meer voor op de hoogvlakte en luipaarden sluipen nog maar heel zelden door de nevelbossen. Met enig geluk krijgt u een sambar (een soort hert) of een witbaardlangoer in het vizier, en wie een goede verrekijker bij zich heeft, mag zich verheugen op tal van vogelsoorten die alleen in Sri Lanka voorkomen, waaronder de Ceylonese goudlijster, de Ceylonese brilvogel en de lafayettehoen. Langs de wandelpaden groeien bamboe, boomvarens en rododendrons, en op

De prachtige Baker's Falls

hoogten staan kinabomen (Singalees: *keena*), die te herkennen zijn aan hun opvallende schermachtige kronen.

## Wandeling over uitgestrekte vlakten

Startpunt voor deze gemiddeld zware en bewegwijzerde rondwandeling is de parkingang aan de Ohiya-Pattipola Road. Eerst loopt u over een open vlakte en vervolgens gaat u links door een stuk nevelwoud met veel kinabomen. Na 2,3 km bereikt u **Small World's End**, een steile, 270 m hoge rotswand.

Vanaf hier is het nog 1,2 km naar het bekendere **World's End**. Hier loopt het het plateau bijna 900 m schuin af en reikt de blik bij helder weer tot ver in het zuiden. Vanaf het einde van de wereld beschrijft het pad een ruime bocht en loopt u uiteindelijk weer richting

noorden. Op dit gedeelte van de wandeling moet u enkele tamelijk steile stukken bedwingen.

Na 1,2 km komt u bij een kort, maar steil zijpad naar de mooie **Baker's Falls** (zie foto blz. 231), waar het water zich trapsgewijs naar beneden stort. De naamgever van de waterval is de natuurkenner en avonturier Samuel W. Baker, die een groot aandeel had in de ontwikkeling van Nuwara Eliya en bekend werd door zijn expedities naar Afrika halverwege de 19e eeuw. Vanaf hier loopt u terug naar de parkingang (3,5 km), het grootste gedeelte langs de rivier de Belihul en over open terrein.

Minder druk zijn de bewegwijzerde wandelpaden die vanaf de parkingang naar de top van de **Kirigalpotta** (7 km, 3-4 uur) en die van de **Thotupola Kande** (1,3 km, 1 uur) lopen.

jetwinghotels.com, 2 pk vanaf $ 182. In dit prachtige koloniale gebouw vindt u 51 kamers en 5 suites. Duurzaamheid wordt hier met een hoofdletter geschreven, zo werkt de keuken met ingrediënten uit eigen biologische tuin. Ook de excursies met de eigen natuurgids zijn zeer aan te bevelen. Bar met biljart.

**Gedateerd – Glendower** 1: 5 Grand Hotel Road, tel. 052 222 25 01, www.hotelglendower.com, 2 pk vanaf $ 80. Dit middenklassenhotel uit 1895 biedt tien gezellige kamers, die wel enigszins gedateerd zijn. In het bijbehorende restaurant worden Chinese en Thaise gerechten geserveerd. Populaire bar, leuke tuin.

**Kamers met uitzicht – Mount View Cottage** 2: St. Andrew's Drive, Underbank, tel. 052 222 36 93 of 077 723 04 81, www.mountviewcottages.com, 2 pk vanaf $ 60. Dit hotel ligt weliswaar in het noorden van de stad, maar biedt zes goede kamers met een fantastisch uitzicht over de groene vlakte. De wake-upcall krijgt u 's ochtends vroeg van de boeddhistische monniken van een nabijgelegen klooster. In de omgeving kunt u mooie wandelingen maken.

**Tuin met panorama – Sherwood Cottage** 3: 22 St. Andrew's Road, Under Bank Road (via trappen!), tel. 052 223 40 05, sherwoodcottage@yahoo.com, 2 pk vanaf $ 30. Een hoofd- en een bijgebouw met in totaal tien kamers, waaronder twee grote voor gezinnen. Gezellige gemeenschappelijke ruimte.

**Familiebedrijf – Chez Allen** 4: 45B Underbank, tel. 052 222 25 81 of 072 347 85 15, chezallen15@yahoo.com, 2 pk vanaf $ 20. De vijf kamers zijn eenvoudig, maar degelijk. Enige minpuntje is dat ze geen verwarming hebben en dat het 's nachts behoorlijk kan afkoelen. De gastvrije eigenaren bereiden smakelijke maaltijden en organiseren ook excursies. Op een kwartiertje lopen van het centrum.

# Eten en drinken

**Dineren in retrostijl – Hill Club** 1: zie blz. 227.

**Eten van het Indiase subcontinent – Grand Indian** 2: Grand Hotel Road, dag. 12-15 en 18-22 uur, gerechten vanaf LKR 300. Behalve goede Indiase gerechten bereidt men hier ook hapjes voor de kleine trek, die al vanaf 7.30 uur worden verkocht. Het tamelijk zakelijk ingerichte restaurant straalt niet bepaald gezelligheid uit.

**Voor de snelle hap – Remarko Bakers & Restaurant:** New Bazaar Street 3, dag. 5.30-21.30 uur; 100 Bandaranayaka Mawatha 4, dag. 6.30-20.30 uur, gerechten vanaf LKR 300. In beide filialen worden goede en goedkope rijstgerechten geserveerd, maar kunt u ook gebak krijgen.

# Winkelen

**Zelfgemaakt – Franciscan Products** 1: 11 Long Street, achter St. Xavier's Church, dag. 8.30-17.30 uur. In dit kleine winkeltje verkopen nonnen van het franciscanenklooster zelfgemaakte jam, chutney en vruchtenwijn.

# Actief

**Golf – Nuwara Eliya Golf Club** 3: tel. 052 222 28 35. Deze golfclub met zijn 18 holes-baan dateert uit 1889 en is daarmee de oudste van Sri Lanka.

# Info

## Vervoer

**Trein:** vanaf het station van Nanu Oya, 9 km ten westen van Nuwara Eliya, vertrekken treinen naar Badulla en Colombo, in beide richtingen vier keer per dag. Het station is te bereiken met een lokale bus of een tuktuk.

**Bus:** vanaf het busstation in New Bazaar Street wordt onder andere op Badulla, Bandarawela, Colombo en Kandy gereden. Naar Matara gaat één keer per dag een rechtstreekse bus.

# Haputale ▶ J 20

Het vredige **Haputale** ligt op circa 1500 m hoogte op een bergkam en biedt bij helder weer een adembenemend uitzicht over de kustvlakte. De plaats telt 5000 inwoners, overwegend Tamilarbeiders en islamitische handelaren. Het weer kan hier, aan de zuidrand van het hoogland, behoorlijk wisselvallig zijn; vooral 's middags trekken soms dreigende wolken over en kan het behoorlijk regenen. De omgeving wordt gedomineerd door theeplantages, maar verder biedt Haputale geen bezienswaardigheden. De plaats is vooral een uitvalsbasis voor wandelingen en uitstapjes.

Ongeveer 9 km ten oosten van Haputale – goed te bereiken via een weg met mooie uitzichten – staat op circa 1500 m hoogte de **Dambatenne Tea Factory** (dag. 7.30-18 uur, LKR 250),

een van de bakermatten van de beroemde Lipton Tea. In 1890 liet Thomas Johnstone Lipton (zie blz. 68) de fabriek bouwen, waarmee hij de basis voor zijn thee-imperium legde. De verstokte vrijgezel mocht graag van de fabriek naar een 7 km verderop gelegen uitkijkpunt lopen – nu **Lipton's Seat** geheten (LKR 50) – om van het prachtige uitzicht te genieten. Wie zich de inspanningen van de klim wil besparen, kan eerst een tuktuk van Haputale naar Lipton's Seat (1970 m) nemen en daarvandaan naar de theefabriek lopen. U kunt het best 's ochtends vroeg beginnen omdat het later op de ochtend vaak bewolkt raakt.

## Wandeling naar de Adisham Monastery

**4 km ten westen van Haputale, www. adisham.org, za., zon- en feestdagen 9-16.30 uur, LKR 150**

Met de vele vensters in tudorstijl heeft de uit graniet opgetrokken **Adisham Monastery** veel weg van een Brits kasteel. En dat was kennelijk precies wat de plantagebezitter Thomas Villiers voor ogen had toen hij in 1931 opdracht gaf voor de bouw van het landhuis. Dertig jaar later werd het gekocht door leden van de katholieke orde van

Wandeling naar de Adisham Monastery

de Silvestrijnen, die er een klooster van maakten. De Adisham Monastery is een leuke bestemming voor een wandeling, want het ligt slechts 4 km ten westen van Haputale. Hiervoor loopt u eerst via **Temple Road** 2,6 km in westelijke richting tot u bij een afslag komt met een wegwijzer naar het klooster. Vanaf hier is het nog ongeveer 1,2 km bergopwaarts door het ongerepte bos van het **Tangamalai Bird Sanctuary**. De kloostertuin, de winkel en een klein museum zijn alleen in het weekend geopend.

## Overnachten

Ondanks de mooie ligging heeft Haputale maar weinig toeristische faciliteiten. In de plaats vindt u vrijwel alleen eenvoudige, goedkope *guesthouses*. Duur, maar uitermate comfortabel en prachtig op een helling gelegen zijn de drie bungalows van **Kelburne Mountain View,** 2 km ten oosten van Haputale richting Dambatenne (www.kelburnemountainview.com).

**Bij mensen thuis – White Home:** 211 Magiripura-Welimada Road, tel. 057 226 84 49 of 071 640 15 45, white.home123@gmail.com, 2 pk vanaf $ 16. *Guesthouse* met zes eenvoudige, ietwat kitscherige kamers, ruim 2 km ten westen van Haputale, voor de afslag naar de Adisham Monastery. Goede maaltijden.
**Guesthouse met weergaloos uitzicht** – **White Monkey/Dias Rest:** Thotulagala, 3 km ten oosten van Haputale, tel. 057 568 10 27, www.diasrest.haputale. de, 2 pk vanaf $ 15. Dit eenvoudige, maar keurige *guesthouse* ligt op 1500 m hoogte op een steile berghelling te midden van theeplantages. Er zijn twee kamers met badkamer en een kleine bungalow voor wie wat langer wil blijven. Prachtig uitzicht, lekker eten.
**Eenvoudig en vriendelijk – Bawa Guest House:** Temple Road, tel. 057

226 82 60, 2 pk vanaf $ 10. Dit *guesthouse* ligt op een berghelling onder Temple Road en beschikt over vijf eenvoudige, maar schone kamers met badkamer. De twee grootste kamers zijn geschikt voor gezinnen met kinderen. De islamitische eigenaren bereiden smakelijke gerechten.

## Info

### Vervoer

**Trein:** vanaf het station rijden treinen naar Colombo en Badulla, in beide richtingen vier keer per dag.
**Bus:** bussen die tussen Colombo en Badulla rijden, stoppen ook in Haputale. Er gaan rechtstreekse bussen naar Nuwara Eliya (twee keer per dag), Bandarawela (om het halfuur) en Wellawaya (eens per uur, aansluiting naar de zuidkust).

# Bandarawela en omgeving ▶ J 19

Op het eerste gezicht ziet het bedrijvige **Bandarawela** (65.000 inwoners) er niet erg uitnodigend uit. Veel toeristen overnachten dan ook liever in Haputale, 12 km naar het zuidwesten, of in Ella, 14 km naar het noordoosten. Beide zijn veel mooier gelegen dan Bandarawela. De stad ligt op een hoogte van 1225 m en is van economisch belang als overslagplaats van landbouwproducten. Maar wie hier een tussenstop maakt, zal zich beslist niet vervelen.

Zo kunt u in het knusse **Bandarawela Hotel**, dat vanaf de voltooiing in 1893 vele decennia een ontmoetingsplaats van plantagebezitters is geweest, nog altijd in een ontspannen ambiance een kopje thee drinken. Wie geïnteresseerd is in het werk van toparchitect Geoffrey Bawa (zie blz. 80) kan een wandeling gaan maken langs Senena-yake Mawatha en ongeveer 100 m voorbij het Tamil Central College een kijkje nemen bij het **Nazareth Convent**, dat naar een ontwerp van Bawa is gebouwd en in 1961 is ingewijd.

Ook kunt u een tuktuk huren in Bandarawela en via een panoramische secundaire weg door de Nayabedda Tea Estates naar de op 1900 m hoogte gelegen **St. Catherine's Seat** rijden, vanwaar u een fantastisch uitzicht hebt, en verder naar de Liptons Seat en de theefabriek van Dambatenne (35 km, zie blz. 234).

Circa 6 km ten oosten van Bandarawela, richting Ella, ligt in een bebost zijdal aan de rivier de Badulu het **Dowa Raja Maha Vihara** (dag. 8-17 uur, LKR 200). De grootste bezienswaardigheid van het heiligdom is een half voltooid, in de rotsen uitgehouwen beeld van de Verlichte. De staande boeddha zou al in de 1e eeuw v.Chr. in opdracht van een vluchtende koning zijn gemaakt. Een lange trap voert omlaag naar de rivier, waar nog een interessante meditatiegrot met drie beschilderde ruimten te bezichtigen is. Voor een bezoek aan de tempel kunt u elke bus nemen die tussen Bandarawela en Ella rijdt.

## Overnachten

Het hotelaanbod in Bandarawela is niet al te groot. In het dorpje Diyatalawa, 8 km ten westen van de stad, ligt het bekende ayurvedaresort **Greystones Villa** (www.ayurveda-kuur.nl).

**Goede middenklasse – Orient Hotel:** 12 Dharmapala Mawatha, tel. 057 222 24 07, www.orienthotelsl.com, 2 pk vanaf $ 70. Dit hotel blinkt niet uit in schoonheid, maar biedt wel vijftig comfortabele kamers met badkamer. Het eten in het restaurant stelt niet al teveel voor.

Wel wordt een aantal interessante excursies georganiseerd. Karaokelounge en bar.

**Koloniale charme – Bandarawela Hotel:** 14 Welimada Road, tel. 057 222 25 01, www.aitkenspencehotels.com, 2 pk vanaf $ 55. In dit mooie koloniale gebouw bevinden zich 32 standaardkamers, een suite, een restaurant en een bar. Er is ook een grote tuin. Al met al een comfortabel en bovendien betaalbaar adres.

## Info

**Trein:** vanuit Bandarawela vertrekken treinen naar Colombo en Badulla, in beide richtingen vier keer per dag.
**Bus:** vanaf het busstation aan Esplanade Road vertrekken overdag bussen naar Badulla (om de 10 min.), Ella en Wellawaya (om de 20 min.) en Haputale (om het halfuur). Naar Matara aan de zuidkust rijdt zes keer per dag een rechtstreekse bus.

# Ella en omgeving ☀ ▶ K 19

Het is niet dankzij culturele bezienswaardigheden dat **Ella** een van de populairste plaatsen in het hoogland is – die zijn er namelijk niet, zelfs geen tweederangs tempel. Het bergdorp bestaat uit niet veel meer dan één hoofdstraat waaraan her en der een huis staat. Dat Ella een magneet voor toeristen is, komt door het schitterende berglandschap. Vanaf de bovenrand van de **Ella Gap**, op 1000 m hoogte, zou je op heldere dagen de vuurtoren bij Kirinda aan de zuidkust kunnen zien liggen, een afstand van ruim 100 km. In het rustige dorp is het heerlijk ontspannen, maar ga beslist ook uitstapjes maken in de schilderachtige omgeving.

De wandeling naar de 1350 m hoge **Ella Rock** (2 uur) is bijzonder populair. Eerst loopt u langs *guesthouse* Zion View (zie blz. 238) en volgt u over een afstand van 3 km de spoorlijn richting zuiden. Bij kilometerpaal 166 ¼ gaat u een wandelpad in, dat eerst door theeplantages voert en vervolgens zo nu en dan zeer steil omhoog loopt naar de top van de berg.

Evenals de Seetha Amman Kovil bij Nuwara Eliya (zie blz. 227) wordt ook de circa 1,5 km ten zuiden van Ella gelegen **Rawana Ella Cave** in verband gebracht met de plaats waar volgens het Ramayana-epos demonenkoning Ravana de mooie Sita gevangen hield (zie blz. 58). De kleine grot is echter behoorlijk teleurstellend. Indrukwekkender en al van verre te zien zijn de ruim 100 m hoge **Rawana Ella Falls**, ongeveer 6 km ten zuidoosten van Ella aan de weg naar Wellawaya.

### Wandeling naar Little Adam's Peak

Afstand (heen en terug): 6 km, duur: 1,5-2 uur; trek goede wandelschoenen aan en neem voldoende water en zonnebrandcrème mee

De 1141 m hoge **Little Adam's Peak** in het zuidoosten van Ella is een aantrekkelijke bestemming voor een wandeling. De klim van ongeveer een uur begint 1 km ten oosten van het dorp bij het Ella Flower Garden Resort aan de weg naar **Passara** (▶ K 19). Hier slaat u rechts af. Na ongeveer 500 m komt u langs een ijzeren poort, vanwaar de niet-bewegwijzerde route door theeplantages en langs een theefabriek steeds steiler omhoogloopt naar de top, een langgerekte bergkam. 's Ochtends vroeg hebt u hier het mooiste uitzicht, want dan zijn ook vaak theepluksters aan het werk. En kijk ook omhoog, want niet zelden zweven er Indische zwarte arenden boven de top.

Onderweg naar beneden kunt u een korte omweg maken voor een hapje en een drankje in het chique **98 Acres Resort & Spa** (Greenland Estate, tel. 057 205 00 50, www.resort98acres.com). Ook hier is het uitzicht fantastisch.

## Overnachten

Het aantal overnachtingsmogelijkheden neemt snel toe, maar vanwege de

Wandeling naar Little Adam's Peak

populariteit van Ella dient u beslist tijdig te reserveren. Let op: ronselaars proberen toeristen naar onderkomens te loodsen waarvan zij provisie ontvangen.

**Zwitserse perfectie – Zion View:** Wemulla Hena, op de helling in de buurt van de spoorlijn, tel. 057 222 87 99 of 072 785 57 13, www.ella-guesthouse-srilanka.com, 2 pk vanaf $ 90, zonder ontbijt. Het uitzicht vanuit de elf grote kamers is schitterend, zodat veel gasten alleen met tegenzin uit de hangmat op het balkon komen. Ook wat uit de keuken komt, is dik in orde. Het oog voor detail en het streven naar kwaliteit heeft de eigenaar in zijn Zwitserse tijd geleerd. 's Avonds kunt u aanschuiven voor een uitstekend currybuffet.

**Weg van de drukte – Feelin' good Resort:** 10th Mile Post, Karandagolla, tel. 055 205 53 03 of 077 177 02 86, www.feelingoodresort.com, 2 pk vanaf $ 55. Dit resort met vijf kamers en twee bungalows, allemaal voorzien van een moderne badkamer, ligt circa 12 km ten zuiden van Ella. In de tuin is het aangenaam chillen, in het open restaurant komen prima gerechten op tafel.

**Degelijke middenklasse – Ella Tea Garden:** zijweg ten zuiden van het centrum, tel. 057 222 88 60, www.ellateagarden.com, 2 pk vanaf $ 50. Dit *guesthouse* beschikt over twaalf oranje geschilderde kamers met balkon, waarvan er twee in een aparte bungalow zijn gesitueerd. De meeste kamers bieden een prachtig uitzicht. Probeer tijdens het diner eens de specialiteit *lampries*.

**Kamers met prachtig uitzicht – Ambiente:** Kithalella Road, tel. 057 222 88 67, www.ambiente.lk, 2 pk vanaf $ 35. De acht kamers met badkamer zijn eenvoudig en in enkele gevallen aan de kleine kant, maar de gasten willen toch het liefst op de veranda zitten om van het uitzicht te genieten. Goede maaltijden en bovendien interessante uitstapjes in de omgeving.

**Knus – Waterfalls Homestay:** Watagodawaththa, 1,5 km ten westen van Ella, tel. 057 567 69 33 of 077 695 74 96, www.waterfalls-guesthouse-ella.com, 2 pk vanaf $ 40. Dit *guesthouse* met slechts drie verschillend ingerichte kamers biedt vanaf de veranda mooi uitzicht op een waterval. Goede service, smakelijke maaltijden en een fantastische natuurlijke omgeving, kortom echt een adres om langer te blijven.

**Goede kamers, lekker eten – Forest Paradise:** tel. 057 222 87 97, www.forestparadiseella.com, 2 pk vanaf $ 30.

In dit idyllisch aan de rand van een bos gelegen *guesthouse* zijn acht schone kamers met badkamer en balkon. Ontspanning vindt u op het terras of bij het zwembad. Uitgebreid ontbijt. De vriendelijke eigenaar kan interessante uitstapjes organiseren.

## Eten en drinken

Omdat de meeste toeristen in hun accommodatie blijven eten is het gastronomische aanbod tamelijk beperkt. Een van de specialiteiten is *lampries,* in een bananenblad gewikkeld vlees.

**Chillen en smikkelen** – **Dream Café:** Main Street, tel. 057 222 89 50, dag. 7.30-22 uur, gerechten vanaf LKR 500. Dit populaire etablissement prijst zichzelf aan met zijn westerse gerechten, maar serveert ook rijst met curry. Goede koffie.

**Gezellige Italiaan** – **AK Ristoro:** 37 Grand View, Passara Road, tel. 057 205 06 76, dag. 11-22 uur, gerechten vanaf LKR 400. Goede antipasti en pastagerechten.

De pluksters krijgen ongeveer 20 eurocent per kilo theeblaadjes

## Tip

### Boeddha's van Buduruwagala

Wie vanuit Ella richting zuidkust of Ratnapura rijdt, kan een kijkje gaan nemen bij de **boeddha's van Buduruwagala**. Dit zijn zeven beelden die in een rotswand zijn uitgehouwen, waaronder een bijna 17 m hoge staande boeddha en enkele bodhisattva's, die in het mahayana-boeddhisme gelden als 'verlichte wezens' van compassie en wijsheid. Mogelijk stammen de beelden uit de 7e tot de 10e eeuw, toen deze stroming van het boeddhisme ook in Sri Lanka voorkwam.

**Boeddha's van Buduruwagala:**
▶ K 20, circa 10 km ten zuidwesten van Wellawaya, nabij een stuwmeer, dag. 8-17 uur, LKR 300.

**Lekkere yoghurt** – **The Curd Shop:** Main Street, dag. 7-21.30 uur, vanaf LKR 200. De meeste mensen komen voor de yoghurt, maar er worden hier ook goedkope currygerechten verkocht.

## Actief

**Kookcursus** – **Ella Spice Garden:** c/o Lizzie Villa Guest House, in een zijstraat op circa 200 m van Main Street, tel. 075 236 36 36. De kookcursus begint om 10.30 en 17.00 uur, duurt ongeveer drie uur en eindigt met een gezamenlijke lunch of diner. Reserveren (LKR 2500 p.p.)!

## Info

### Vervoer

**Trein:** treinen naar Colombo en Badulla, in beide richtingen vier keer per dag.

**Bus:** er is een busstation in Ella, maar de doorgaande bussen zitten vaak al helemaal vol. Wie naar Kandy wil, kan het best een rechtstreekse bus vanuit Badulla nemen en voor een busrit naar de zuid- of oostkust is het circa 30 km zuidelijker gelegen Wellawaya de beste optie. Om de 15-30 min. rijden er rechtstreekse bussen naar Wellawaya en Badulla.

## Badulla en omgeving ▶ K 18

**Badulla** (50.000 inwoners), de hoofdstad van de provincie Uva, ligt op 700 m hoogte te midden van een vruchtbaar landbouwgebied aan de rivier de Badulu. De thee die hier wordt geoogst, geldt als een van de beste van het land. Als eindstation van de spoorlijn door het hoogland is de stad ook een belangrijk knooppunt. Van Badulla lopen twee wegen naar de oostkust: die via Mahiyangana naar Batticaloa en die via Monaragala naar Pottuvil.

Dat Badulla tot de oudste steden van Sri Lanka behoort, is de stad niet aan te zien. De sporen gaan weliswaar terug tot in de 3e eeuw v.Chr., maar pas onder de Britten kreeg Badulla als belangrijk theecentrum haar huidige cachet. De koloniale charme is evenwel ver te zoeken, maar alleen de **St. Mark's Church** uit 1897, ten noorden van de klokkentoren, is de moeite waard.

Badulla heeft wel twee bezienswaardige tempels. Het **Muthiyangana Maha Raja Vihara** (dag. 7-18 uur, toegang gratis) in Railway Station Road geldt als belangrijkste bedevaartsoord van de provincie, omdat Boeddha hier tijdens van een van zijn drie bezoeken aan het eiland heeft uitgerust. De **Kataragama Devale** (dag. 7-18 uur, toegang gratis) tussen King Street en Lower Street dateert uit het einde van de

18e eeuw en pronkt met schilddaken in Kandy-stijl.

De trekpleister in deze omgeving zijn de **Dunhinda Falls** (dag. 8-18 uur, LKR 200), ongeveer 5 km ten noorden van de stad, waar de watermassa van de Badulu 60 m naar beneden stort. Het mooiste uitzicht hebt u vanaf een platform, dat te bereiken is via een circa 1,5 km lang voetpad dat vanaf de B36 richting Mahiyangana begint.

Ongeveer 13 km ten zuidwesten van Badulla ligt in de buurt van **Hali-Ela** (▶ J 19) de ruim drie eeuwen oude **Bogoda Bridge** (Bogoda Palama). Deze overdekte, 15 m lange brug, die helemaal van hout is gemaakt, loopt over de rivier de Gallanda en biedt toegang tot het idyllische **Bogoda Raja Maha Vihara**, een eeroud boeddhistisch grotheiligdom.

## Overnachten

Voor een provinciehoofdstad heeft Badulla een armzalig aanbod aan overnachtingsmogelijkheden.

**Functioneel** – **Weligama Holiday Inn:** 2/297 Passara Road, Viharagoda, tel. 055 222 21 17, www.weligamainn.com, 2 pk vanaf $ 20. Deze budgetaccommodatie met restaurant ligt tegenover de boeddhistische tempel en biedt zeventien acceptabele kamers met badkamer, sommige met airconditioning.

## Info

### Vervoer

**Trein:** vier keer per dag een trein naar Colombo.

**Bus:** vanaf het centrale busstation vertrekken onder andere bussen naar Colombo en Kandy (om de 30-40 min.), Bandarawela (om het kwartier) en Monaragala (om het uur, voor een overstap naar bestemmingen aan de oostkust). Richting zuiden neemt u de bus via Ella naar Wellawaya (om het halfuur) en stapt u daar over.

# Ratnapura ▶ E/F 20

In **Ratnapura** aan de zuidrand van het hoogland draait alles om uiterlijk vertoon. Wat hier naar de oppervlakte wordt gebracht, siert de kronen van monarchen en de sieraden van aanbedden vrouwen. De stad (*pura*) van de edelstenen (*ratna*) trok aanvankelijk vooral Arabische zeelieden, van wie de nakomelingen, de Moren, eeuwenlang de lucratieve handel in het Land der Edelstenen (Arabisch: *Jazirat Kakut*) hebben gedomineerd. Ratnapura is bovendien medeverantwoordelijk voor Sri Lanka's wereldwijde reputatie van *Ratnadeepa* (Edelsteeneiland).

In het circa 80 km² grote gebied tussen de rivieren Kalu en Amban bevinden zich in 1 tot 10 m diepe lagen puin (Singalees: *illam*) van graniet en gneis zo ongeveer alle soorten edelstenen, van alexandrieten en robijnen tot saffieren en citrienen. Deze worden nog heel ouderwets met emmers uit schachten of met waterdruk uit rivierbeddingen gewonnen. In 2015 is hier de grootste blauwe stersaffier ter wereld gevonden (1404,49 karaat), die als The Lankan Star of Adam driehonderd miljoen dollar opbracht.

Omgeven door rubber- en theeplantages ligt Ratnapura heel mooi in een tropisch berglandschap, maar de stad aan de rivier de Kalu is zelf allesbehalve een juweeltje. Bezienswaardigheden zijn er niet. Toeristen komen in de eerste plaats voor de juwelen, maar houd het volgende in uw achterhoofd: wat de delvers naar de oppervlakte brengen en de slijpers mooi glimmend maken, proberen sjacheraars graag voor veel te hoge prijzen te verkopen, en dan zijn het soms nog vervalsingen ook. Houd het hoofd koel en koop nooit iets op straat, maar alleen in winkels die officiële certificaten uitreiken (vraag hier altijd om).

Om meer te weten te komen over de edelstenen loont een bezoek aan een van de particuliere edelsteententoonstellingen, waar het echter in de eerste plaats om de verkoop draait. Voorbeelden hiervan zijn de **Gem Bank and Gemmological Museum** (Ehelepola Mawatha, dag. 8.30-17 uur, toegang gratis), het sobere **Gem Museum** (Pothgul Vihara Road, dag. 9.30-15.30 uur, toegang gratis) en het **Minipura Mini Museum** (Newitigala, tel. 045 223 19 49, dag. 8-18 uur, toegang gratis).

Circa 4 km ten westen van Ratnapura ligt aan de A8 de 13e-eeuwse **Maha Saman Devale**, waarvan de huidige gebouwen echter grotendeels uit de 17e eeuw dateren. Het heiligdom is gewijd aan de beschermgod Saman en is het startpunt van de Gilimalai Para, de 37 km lange pelgrimsroute die via Gilimale naar Adam's Peak loopt (zie blz. 224).

## Overnachten

In Ratnapura zijn niet al te veel overnachtingsmogelijkheden, maar de meeste organiseren wel excursies naar het Sinharaja Forest Reserve (zie blz. 242) en het Uda Walawe National Park (zie blz. 244).

**Op de plantage – Lake Serenity:** Gonapitiya, Kuruwita, tel. 045 492 86 66, www.lakeserenity.lk, 2 pk vanaf $ 100. Groot complex op een thee- en rubberplantage, 16 km ten noorden van Ratnapura richting Eheliyagoda. U vindt hier veertien bungalows met veranda of balkon, een restaurant aan een meer en een zwembad.

**Ideaal voor gezinnen – Deer Park Inn:** 151/2 Sri Khemananda Mawatha, Muwagama, tel. 045 223 14 03 of 077 364 64 57, www.deerparkratnapura.com, 2 pk vanaf $ 25. Deze moderne privéwoning ligt ten westen van de rivier de Kalu en biedt op twee verdiepingen vijf grote kamers die zijn ingericht met stijlvol meubilair. Sommige beschikken echter niet over een eigen badkamer en ook niet over airconditioning. Wie wil kan hier zelf koken en er staat ook een wasmachine.

## Info en festiviteiten

### Festiviteiten

**Saman Devale Perahera:** juli/aug. Ter gelegenheid van Esala Poya, vollemaan in juli/augustus, wordt een processie gehouden van de Maha Saman Devale naar het centrum.

### Vervoer

**Bus:** om de 20 min. naar Colombo en een paar keer per dag naar Kandy, Galle en Matara. Wie naar het oostelijke deel van het hoogland of naar de oostkust wil, moet eerst een bus naar Wellawaya nemen (ongeveer eens per uur) en daar overstappen.

## Sinharaja Forest Reserve ✳ ▶ E-G 22

Dag. 6-18 uur, LKR 650, verplichte gids vanaf LKR 1000, afhankelijk van de excursie; beste tijd voor een bezoek jan.-apr. (dan regent het meestal alleen 's middags); trek stevige schoenen aan en neem voldoende water, een verrekijker en speciale kousen en een desinfecteringsmiddel tegen bloedzuigers mee Ten zuidwesten van het hoogland ligt het 189 km² grote **Sinharaja Forest**

**Reserve**, dat bescherming biedt aan de laatste restanten tropisch regenwoud van Sri Lanka. De bomen in dit reservaat – waarvan sommige liefst 50 m hoog zijn – bieden schaduw aan een altijdgroene jungle. De omstandigheden zijn ideaal voor de plantenwereld, want er valt hier tot wel 6000 mm neerslag per jaar, de luchtvochtigheid bedraagt bijna 90% en de gemiddelde temperatuur is 24°C.

Het beschermde natuurgebied, in 1988 op de Werelderfgoedlijst van de UNESCO geplaatst, staat bekend om de vele inheemse planten en dieren. Van de 337 soorten bomen en struiken die alleen in Sri Lanka voorkomen, groeien er hier 192. Bovendien is dit het leefgebied van de helft van alle inheemse soorten zoogdieren en vlinders en van 18 van de 33 inheemse vogelsoorten, waaronder de fotogenieke blauwe kitta (Engels: *Sri Lanka blue magpie*) met zijn mooie blauw-bruine verenpak. De schoonheid van de gifgroene Ceylonese lanspuntslang en de grijsbruine *Hypnale hypnale*, een groefkopadder, zullen alleen geïnteresseerden in reptielen weten te waarderen, en ook de overal aanwezige bloedzuigers kunnen op weinig waardering rekenen.

De meeste bezoekers komen vanuit het noorden via Ratnapura, Kalawana (▶ F 12) en **Kudawa**, waar zich het **Kudawa Conservation Centre** (KCC) van het Forest Department bevindt. Hier kunt u de verplichte gids inhuren, van wie u overigens niet al teveel moet verwachten. Wie goede informatie over de flora en de fauna wil hebben, moet zijn excursie bij een gespecialiseerde aanbieder boeken (zie Actief).

Vanaf het KCC is het nog 2,5 km naar de eigenlijke parkingang (die op een hoogte van 473 m ligt), waar verscheidene wandelpaden door het beschermde natuurgebied beginnen. De inspannende **Sinhagala Trail** (17 km heen en terug, circa 8-10 uur) loopt door een dichte jungle naar de 735 m hoge Lion Rock (Sinhagala). Vooral het laatste stuk is behoorlijk steil. Populairder is de **Mulawella Trail** (5 km heen en terug, circa 1-2 uur), die de 758 m hoge Mulawella op kronkelt en mooie uitzichten biedt op de bergachtige omgeving. Deze wandeling kunt u verlengen met de **Mulawella-Wathurawa Trail** (9 km heen en terug, circa 2-3 uur). Onderweg komt u langs een *nawanda*, een inheemse soort van de bomenfamilie *Shorea*, met een indrukwekkende omtrek van 6,4 m.

## Overnachten

Wie in de buurt van het Sinharaja Forest Reserve wil overnachten, vindt ten noordwesten van het park in **Kudawa** en ten zuiden ervan in **Deniyaya** (▶ G 22) enkele eenvoudige opties. Het Forest Department heeft een paar sobere lodges in het park (reserveren via tel. 011 286 66 31/32 of op www.forestdept.gov. lk). Stijlvolle en luxeuze accommodatie bieden **Boulder Garden** bij Kalawana (▶ F 21; www.bouldergarden. com) en **Rainforest Edge** bij Weddagala (▶ F 22; www.rainforestedge.com), beide ten noorden van het park.

Sympathiek bungalowcomplex – **Blue Magpie Lodge**: Kudawa, tel. 077 320 62 03 of 011 243 18 72, www.bluemagpie. lk, 2 pk vanaf $ 50 inclusief halfpension. De lodge ligt vlak bij de parkingang en biedt twaalf kleine kamers met badkamer en veranda. Elektriciteit is er alleen van 5-7 en van 18-22 uur. Open restaurant met uitzicht op de natuur.

Trefpunt van vogelaars – **Martin Wijesinghe's Guesthouse**: Kudawa, tel. 045 568 18 64, 2 pk vanaf $ 50. Dit knusse *guesthouse*, niet ver van de parkingang, is genoemd naar de eigenaar, een voormalige parkranger en een gerespecteerde gids. Vanuit het open restaurant is het goed vogels observeren. De negen kamers zijn eenvoudig en tamelijk verwaarloosd, het eten is daarentegen heel behoorlijk. De blauwe kitta verzorgt de wake-upcall.

**Midden in de natuur** – **Rainforest Lodge Deniyaya:** Deniyaya Temple Road, Deniyaya, tel. 041 492 04 44, www.rainforestlodge-srilanka.de, 2 pk vanaf $ 42. Zeven schone kamers met badkamer en balkon, op een theeplantage, circa 2 km van Deniyaya en 10 km van de zuidelijke parkingang. Ayurvedacentrum.

## Actief

**Excursies** – **Jetwing Eco Holidays:** zie blz. 18. **Sri Lanka Eco Team:** 20/63 Fairfield Gardens, Colombo 8, tel. 011 583 08 33, www.srilankaecotourism.com. Competente touroperators met goede gidsen.

## Info

### Info

**Op internet:** www.lakdasun.org. Waardevolle tips, artikelen en reacties op fora over outdooractiviteiten in Sinharaja en elders in Sri Lanka.

### Vervoer

Het ten noordwesten van het park gelegen Kudawa is alleen met de auto te bereiken. Deniyaya in het zuiden ligt aan de A17 en wordt door alle bussen aangedaan die van Ratnapura naar Matara of Galle aan de zuidkust rijden.

Met een auto met chauffeur kunt u de buitengewoon fraaie route naar het Uda Walawe National Park (zie hierna) rijden. Eerst rijdt u via de B181 langs Weddagala, Potupitiya en Suriyakandha naar Rakwana. Hier volgt u de A17 een klein stukje in zuidelijke richting en vervolgens neemt u de B115 langs Kolonna en Panamure naar Embilipitiya (zie Overnachten).

# Uda Walawe National Park ▶ H/J 21/22

**Dag. 6-18 uur, $ 15 p.p. plus $ 8 service charge per groep plus LKR 250 per voertuig en 15% belasting; in het park worden alleen jeeps toegelaten, die bij de verblijven in de omgeving kunnen worden gehuurd (halve dag circa LKR 4000)**

Het **Uda Walawe National Park**, aan de zuidrand van het hoogland, is een bezoek beslist waard en een stuk minder druk dan het Yala West National Park (zie blz. 163). Het 308 km² grote beschermde natuurgebied staat bekend om de grote populatie olifanten, waarvan er naar schatting zevenhonderd zijn. Ongeveer een tiende van het park wordt in beslag genomen door een stuwmeer, dat uitstekende leefomstandigheden voor moeraskrokodillen en watervogels biedt. De bossen en het hoge gras op de weidse vlakte vormen het ideale leefgebied voor luipaarden, muntjaks en sambars. Van november tot en met april overwinteren er grote zwermen trekvogels in het park.

U kunt het nationaal park het best vroeg op de ochtend of laat in de middag bezoeken, want dan hebt u de grootste kans om dieren in het vizier te krijgen.

Ongeveer 5 km ten westen van de parkingang bevindt zich het in 1995 gestichte **Elephant Transit Home** (▶ H 22; Eth Athuru Sevana), waar olifantsjongen worden grootgebacht die hun moeder hebben verloren. Een bezoek is alleen mogelijk wanneer de dieren worden gevoerd (20 min., om 9, 12, 15 en 18 uur, LKR 500).

Voederen van olifantsjongen bij het Elephant Transit Home

# Overnachten

Overnachtingsmogelijkheden zijn er in de omgeving van het park en een kilometer of twintig ten zuiden ervan in **Embilipitiya** (▶ H/J 22).

**Comfort aan een meer – Centauria Ayurveda Lake Resort:** Chandrika Lake, Embilipitiya, tel. 047 223 05 14, www.centauriahotel.com, 2 pk vanaf $ 85. Hotel met 51 comfortabele kamers, waarvan er zich 22 in bungalows bevinden die op palen boven het water staan. Ayurvedacentrum.

**Midden in de natuur – Nature House Udawalawa:** 180 Thanamalvila Road, tel. 077 704 34 82, www.nature-house. jimdo.com, 2 pk vanaf $ 30. In deze privéwoning met twee verdiepingen bevinden zich vijf enigszins spartaans ingerichte kamers met badkamer en een gemeenschappelijke veranda en balkon. Er is ook een aangename tuin en 's avonds wordt in het paviljoen een smakelijk currybuffet geserveerd. Op slechts 1 km van het Elephant Transit Home.

**Nabij het park – Kottawatta Village:** Udawalawa Junction, Colombage Ara, tel. 047 223 32 15 of 223 22 15, www.kotta wattavillage.com, 2 pk vanaf $ 25. Bungalows, hutten en kamers in verschillende prijsklassen, op slechts een paar minuten rijden van de parkingang. Ook jeepsafari's.

# Info

## Vervoer

**Bus:** vanuit Embilipitiya rijden regelmatig bussen naar Ratnapura, Tangalle en Matara, en bovendien om het halfuur naar Colombo (170 km).

# De oostkust

## Hoogtepunt ☀

**Nilaveli Beach:** dit brede en langgerekte strand behoort tot de mooiste langs de oostkust. Wie graag snorkelt, vindt hier een onderwaterwereld die rijk is aan vissen. Zie blz. 253.

## Op ontdekkingsreis

**Via een pelgrimsroute naar een vogelparadijs – Kumana National Park:** van de Arugam Bay loopt een oeroude pelgrimsroute naar dit nationaal park, dat bekendstaat om de gevarieerde vogelwereld. Maar er staan ook tempels die omgeven worden door legenden. Zie blz. 264.

Via een pelgrimsroute naar een vogelparadijs – Kumana National Park

## Bezienswaardigheden

**Thiru Koneswaram Kovil:** deze hindoetempel staat op een klif in het oude fort van Trincomalee. Het belangrijkste Shiva-heiligdom langs de oostkust is het middelpunt van drie *pujas*. Zie blz. 249.

**Tiriyai:** dit antieke boeddhistische heiligdom met restanten van een ronde bewaarplaats van relikwieën is tegenwoordig heel makkelijk te bereiken dankzij betere wegen. Zie blz. 254.

## Actief

**Wrakduiken:** voor de kust van Batticaloa kunnen geoefende duikers op een diepte van 60 m het Britse vliegdekschip *HMS Hermes* verkennen, het beroemdste wrak van Sri Lanka. Zie blz. 72 en 258.

**Surfen:** de tien surflocaties langs de Arugam Bay behoren tot de beste van Azië en trekken surfers uit de hele wereld. Zie blz. 259.

## Sfeervol genieten

**Vissers in harmonie:** het is leuk om te zien hoe de vissers op Nilaveli Beach gezamenlijk het sleepnet binnenhalen en vervolgens de vangst op het strand uitspreiden. Zie blz. 253.

**Mijn spoor in het zand:** ook al worden er ijverig nieuwe resorts gebouwd, op het kilometerslange strand van Kalkudah kunt u nog altijd heerlijk wandelen, vooral bij zonsopkomst. Zie blz. 255.

**Het mooie Panama:** bij dit dorpje, 17 km ten zuiden van de Arugam Bay, kunt u wandelingen langs de duinen maken en moeraskrokodillen gaan bekijken. Zie blz. 262.

## Uitgaan

**Beachparty's:** de hippe surfersenclave Arugam Bay is ook een populaire locatie voor onstuimige strandfeesten. Zie blz. 263.

# Regio in opkomst

Soldaten in gevechtstenue, overwoekerde ruïnes van huizen en erbarmelijke wegen: decennialang was een reis naar het oosten van Sri Lanka alleen iets voor diehards. Maar die tijden zijn allang voorbij, ook al laat het leger zich nog her en der zien en zijn lang niet alle ruïnes verdwenen. Er wordt opgeruimd en gebouwd, stoffige zandpaden veranderen in goede wegen en ooit ontoegankelijke gebieden ontwikkelen zich tot populaire toeristencentra.

Desondanks moet wie naar het oosten reist over wat flexibiliteit en een pioniersgeest beschikken, want de toeristische infrastructuur staat op veel plaatsen nog in de kinderschoenen. De afmattende burgeroorlog heeft zijn sporen achtergelaten, ook in het hoofd van de mensen. Een kwart eeuw lang bevonden vooral Tamils en moslims zich tussen de fronten van de radicale LTTE en het Sri Lankaanse leger. Dat dit niet ten koste is gegaan van de hartelijkheid en vriendelijkheid van de mensen is bijna een wonder. Toeristen zijn welkom en kunnen bovendien een bijdrage leveren om de oude wonden te helen, want met hun geld bieden ze de bevolking van de oostkust een nieuw perspectief.

Aan attracties ontbreekt het niet in dit deel van het land. Ten noorden van de levendige havenstad **Trincomalee** liggen twee prachtige stranden: **Uppuveli Beach** en **Nilaveli Beach**. Wie vanuit Trincomalee via de goede kustweg richting het zuiden rijdt, komt onderweg langs vele fascinerende lagunes en lange, verlaten stranden. De badplaatsen **Passekudah** en **Kalkudah** trokken in de jaren zeventig van de vorige eeuw al vakantiegangers, terwijl **Batticaloa** bij gebrek aan bezienswaardigheden waarschijnlijk nooit een toeristenbolwerk zal worden. Surfers uit de hele wereld verzamelen zich bij de **Arugam Bay**, die als een van de beste surflocaties van Azië geldt.

## INFO

**Kaart:** ▶ J-P 7-21

### Reis en vervoer

Trincomalee en Batticaloa zijn aangesloten op het spoorwegnet. Bijzonder fraai is het treintraject tussen het in de Culturele Driehoek gelegen Habarana en Trincomalee. Door verbeteringen aan de wegen in dit gebied is ook het busvervoer er een stuk eenvoudiger op geworden. De kwaliteit en het comfort van de bussen laten echter vaak te wensen over, omdat er nauwelijks voertuigen met airconditioning worden ingezet. Helitours, onderdeel van de luchtmacht, voert drie keer per week vluchten uit tussen Colombo, Jaffna en Trincomalee.

## Trincomalee ▶ L 9

De aanwezigheid van de grootste natuurlijke haven ter wereld voor haar poorten is voor **Trincomalee** (100.000 inwoners) altijd zowel een zegen als een vloek geweest. De stad heeft haar opkomst eraan te danken, maar anderzijds tal van conflicten eraan te wijten: zo voerden in het verleden de koloniale mogendheden strijd om de haven, een voorbeeld dat in het recente verleden werd gevolgd door de Tamiltijgers en de Sri Lankaanse regering. Trincomalee wordt gedomineerd door Tamils, aan wiens taal ze ook haar naam ont-

Terug naar de normaliteit: sinds het einde van de burgeroorlog heerst er weer een levendige drukte in de straten van Trincomalee

leent: Trincomalee is afgeleid van *thiru kona malai,* heilige berg van Koneshvara (Shiva).

Het kleine centrum ligt op een landtong aan de noordkant van de Koddiyar Bay, ingeklemd tussen deze baai en de reusachtige Golf van Bengalen. Bezienswaardigheden zijn er dun gezaaid. De kortweg Trinco genoemde stad is vooral geschikt als tussenstation onderweg naar de stranden in het noorden.

## Geschiedenis

De geschiedenis van Trincomalee laat zich lezen als een potje tafeltennis tussen de koloniale mogendheden uit Europa: in 1623 vestigden de Portugezen hier een basis, die zestien jaar later door de Hollanders werd veroverd. Na wat getouwtrek tussen Hollanders en Fransen wapperde vanaf 1795 gedurende 150 jaar de Union Jack boven de muren van het fort. Een dramatische gebeurtenis vond plaats op 9 april 1942, toen Japanse vliegtuigen aanvallen uitvoerden op de Britse oorlogsvloot en vele schepen tot zinken brachten. De Britse marine mocht nog tot 1957 gebruikmaken van de natuurlijke haven. Vanaf de jaren tachtig werd Trincomalee meegezogen in het etnische conflict, maar sinds het einde van de burgeroorlog in 2009 maakt de stad weer een economische bloei door.

## Bezienswaardigheden

### Fort Frederick

Op een schiereiland in het oosten van de stad ligt het oorspronkelijk Hollandse **Fort Frederick**. Naast restanten van de muren is ook de imposante poort bewaard gebleven, waarboven het jaartal 1675 – het bouwjaar – en een wapen van de Britse koning George III prijkt. Sinds 1803 draagt de vesting de naam van de toenmalige hertog van York.

De grootste bezienswaardigheid van Trincomalee is de **Thiru Koneswaram**

Langs de oostkust liggen kilometerslange stranden, zoals hier bij Uppuveli

**Kovil** (dag. 7-19 uur, toegang gratis, *pujas 7*, 11.30 en 16 uur), die ten noordoosten van het fort op een landtong staat. Dit heiligdom voor Shiva, een van de belangrijkste en oudste op het eiland, kijkt terug op een geschiedenis van minstens 1500 jaar. In 1624 werd de tempel door de Portugezen verwoest en stond hier ruim drie eeuwen lang niet meer dan een ruïne. Het huidige bouwwerk werd pas in 1952 opgetrokken en voorzien van enkele teruggevonden beelden en een heilige lingam die op de zeebodem was gevonden.

**Swami Rock**, de rotsklif op de punt van het schiereiland, wordt ook wel Lover's Leap (Sprong van de Geliefde) genoemd, omdat volgens de legende Francina van Rheede, de dochter van een Hollandse ambtenaar, zich hier in 1687 uit liefdesverdriet naar beneden stortte toen haar geliefde op een zeilschip vertrok. De vrouw overleefde de sprong en zou later nog twee keer in het huwelijk zijn getreden.

## Hindoetempel en St. Stephen's Cemetery

In Trincomalee zijn tientallen hindoetempels te vinden, waaronder de 11e-eeuwse **Pathirakali Amman Kovil** ter ere van de godin Kali en rechts ervoor de kleinere **Alledy Pillaiyar Kovil**, die gewijd is aan de populaire olifantgod Ganesha (Dockyard Road, tegenover het grote grasveld met het McHeyzer Stadium).

Een klein stukje zuidelijker in dezelfde straat vindt u op de verwilderde **St. Stephen's Cemetery** nog verscheidene sporen uit de koloniale tijd. Onder anderen Charles John Austen ligt hier begraven, de jongere broer van schrijfster Jane Austen en een meermaals onderscheiden admiraal van de Britse marine.

# Overnachten

De hotels in Trincomalee richten zich hoofdzakelijk op de Sri Lankaanse reiziger. In Dyke Street zijn veel onderkomens te vinden.

**Op de heuvel** – **Welcombe Hotel**: 66 Lower Road, Orr's Hill, tel. 026 222 23 73, www.welcombehotel.com, 2 pk vanaf $ 65. Dit hotel uit 1936 biedt 23 enigszins gedateerde kamers met air-conditioning en balkon en bovendien drie bungalows. Mooie locatie met uitzicht op de baai. Er is ook een zwembad.

**Sober, maar stijlvol** – **Dyke Rest**: 228 Dyke Street, tel. 026 222 53 13, www.facebook.com/DykeRest, 2 pk vanaf $ 15. Dit *guesthouse* is eenvoudig, maar dankzij de creatieve inrichting van de acht kamers met badkamer en het attente personeel toch heel uitnodigend. Via de achterdeur loopt u zo naar de Dutch Bay. Geen restaurant.

# Eten en drinken

Op culinair gebied is er maar weinig te beleven in Trincomalee.

**Koloniale touch** – **Dutch Bank Cafe**: 88 Inner Harbour Road, tel. 026 222 23 77, dag. 11-23 uur, rijstgerechten vanaf LKR 500. Aziatische en Europese gerechten in een gerenoveerd bankgebouw uit de Hollandse tijd.

**Lekker ijs** – **Kumars Cream House**: 102/2A Post Office Road.

# Info en festiviteiten

### Festiviteiten

**Thirukoneswaram Ther Thiruvilah:** eind mrt.-half apr. Het twintigdaagse hoofdfeest van de Thiru Koneswaram Kovil werd na een onderbreking van 369 jaar voor het eerst weer in 2003 gevierd. Voorafgaand aan het Tamil-nieuwjaar, medio april, vinden tal van processies – ook met boten op zee – en ceremonies plaats.

**Mahotsavam:** eerste helft mrt. Tiendaags hoofdfeest (*mahot savam*) van de Pathirakali Amman Kovil. Tienduizenden hindoes trekken met drie praalwagens (*ther*) ter ere van Kali, Skanda en Ganesha door de straten van de stad.

### Vervoer

De A6 van Colombo naar Trincomalee (257 km) verkeert grotendeels in goede staat. Wie een mooie route wil rijden, neemt de A15 langs de kust naar Batticaloa (138 km).

**Trein:** vanaf het station in North Coast Road twee keer per dag naar Colombo.

**Bus:** vanaf de beide busstations tegenover het McHeyzcr Stadium in Dockyard Road vertrekt eens per uur een bus naar Colombo en Batticaloa, diverse keren per dag naar Kandy en één keer per dag naar Anuradhapura en Jaffna. Om het halfuur komen bussen van en naar Kuchchaveli langs Uppuveli Beach en Nilaveli Beach.

# De omgeving van Trincomalee

## Uppuveli ▶ L 8

Het circa 5 km lange strand van **Uppuveli** begint al aan de noordrand van Trincomalee en eindigt bij de **Salli Lagoon** bij het gelijknamige Tamildorp. Het strand is mooi en omdat er weinig accommodatie is ook tamelijk rustig, maar dat zou in de nabije toekomst wel eens kunnen veranderen.

Aan Nilaveli Road ligt de verzorgde **Commonwealth War Cemetery** (overdag, een donatie wordt op prijs gesteld) met de stoffelijke resten van 362 soldaten die zijn gesneuveld bij de Japanse luchtaanvallen op 9 april 1942.

Wie eens iets anders wil dan op het strand liggen, kan een boottochtje gaan maken, bijvoorbeeld om te gaan snorkelen rond **Pigeon Island** (toegang LKR 2000) of om dolfijnen en walvissen te observeren (alleen in augustus). U kunt ook een langere boottocht maken naar **Foul Point** aan de zuidkant van de **Koddiyar Bay**, waar een vuurtoren uit 1863 staat die in de burgeroorlog zware schade heeft opgelopen.

## Overnachten

Tijdens de Sri Lankaanse zomervakantie in juli en augustus zijn de hotels en resorts vrijwel altijd volgeboekt. Zelfs voor slechte kamers worden dan hoge prijzen gerekend.

**Blauw-wit** – **Trinco Blu by Cinnamon:** tel. 026 222 23 07 of 222 16 11, www.cinnamonhotels.com, 2 pk vanaf $ 150. Het mooiste en duurste resort in deze omgeving met 45 stijlvolle kamers en 36 chalets. Zwembad en restaurant.

**Boetiekresort** – **Anantamaa:** 7 (42) Alles Garden, tel. 026 205 02 50, www.anantamaa.com, 2 pk vanaf $ 120. Vanaf dit boetiekresort loopt een 100 m lang pad naar het strand. Er zijn 28 moderne kamers met badkamer en een balkon of veranda. Mooie tuin met zwembad. Het eten is van gemiddelde kwaliteit.

**Aan het strand** – **Coconut Beach Lodge:** 178/19, Alles Garden, tel. 026 222 48 88 of 077 304 47 50, coconutbeachlodge@gmail.com, 2 pk vanaf $ 25. Populair vanwege de mooie tuin en de ligging aan het strand, maar de vijf donkere kamers met badkamer en klamboe stellen niet al teveel voor.

## Eten en drinken

**Eenvoudig en goed** – **Gaga:** 60 Alles Garden, tel. 071 669 24 71, dag. 8-22 uur.

Een paar plastic stoeltjes en palmbladeren vormen het sfeervolle decor voor goede vis en zeevruchten. De kwaliteit is in orde en de bediening ook. U kunt toekijken hoe het eten wordt bereid.

**Degelijk** – **Silver Beach:** 66/12 Alles Garden, tel. 026 326 37 50, gerechten vanaf LKR 700. Dit restaurant van het gelijknamige *guesthouse* ligt aan het strand.

## Info

### Vervoer

Zie Trincomalee blz. 251.

## Kanniyai en Velgam Raja Maha Vihara

Ten oosten van Trincomalee, ter hoogte van de kruising van de A12 en de B619, liggen de **Kanniya Hot Wells** (▶ K 9; dag. 7–19 uur, LKR 50, neem slippers en een handdoek mee). De zeven warmwaterbronnen zouden volgens het Ramayana-epos zijn ontstaan toen demonenkoning Ravana zeven keer zijn zwaard in de grond stak, waarmee hij volgens een oud ritueel om de dood van zijn moeder treurde. Het warme bronwater borrelt op in vierkante openingen in een soort open doucheruimte.

Ten noordwesten van Trincomalee liggen de ruïnes van het **Velgam Raja Maha Vihara** (▶ K 8), een van de oudste boeddhistische kloosters in deze omgeving. Al in de 3e eeuw v.Chr. zou hier een klooster hebben gestaan, maar de huidige ruïnes, waaronder overblijfselen van een dagoba en een tempel, stammen voor het merendeel uit de 11e eeuw. In die tijd is vermoedelijk ook het **Periya Kulam** (▶ K 8) aangelegd, een stuwmeer dat in de Britse tijd is gereconstrueerd. U bereikt het klooster en het meer via de A12 en de B447.

# Info

## Vervoer

U kunt het best een tuktuk nemen (vanuit Trincomalee circa LKR 1600, vanaf Uppuveli Beach circa LKR 1200).

# Nilaveli ✳ ▶ L 8

Tot het uitbreken van de burgeroorlog stond **Nilaveli**, 15 km ten noorden van Trincomalee, te boek als de hipste badplaats langs de oostkust – en dat wil het 'blauwe zand', de betekenis van de plaatsnaam, ook gauw weer worden. De omstandigheden daarvoor zijn dan ook ideaal, want tot aan de monding van de **Irrakkandy Lagoon** strekt zich over een afstand van vele kilometers een breed en met palmen omzoomd strand uit. U kunt hier heerlijk wandelen, een snorkel- of duikexcursie maken naar de kleurrijke onderwaterwereld rond **Pigeon Island** (toegang LKR 2000) of de **Coral Gardens** voor de kust van **Irrakkandy**, een boottocht over de lagune maken om vogels te observeren of in de late middag toekijken hoe de vissers hun sleepnetten binnenhalen.

Het aantal goede onderkomens is nog beperkt en het strand tussen het Shahira Guest House en het Nilaveli Beach Hotel wordt nog geblokkeerd door een marinebasis, maar de beste percelen langs het strand zijn inmiddels verkocht en ook de mariniers zouden hun langste tijd hebben gehad. Alles wijst er dus op dat er hier binnenkort weer onbekommerd van strand en zee kan worden genoten.

# Overnachten

Alle accommodatie ligt langs het strand tussen Nilaveli en het circa 1,5 km noordelijker gelegen Irrakkandy. Restaurants zijn er alleen in de hotels. Omdat er vrijwel geen concurrentie is, zijn de prijzen voor overnachtingen en eten vaak nog veel te hoog. Een van de oudste hotels is het Nilaveli Beach Hotel (www.tangerinehotels.com), dat in 1974 zijn deuren opende.

**Houten bungalows** – **Nilaveli Beach Resort**: km 19, Pulmoddai Road, tel. 026 205 00 88, www.nilavelibeachresort. lk, 2 pk vanaf $ 100. Dit strandresort biedt acht houten bungalows op palen met veranda en uitzicht op zee. Het eten wordt geserveerd in een halfopen paviljoen. Ligstoelen met parasol.

**Stijlvol** – **Pigeon Island Beach Resort**: ten noorden van 11th Mile Post, tel. 026 492 06 33, www.pigeonislandresort. com, 2 pk vanaf $ 135, zonder ontbijt. Dit mooie boetiekhotel biedt op een beperkte ruimte 38 kamers, zes suites, 2 bars en een zwembad. U kunt de dag uitluiden met een diner bij kaarslicht op het strand.

**Aan de lagune** – **Surya Lagoon**: Ramanatman Estate, km 18, tel. 071 272 85 04 of 071 472 85 04, www.suryalagoonnilaveli.com, 2 pk vanaf $ 65. In deze vijftig jaar oude villa op een kokosplantage vindt u vier fraai ingerichte kamers met ventilator.

# Actief

**Duiken** – **Nilaveli Diving Centre**: High Park Beach Hotel, 9th Mile Post, tel. 077 443 61 73, www.nilavelidiving. com. Het duikcentrum van Nilaveli organiseert van april tot en met september duikexcursies naar verschillende bestemmingen.

**Boottochten** – Op het strand voor het Nilaveli Beach Hotel liggen bootjes te wachten om u naar Pigeon Island of de Coral Gardens te brengen (circa LKR 2000 per boot). Ook tochtjes over de lagune (circa LKR 9000).

## Info

**Vervoer**

Zie Trincomalee blz. 251.

## Tiriyai ▶ J/K 7

Indrukwekkende ruïnes in een bosrijke omgeving maken van Tiriyai een interessante bestemming. Het ooit belangrijke boeddhistische heiligdom ligt ongeveer 35 km ten noorden van Nilaveli en is te bereiken via de schilderachtige kustweg B424 richting **Kuchchaveli** (▶ K 7). Bij km 45 slaat u links af en komt u na 3 km in het dorp **Tiriyai**. Vanaf hier loopt een onverharde, 1,5 km lange weg naar de ingang van het tempelcomplex (overdag, LKR 500). De kern van het uitgestrekte **Girihandu Seya**, dat vermoedelijk in de 8e eeuw is gebouwd, ligt op een heuvel en bestaat uit overblijfselen van een dagoba en twee concentrische zuilenrijen, die ooit het dak droegen. Bijzonder goed

Op Nilaveli Beach wordt rust met een hoofdletter geschreven

bewaard gebleven zijn de in steen uitgehouwen wachters en de reliëfs op de halfronde maanstenen bij de trappen. Ook het mooie uitzicht maakt een bezoek aan dit complex de moeite waard.

## Passekudah en Kalkudah ▶ N 13

Begin jaren tachtig van de vorige eeuw waren de stranden van **Passekudah** en **Kalkudah** nog populaire vakantiebestemmingen, maar daarna kwamen ze steeds meer onder invloed van de burgeroorlog. Ongeveer 100 km ten zuiden van Trincomalee (en 30 km ten noorden van Batticaloa) strekt zich de 2 km lange baai van Passekudah uit en even zuidelijker, gescheiden door een landtong, het kilometerslange strand van Kalkudah. De dichtstbijzijnde grotere plaats met een station is het 5 km landinwaarts gelegen **Valaichchenai**. Beide stranden zullen waarschijnlijk nog jarenlang veel weg hebben van een

Een tochtje lang de vestingmuren van Batticaloa is beslist de moeite waard, of u dat nu op een knetterende bromfiets of te voet maakt

bouwput. Als de grootse plannen van de regering worden verwezenlijkt, dan komen hier meer dan twintig vier- en vijfsterrenresorts en -hotels te staan. Wie de hagelwitte stranden nog (vrijwel) leeg wil zien, kan nu al terecht in een handvol budgetonderkomens en een paar chique resorts. De stranden lopen lichtjes af naar zee en zijn daarom uitstekend geschikt voor gezinnen. Snorkelaars kunnen hun hart ophalen bij het rif voor de kust. Ook de neerslag blijft binnen de perken met gemiddeld 1100 m per jaar.

## Overnachten

In Passekudah zijn enkele chique resorts, waaronder het **Amethyst Resort** (www.aitkenspencehotels.com/amethyst), **Uga Bay** (www.ugaescapes.com) en het **Maalu Maalu Resort & Spa** (www.maalumaalu.com).

**Aangenaam** – **Victoria Guest House:** Valaichchenai Road, Kalkudah, tel. 077 957 89 68, hotelvasuki@yahoo.com, 2 pk vanaf $ 15. Dit twee verdiepingen hoge *guesthouse* wordt gerund door een familie, die ook smakelijke Tamilgerechten bereid, onder andere met groenten uit eigen tuin. Er zijn ook fietsen te leen. De twee stranden liggen op 800 m en 1,5 km.

**Vlak bij het strand** – **Vasuki Guest House:** Valaichchenai Road, Kalkudah, tel. 065 364 88 09 of 225 76 79, hotel vasuki41@yahoo.com, 2 pk vanaf $ 20. Dit *guesthouse* ligt aan de hoofdweg op circa 350 m van het strand en biedt vijf tweepersoonskamers met ventilator en een grote familiekamer. Goede gerechten met vis en zeevruchten. Ook hier kunt u fietsen lenen.

**Enorm zwembad** – **Sunrise by Jetwing:** Passekudah, tel. 065 205 88 65, www.jetwinghotels.com, 2 pk vanaf $ 130. De architectuur van dit resort aan Passekudah Beach wordt gekenmerkt door strakke lijnen en het interieur is een combinatie van modern design en traditionele materialen. U vindt hier

56 kamers, 2 suites, een langgerekt zwembad en een wellnesscentrum.

## Info

### Vervoer

**Trein:** vanaf het dichtstbijzijnde station in Valaichchenai, 5 km landinwaarts, vertrekken twee keer per dag treinen naar Batticaloa en Colombo (via Polonnaruwa). Een tuktuk van een van beide stranden naar Valaichchenai kost ongeveer LKR 300.

**Bus:** vanuit Passekudah en Kalkudah een paar keer per dag naar Batticaloa en Trincomalee, vanuit Valaichchenai regelmatig naar Polonnaruwa (70 km).

## Batticaloa ▶ O 14

Eindeloze stranden, de langste lagune van Sri Lanka, architectonische relicten uit de koloniale tijd – **Batticaloa** (uitgesproken als 'bettikalor'), met 100.000 inwoners de op een na grootste stad aan de oostkust, heeft het nodige te bieden, maar trekt weinig toeristen. Het historisch centrum ligt tussen de kust en de lagune op het kleine **Pullianthivu Island**. Batti, zoals de stad kortweg wordt genoemd, leeft van de rijkdom in de omringende wateren en heeft een kleurrijke bevolking: de Tamils domineren met 72%, de islamitische Moren volgen met 25% en de rij wordt gesloten door een paar duizend Singalezen.

## Geschiedenis

Ruïnes van antieke tempels getuigen van een vroege vestiging van Singalezen in dit gebied. Na de ondergang van het Polonnaruwa-rijk trokken vanaf de 13e eeuw grote aantallen Tamils hiernaartoe.

Op 31 mei 1602 nam het Hollandse tijdperk een aanvang, toen in de persoon van admiraal Joris van Spilbergen een vertegenwoordiger van de pas opgerichte Vereenigde Oostindische Compagnie (VOC) met drie schepen voor de kust van Batticaloa voor anker ging om de koning van Kandy tot een handelsovereenkomst te dwingen. Als tegenprestatie zou de VOC de Portugezen verdrijven, waar ze in 1638 uiteindelijk ook in slaagden. Maar het duurde niet lang of de Hollanders vestigden zich permanent in Batticaloa en gingen er versterkingen aanbrengen. Op 18 september 1795 nam het Britse rijk de macht over, na een slag die drie weken had geduurd.

Tijdens het etnische conflict ontwikkelde Batticaloa zich vanaf 1983 tot een bolwerk van de LTTE aan de oostkust, maar in 1991 kregen regeringstroepen de stad weer in handen. De omgeving werd pas veel later bevrijd. Sinds het einde van de burgeroorlog gaat het Batticaloa op economisch gebied voor de wind, niet in de laatste plaats dankzij de steeds betere infrastructuur.

### Zingende vissen

Wat het monster voor Loch Ness is, lijken de zingende vissen voor Batticaloa te zijn: met een roeispaan achter het oor zouden vanuit een bootje onder de Kallady Bridge zachte geluiden van zeewezens te horen zijn, maar alleen van april tot en met september en dan ook nog het liefst 's nachts bij vollemaan. Het mysterie kon tot nog toe niet afdoende worden ontrafeld, maar de meest waarschijnlijke verklaring is dat het geluid komt van lege kreeftenschalen en slakkenhuizen op de bodem van de lagune, die extra resoneren door de zeer sterke stroming bij vollemaan.

De Arugam Bay – een paradijs voor surfers

## Bezienswaardigheden

Een goed bewaard gebleven relict uit de koloniale tijd is het **fort** van Batticaloa, dat in 1682 werd voltooid en voorzien is van imposante muren met op de hoeken bastions. Vanaf de hoofdingang, geflankeerd door twee roestende kanonnen, kunt u een leuke wandeling langs de muren maken. In de vesting bevinden zich nog de overblijfselen van een dagoba.

De grootste aantrekkingskracht gaat echter uit van de lange, vrijwel lege stranden in de omgeving. Vanaf de monding van de lagune, ten westen waarvan het mooie **Batticaloa Lighthouse** (1913) staat, strekt zich naar het zuidoosten eerst het **Navalady Beach** en vervolgens het **Kallady Beach** uit. Voor ervaren duikers ligt de grootste attractie van Batticaloa circa 30 km voor de kust in zee: het wrak van de **HMS Hermes** (zie blz. 72), het eerste vliegdekschip ter wereld.

## Overnachten

**Aan de lagune** – **East Lagoon**: Munai Road, Uppodai Lake Road, tel. 065 222 92 22, www.hoteleastlagoon.lk, 2 pk vanaf $ 65. Hotel van vier verdiepingen met 45 kleurrijk ingerichte kamers en suites. Mooi zwembad.

**Trefpunt van duikers** – **Deep Sea Resort**: Fisheries Street, Nawalady, tel. 077 068 68 60 of 077 764 84 59, felicianfer nando@hotmail.com, 2 pk vanaf $ 40. Het Deep Sea Resort aan de lagune beschikt over zes eenvoudige kamers met badkamer en airconditioning. Het eten wordt geserveerd in een open bamboehut met uitzicht op het water. Klein zwembad. De eigenaren organiseren ook duikexcursies naar de *HMS Hermes* (www.srilanka-divingtours.com).

**Vriendelijk guesthouse** – **Avonlea Inn**: 57/A, Nagathambiran Kovil Lane, New Dutch Bar Road, Kallady, tel. 065 222 81 13 of 077 657 01 98, 2 pk vanaf $ 20. In dit knusse complex op 2,5 km van

## Festiviteiten

**Thertham:** juni/juli. Tiendaags hoofdfeest van de aan Ganesha gewijde Sri Mamanga Pillaiyar Kovil, met processies en ceremonies. De tempel staat ongeveer 2 km ten noorden van het centrum in de wijk Amirthakaly.

## Vervoer

**Trein:** vanaf het station in Stadion Road drie keer per dag naar Colombo via Polonnaruwa.
**Bus:** vanaf het busstation in Munai Street vertrekt drie keer per dag een bus naar Colombo, één keer per dag naar de Arugam Bay en een paar keer per dag naar Polonnaruwa, Pottuvil en Trincomalee.

# Arugam Bay ▶ O/P 19/20

De enigen die niet werden afgeschrikt door de burgeroorlog waren de surfers. Zij kwamen ook in moeilijke tijden naar de **Arugam Bay** om zich uit te leven op de tien surflocaties langs de kust. Zelfs de gevolgen van de tsunami weerhielden hen niet lang, want het jaar daarop waren ze er alweer. Niet zelden overnachtten ze tussen de ruïnes, omdat de meeste strandverblijven door de vloedgolf waren verwoest.

De Arugam Bay ligt circa 2,5 km ten zuiden van het plaatsje **Pottuvil** en ongeveer 100 km ten zuiden van Batticaloa. Met watertemperaturen tussen de 24 en 28 °C en tot wel 4 m hoge golven zijn de omstandigheden voor surfers hier van eind maart tot begin oktober ideaal. De accommodatie ligt aan het slechts 1500 m lange strand, dat zich als een gouden sikkel uitstrekt langs de baai en tevens dienstdoet als landingsplaats van de plaatselijke, overwegend islamitische vissers. Terwijl zij overdag hun netten staan schoon te maken in de dicht openstaande ▷ blz. 262

het centrum vindt u dertien keurige kamers, waarvan enkele voorzien zijn van airconditioning. U kunt hier ook een hapje eten, vooral smakelijke currygerechten. Fietsverhuur.

## Eten en drinken

*Vegetarisch* – **Sri Krishna Café:** 61A Kannaki Amman Road, dag. 6.30-21.30 uur, vanaf LKR 350. Zuid-Indiase gerechten aan de lagune.

## Actief

*Duiken* – **Sri Lanka Diving Tours:** zie Overnachten, Deep Sea Resort.

## Info en festiviteiten

www.welcometobatticaloa.com: rijke bron van informatie.

## *Favoriet*

### Boottocht op de Pottuvil Lagoon ▶ O 19

Het is vroeg op de ochtend. Soepeltjes glijdt de vlerkprauw door het water. Enkele vissers controleren hun netten tussen de mangroven. Een ijsvogel zit ontspannen op een tak en een stukje verder vliegt een zwerm reigers op. Als de dag nog jong is, heerst er een weldadige rust op en rond de 80 ha grote Pottuvil Lagoon, 4 km ten westen van de Arugam Bay. De twee uur durende boottocht biedt u de kans tientallen vogels te observeren. Bovendien steunt u de plaatselijke visserscoöperatie, die de boten beschikbaar stelt.

**Reserveren: Arugam Bay Surf Resort**, Main Road, tel. 063 224 81 89, www. arugambay.lk, LKR 4000 voor 1-2 personen inclusief vervoer naar de lagune, alleen van 6-8 en van 16-18 uur.

rieten hutten, lopen de goed gebouwde en schaars geklede surfers af en aan – wat zo nu en dan een wonderlijke aanblik biedt. Het drukbezochte strand is niet altijd even schoon en de zee is hier vanwege de sterke branding alleen geschikt voor ervaren zwemmers.

Buiten de drukke periode van juni tot en met augustus is er maar weinig te beleven bij de Arugam Bay. Het verlaten strand ten zuiden van de baai leent zich uitstekend voor een wandeling, soms zelfs voor een verdwaalde olifant. Vrouwen doen er verstandig aan hier niet in hun eentje te gaan wandelen omdat er in het verleden verscheidene meldingen zijn geweest van aanranding.

Een kilometer of dertien ten zuiden van de Arugam Bay ligt het dorpje **Panama**, waar het verlaten en boomloze strand omzoomd is met duinen. De lagune ten noorden van het dorp is het leefgebied van een kleurrijke verzameling vogels, die scherp in de gaten worden gehouden door moeraskrokodillen.

# Overnachten

Aan weerszijden van de kustweg rijgen de hotels, resorts en *guesthouses* zich aaneen. Van juni tot en met augustus zijn de meeste verblijven volgeboekt, dus in die periode is reserveren een absolute must. De prijzen zijn doorgaans veel te hoog: voor een armzalig hutje wordt zomaar $ 20 gevraagd. Wie een auto met chauffeur heeft, moet anders dan in andere regio's van Sri Lanka ook het eten en het onderdak van de chauffeur betalen.

**Sfeervolle naam** – **Hideaway Resort:** landinwaarts, tel. 063 224 82 59, www.hideawayarugambay.com, 2 pk $ 60-145. Misschien zijn de vijf kamers in het oude, twee verdiepingen tellende pand en de negen *cabañas* zo minima-

listisch ingericht om de weelderige natuur in de prachtige tuin beter te kunnen zien. Niet alle kamers beschikken over airconditioning. Het bepaald niet goedkope restaurant heeft een goede reputatie.

**Comfortabel en knus** – **Stardust Beach Hotel:** vlak bij de Arugam Lagoon, tel. 063 224 81 91, www.arugambay.com, *cabañas* vanaf $ 43, 2 pk in het mooie hoofdgebouw $ 70. Dit aan het strand gelegen hotel biedt zes *cabañas*, acht tweepersoonskamers in het hoofdbouw en een villa met op beide verdiepingen twee tweepersoonskamers die ook samen als appartement te huur zijn. Alle kamers beschikken over een badkamer, een terras of balkon en een ventilator en bieden bovendien uitzicht op zee. Groot aanbod aan excursies.

**Ontspannen aan het strand** – **Galaxy Lounge:** tel. 063 224 84 15, www.galaxy srilanka.com, 2 pk vanaf $ 30. De Australische eigenaar heeft in zijn strandcomplex een fantastische 'hangmatambiance' gecreëerd. De elf bungalows met veel hout en een open badkamer staan onder schaduwrijke bomen. In het restaurant komen veel verschillende gerechten op tafel, die allemaal vers worden bereid en dus enig geduld vergen.

**Eenvoudig, maar op een toplocatie** – **Paper Moon Kudils:** Whisky Point, Urani, Pottuvil, tel. 071 997 97 97, www.papermoonkudils.lk, 2 pk vanaf $ 50. Dit knusse strandresort ligt ongeveer 15 km ten noorden van de Arugam Bay bij een populaire surflocatie en beschikt over een zwembad en een open restaurant. De twintig stenen bungalows met veranda – die als *kudil* (Tamil voor 'woonruimte') zijn doorgenummerd – bevinden zich achter op het terrein en zijn eenvoudig, maar smaakvol ingericht. Een van de excursies die u hier kunt boeken, is een kajaktocht op de Urani Lagoon.

## Eten & drinken

Behalve de restaurants in de genoemde resorts zijn verder nog aan te bevelen: **Ali's Restaurant** (curry's al vanaf LKR 250), **Food Garden** (tip: *devilled fish* voor circa LKR 600 en zelfgemaakt gebak) en het knusse **Upali Beach Surf Cafe**. Wie zin heeft in Thais eten kan terecht in het **Siam View Beach Hotel** (SVH, zie Uitgaan).

## Actief

Surfen – Bij de meeste accommodaties worden surfplanken verhuurd. Voor lessen kunt u onder andere terecht bij **Arugam Bay Surf Club,** Fawas Lafeer, tel. 077 955 22 68.

## Uitgaan

Versgetapt bier – **Siam View Beach Hotel** (**SVH**): dag. 9 uur tot laat. Bij SVH, waar Arugam Bay-veteraan Fred de scepter zwaait, kunt u onder het genot van een drankje naar goede muziek luisteren. In het hoogseizoen worden beachparty's georganiseerd. Informatie op www.facebook.com/aragum.

## Info

### Info

**www.arugam.info**: zeer informatieve website met veel actuele tips.

### Vervoer

**Bus:** de meeste bussen vertrekken vanaf het busstation in Pottuvil, onder andere één à twee keer per dag rechtstreeks naar Colombo (320 km) en drie keer per dag naar Batticaloa. Wie naar het hoogland of de zuidkust wil, neemt eerst een bus naar Monaragala

(▶ L/M 19; regelmatig vanuit Pottuvil) en stapt daar over; voor de zuidkust moet u dan nogmaals overstappen in Wellawaya (▶ K 20). Een taxi naar Colombo kost minimaal $ 130.

# Lahugala-Kitulana National Park ▶ O 19

### Toegang gratis

Het **Lahugala-Kitulana National Park**, circa 20 km ten westen van Pottuvil, staat bekend om de grote olifantenpopulatie. Sinds de stichting van het park in 1980 dient een 15,5 km² groot deel ervan als corridor voor de migratie van de grijze reuzen tussen de beschermde natuurgebieden van Kumana en Gal Oya. Al vanaf de A4, die langs het park loopt, hebt u een goede kans om een groep dikhuiden te spotten. Tegen het einde van de droge tijd, tussen augustus en oktober, houden grotere groepen olifanten zich vooral op rond de drie waterreservoirs.

Bezienswaardig zijn ook de kloosterruïnes van het **Magul Maha Vihara** (toegang gratis), 1 km ten zuiden van de A4 bij het dorp **Lahugala.** Het dateert waarschijnlijk uit de 5e eeuw en omvat alle elementen van een traditioneel kloostercomplex: een dagoba, een tempel, een kapittelzaal, huisvesting voor monniken en de muur van een *bodhighara* ter ere van een verdwenen bodhiboom.

## Info

### Vervoer

Vanaf de Arugam Bay kunt u per tuktuk een uitstapje van een halve dag maken naar het nationaal park en de tempel (50 km retour, circa LKR 2000-2500). Een betrouwbare chauffeur is mr. Lafeer, tel. 077 843 35 33.

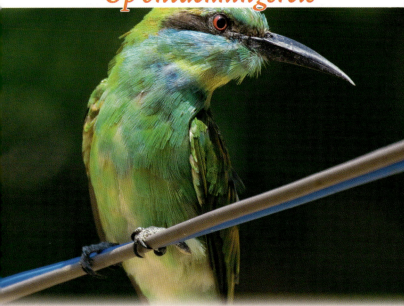

## Via een pelgrimsroute naar een vogelparadijs – Kumana National Park

De Arugam Bay heeft meer te bieden dan alleen maar zee en strand. Het paradijs voor surfers is een uitstekende uitvalsbasis voor een autorit via een oude pelgrimsroute naar het Kumana National Park. Hier laat de natuur rond de lagunes en meren zich van haar ongerepte kant zien. Het beschermde natuurgebied staat ook bekend om de boeiende vogelwereld en bovendien kunnen enkele tempels worden bezichtigd.

**Kaart:** ▶ N/O 20/21.
**Duur:** circa 5-6 uur.

**Info:** Kumana National Park, dag. 7-18 uur, $ 10 p.p. plus $ 8 *service charge* per groep plus LKR 250 per voertuig en 15% belasting, jeep voor maximaal vijf personen circa LKR 11.000.
**Reserveren:** accommodatie aan de Arugam Bay.

### In 45 dagen dwars door Sri Lanka

Een bruin gevederde brahmaanse wouw zit op een tak en draait zijn markante witte kop naar de groep pelgrims. Met hun kleurrijke sari's en wikkelrokken lijken ze in het kale, bruin-gele landschap wel een kleurrijke fata morgana. Elk jaar in juli maken duizenden hindoes, boeddhisten en zelfs moslims de **Pada Yatra** ('pelgrimstocht', www.padayatra.org) van de Sri Selva Sannathy Kovil (zie blz. 279) op het schiereiland Jaffna naar Kataragama (zie blz. 164) aan de zuidkust, een tocht langs de oostkust die minstens 45 dagen in beslag neemt. Onderweg komen ze ook door de grote nationale parken Kumana (het voormalige Yala East) en Yala West (zie blz. 163). Dit dunbevolkte gebied, tot 2009 een favoriete schuilplaats van LTTE-strijders, is niet alleen voor bedevaartgangers, maar ook voor natuurliefhebbers een interessante bestemming.

## Rustplaats voor pelgrims

Het dorp **Okanda,** 30 km ten zuiden van de Arugam Bay (zie blz. 259), bestaat uit niet veel meer dan een paar tempels, accommodatie voor pelgrims en een boomloos strand dat her en der wordt onderbroken door brede rotspartijen. Vanwege de burgeroorlog en de schrale bodem waren de weinige bewoners naar andere delen van het land getrokken, maar sinds enige tijd is het dorp weer tot leven gekomen. Niet alleen omdat gelovige wandelaars hier in juli hun reis een paar dagen onderbreken, maar ook omdat Ukantai ('zitten'), de Tamilnaam van Okanda, de toegangspoort tot het Kumana National Park is.

Vanwege de religieuze betekenis heeft de regering het gebied rond het dorp uitgeroepen tot **Okanda-Kudumbigala Heritage Reserve**. Het belangrijkste heiligdom is de **Okanda Malai Murugan Kovil**, met verscheidene schrijnen en tempels die aan de rand van een rotspartij staan. De hindoes geloven dat het heiligdom de plek markeert waar oorlogsgod Kataragama (ook Murugan of Skanda genoemd) zijn

latere gemalin Valli heeft ontmoet. Volgens andere legenden lieten ook Shiva en demonenkoning Ravana hier hun sporen achter. Niet ver hiervandaan ligt de opvallende rots **Kudumbigala** met een oud boeddhistisch klooster.

## Vogels te over

In het aangrenzende, 180 km² grote **Kumana National Park** gaat het er wat wereldlijker aan toe. Met de vele lagunes, stroompjes en het 200 ha grote Kumana Wewa is dit beschermde natuurgebied een waardevolle biotoop voor vogels in een verder regenarme regio. In de droogste maanden april tot en met juli dartelen er hier tienduizenden rond. Tot nog toe zijn er 255 soorten geteld, waaronder talloze lepelaars, ibissen en kleine adjudanten. Ook de grijze pelikaan en de zeldzame jariboe zijn present en zelfs stekelstaartsnippen met hun naaldscherpe snavels komen vanuit het verre Siberië hiernaartoe. Bovendien hebt u de kans om in het bosrijke gebied olifanten en goudjakhalzen te spotten, terwijl in de uitgestrekte mangrovebossen moeraskrokodillen voorkomen. Opvallende verschijningen zijn de knoestige *kumbuks* (*Terminalia arjuna*), bomen die vooral langs rivieren en meren groeien. Door het park loopt een circa 25 km lang netwerk van hobbelige wegen, die u met een jeep kunt verkennen. Onderweg kunt u uitstappen bij waterplaatsen.

# Het noorden

## Op ontdekkingsreis

**Op bezoek bij de goden in het noorden van het schiereiland Jaffna:** hindoetempels zijn een soort prentenboeken van het geloof. Ze vertellen verhalen en mythen, waarmee ze bezoekers binnenleiden in een vreemde, fascinerende gedachtewereld. De Sri Selva Sannathy Kovil en de Vallipuram Alvar Kovil vormen hier geen uitzondering en laten u bovendien kennismaken met de diepe religiositeit van de hindoes. Zie blz. 278.

## Bezienswaardigheden

**Vankalai Sanctuary:** dit 4800 ha grote wetland is een walhalla voor vogelaars, die hier in de wintermaanden talloze trekvogels kunnen observeren, waaronder zwermen flamingo's en smienten. Zie blz. 269.

**Kantarodai:** dit boeddhistische heiligdom met de eigenaardige ministoepa's was vanaf de 2e eeuw v.Chr. meer dan 1300 jaar lang een belangrijk klooster. Zie blz. 276.

**Nainativu:** het eiland van de naja's (slangen) is een van de belangrijkste boeddhistische bedevaartsoorden in het noorden. Volgens de legende is Boeddha hier ook zelf geweest. Zie blz. 280.

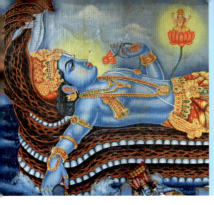

Op bezoek bij de goden in het noorden van het schiereiland Jaffna

Kantarodai
Karaitivu
Nainativu
**Jaffna**

Madhu
Mannar Island
Vankalai Sanctuary
Vavuniya

## Actief

**Strandpret en meer:** op het schaduw-rijke Casuarina Beach in het noorden van het eiland Karaitivu kunt u heer-lijk luieren en zo nu en dan afkoeling zoeken in zee. Zie blz. 281.

## Sfeervol genieten

**Madhu:** deze populaire Mariabede-vaartplaats, in het verleden een toe-vluchtsoord van godsdienst- en oor-logsvluchtelingen, trekt in vredestijd niet alleen christenen, maar ook boed-dhisten en hindoes. De afgelegen loca-tie tussen Mannar Island en Vavuniya maakt de plaats er alleen maar bijzon-derder op. Zie blz. 270.

**Malayan Café:** dit café in het centrum van Jaffna is een culinair instituut en ademt de charme van de *good old days.* Onder het toeziend oog van Mahatma Gandhi en Jawaharlal Nehru wordt het eten op bananenbladeren geserveerd. Zie blz. 275.

## Uitgaan

De langdurige burgeroorlog heeft het toch al beperkte uitgaansleven in Jaffna en andere steden in het noorden nage-noeg tot stilstand gebracht, maar dit zou in de nabije toekomst wel eens kun-nen veranderen.

# Het herontdekte noorden

Tussen Colombo en Jaffna liggen niet alleen 400 km, maar hele werelden: de eerste een bruisende metropool, de laatste een stad die getekend is door de burgeroorlog. Maar de tijd dat het noorden synoniem was met dood en terreur is voorbij. Hoe meer mensen naar dit deel van het land reizen, des te vanzelfsprekender het in het bewustzijn van de bevolking weer net zozeer bij Sri Lanka hoort als de rest van het eiland. Houd er wel rekening mee dat u hier een heel andere ervaring zult opdoen dan elders in het land. Aan veel wegen wordt druk gewerkt, de hotels

zijn vaak eenvoudig en de ruïnes uit de oorlog maken nog altijd deel uit van het landschap. Bovendien blijkt uit de nadrukkelijke aanwezigheid van militairen dat het wantrouwen tussen Singalezen en Tamils nog altijd diep zit.

Een reis naar een onzekere toekomst is een trip naar het noorden echter niet meer. Chique hotels en trendy restaurants zijn er weliswaar niet, maar voor nieuwsgierige en flexibele bezoekers valt er veel te ontdekken en te verkennen. Het vruchtbare **schiereiland Jaffna** met belangrijke hindoetempels vormt een scherp contrast met de kale eilanden in de Palk Strait, zoals **Kayts, Punkudutivu** en **Karaitivu**, waarbij het avontuur al begint met het uitspreken van hun namen. **Jaffna** heeft een redelijke infrastructuur en maakt u deelgenoot van het leven in een drukke Tamilmetropool. Op de noordelijkste punt van Sri Lanka, **Point Pedro**, kunt u in elk geval in gedachten de sprong naar het maar 60 km noordwestelijker gelegen India wagen. Nog dichter bij het Indiase subcontinent bent u op **Mannar Island**, vanwaar een keten van eilandjes als een soort navelstreng naar het reusachtige buurland loopt. En overal in het noorden komt u vriendelijke mensen tegen, die blij zijn dat ze steeds vaker vredelievende toeristen tegenkomen in plaats van tot de tanden toe bewapende soldaten.

## Mannar Island ▶ A/B 5/6

Tot aan het begin van de jaren tachtig van de vorige eeuw profiteerde het 30 km lange **Mannar Island** van het drukke veerbootverkeer tussen Sri Lanka en het Indiase subcontinent. In de koloniale tijd brachten de schepen uit het Zuid-Indiase Rameshva-ram Tamilarbeiders voor de plantages naar Sri Lanka, in de jaren zeventig gevolgd door westerse dropouts. Op de terugweg namen ze vooral hindoe-pelgrims en Singalese handelaren mee. Tijdens de burgeroorlog was de smalle landtong voor veel Tamil- en moslim-vluchtelingen een springplank naar het buurland. Of Mannar Island met de ge-plande hervatting van de veerdienst de oude tijden kan doen herleven, is in deze tijd van budgetmaatschappijen maar de vraag.

Toeristen wagen zich maar zelden in deze regenarme, verdord uitziende uithoek van Sri Lanka. Het banaanvor-mige eiland, dat door een ruim 3 km lange dam met het vasteland is verbon-den, heeft niets spectaculairs te bieden. In het zuidoosten ligt **Mannar** met een interessant Hollands fort uit 1686, maar de belangrijkste bezienswaardig-heid van het stadje is een reusachtige baobab (of apenbroodboom) in Palli-munai Road, die Arabische handelaren hier ooit naartoe zouden hebben ge-bracht. In het uiterste westen van het eiland strekt zich het boomloze **Uru-mali Beach** uit en kijkt **Talaimannar**, vroeger een centrum van de parelvis-serij, verlangend uit naar de hervatting van de veerdienst.

Aan de vastelandkant van de dam kunnen vogelaars hun hart ophalen in het 4800 ha grote **Vankalai Sanctuary**. Het wetland is een van de belangrijk-ste pleisterplaatsen van trekvogels als flamingo's, smienten en grutto's. Even-eens op het vasteland, een paar kilome-ter ten noorden van de A14, staat de **Thi-rukethiswaram Kovil** (dag. 6-18 uur, toegang gratis), die tot de vijf belang-rijkste hindoetempels voor Shiva in Sri Lanka behoort. Het heiligdom zou hier al in de 7e eeuw hebben gestaan. In 1575 werd de tempel compleet ver-woest door de Portugezen. Pas in 1903

werd begonnen met de herbouw ervan; de huidige gebouwen dateren uit de decennia daarna.

## Overnachten

Het aanbod aan accommodatie is re-delijk. Voor een zweempje luxe gaat u naar het **Palmyrah House** in Talaiman-nar Road (www.palmyrahhouse.com). Warme kleuren – **Hotel Agape:** 31/31 Seminary Road (in de buurt van het Our Lady of Madhu Minor Seminary), tel. 023 225 16 78, agapelovethestay@gmail. com, 2pk vanaf $ 35. Het Griekse woord *agape* (liefde) weerspiegelt zich ook in de favoriete kleuren lila, rood en oranje. De tien kamers zijn aan de kleine kant, maar degelijk ingericht en beschikken over een ventilator of airconditioning. Vriendelijk personeel.
Sober, maar ruim – **Four Tees Rest Inn:** Station Road, Thoddaweli, Eruku-lampiddy, tel. 023 323 00 08, 2 pk vanaf $ 12. Dit eenvoudige *guesthouse* ligt 8 km buiten Mannar bij station Thoddaweli. De twaalf sobere kamers, waarvan som-mige met airconditioning, zijn gericht op grote Sri Lankaanse gezinnen. De ei-genaar is hulpvaardig en zijn tuin staat vol met mangobomen.

## Actief

Kitesurfen – **Adams Bridge Kitesurf:** Urumalai Beach, tel. 077 746 12 61, www. abkitesurf.com.

## Info en festiviteiten

### Festiviteiten
**Thirukethiswaram Festival:** mei. Het hoofdfeest van de hindoetempel vindt plaats in de week voorafgaand aan vol-lemaan, met onder andere processies.

## Madhu – toevluchtsoord en bedevaartsplaats ▶ D 7

De Mariabedevaartsplaats **Madhu** is altijd al een toevluchtsoord geweest. In 1670 vluchtten twintig families naar dit junglegebied voor represailles van de protestantse Hollanders. In hun bagage zat een Mariabeeld, dat algauw pelgrims van het hele eiland trok. Toen aan het einde van de 20e eeuw de burgeroorlog woedde, zochten opnieuw duizenden mensen bescherming in dit gebied. Ook in de huidige vredestijd stromen gelovigen toe, vooral voor de hoofdfeesten op 2 juli en 15 augustus. Route: Madhu ligt 12 km ten noorden van de A14, halverwege Mannar en Vavuniya, en is het eenvoudigst te bereiken met een auto met chauffeur. Vanaf de Madhu Road Junction is er namelijk vrijwel geen openbaar vervoer voor het vervolg van uw reis.

### Vervoer

**Trein:** drie keer per dag tussen Anuradhapura, Mannar en Talaimannar.
**Bus:** bijna eens per uur tussen Mannar en Colombo (290 km), eens per halfuur naar Vavuniya (77 km) en Talaimannar (27 km), en een paar keer per dag naar Jaffna (100 km).

# Schiereiland Jaffna

Het **schiereiland Jaffna**, dat als de klauw van een kat de zee in steekt, wordt gekenmerkt door een levendige Tamilcultuur en vruchtbare gebieden. Tot het uitbreken van de burgeroorlog voorzagen de boeren op het schiereiland heel Sri Lanka van groenten en die taak rust ook nu weer op hun schouders. In de vruchtbare bodem gedijen onder andere uien, chilipepers en aardappels. Op veel plaatsen staan interessante cultuurhistorische monumenten, die goed vanuit Jaffna te bezoeken zijn. Buiten de metropool zijn er tot nog toe echter maar weinig overnachtingsmogelijkheden.

## Jaffna ▶ C 2

Nog altijd herinneren gebombardeerde huizen aan de afmattende burgeroorlog, maar de drukke bouwactiviteiten in **Jaffna** stralen optimisme uit. De stad (160.000 inwoners, van wie 98% Tamils) heeft niet lang na het einde van de oorlog haar vroegere dynamiek hervonden. In de kledingwinkels vol sari's regeert de smaak van Bollywood en op straat is overal het harde staccato van de Tamiltaal te horen. De vele hindoetempels en -schrijnen laten geen misverstand bestaan over de dominerende religie, terwijl oude kerken en eerbiedwaardige kloosters getuigen van het koloniale verleden. Yalppanam, 'stad van de luit', zoals de Tamils Jaffna noemen, is een sympathieke metropool die een bezoek beslist waard is.

### Geschiedenis

Door de nabijheid van het Indiase subcontinent trok het schiereiland Jaffna al in de 3e eeuw v.Chr. Tamilimmigranten. Vanaf de 10e eeuw volgde een grotere stroom met de invasie van de Zuid-Indiase Chola. Na de ondergang van het Polonnaruwa-rijk vestigde zich hier halverwege de 13e eeuw het onafhankelijke Tamilrijk Yalppanam, waarvan sommige heersers niet eens meer bij naam bekend zijn. In 1591 veroverden de Portugezen het schiereiland – op Europese zeekaarten Jaffnapatam genoemd –, verwoesten de hindoetempels en probeerden de lokale bevolking te bekeren – met succes, want vandaag de dag is meer dan 10% van de inwoners katholiek.

Vanaf 1658 hadden de Hollanders het hier voor het zeggen. Voor hen was Jaffna een belangrijke overslagplaats van stoffen, parels en olifanten. Vanaf 1796 wapperde boven hun fort de Union Jack van het Britse rijk en ontwikkelde de stad zich tot een belangrijk educatief en bestuurlijk centrum.

Vanaf de jaren zeventig van de vorige eeuw namen de etnische spanningen steeds verder toe, om na de verwoesting van de bibliotheek van Jaffna in 1981 en Zwarte Juli in 1983 in een bloedige burgeroorlog te culmineren. Van 1990 tot 1995 was Jaffna bezet door de LTTE en ook daarna tot het einde van de oorlog grotendeels van de buitenwereld afgesloten.

### Clock Tower en Jaffna Public Library

Het centrum van de stad strekt zich uit langs de Jaffna Lagoon. Ten noorden van het fort vindt u in Hospital Road de opvallend gele **Jaffna Market** **1**, met ernaast het busstation. Tussen deze straat en de evenwijdig daaraan lopende Stanley Road ligt het winkelcentrum van de stad. Voor de burgeroorlog waren de straten rondom de **Clock Tower** **2** (1876) het kloppend hart van de stad, maar deze wijk is vrijwel geheel verwoest.

Even ten zuidwesten van de klokkentoren staat de **Jaffna Public Library** **3** (dag. 16.30-18 uur, toegang gratis) uit 1959, die oogt als een Indiaas mogolpaleis en de trots van de Tamils is. Voor hen was het dan ook een grote tragedie toen het gebouw in de nacht van 31 mei 1981 in brand werd gestoken door een Singalese politie-eenheid. Hierbij gingen meer dan 97.000 werken voor altijd verloren, waaronder kronieken en manuscripten van belangrijke Tamilintellectuelen. Pas in 2004 kon het

gereconstrueerde gebouw weer zijn deuren openen.

### Fort **4**

Het **fort** is in 1618 door de Portugezen aan de Jaffna Lagoon gebouwd, in 1658 door de Hollanders veroverd en uitgebreid, en heeft van 1795 tot 1948 dienstgedaan als Brits garnizoen. Begin jaren negentig van de vorige eeuw zijn bij gevechten tussen het Sri Lankaanse leger en de LTTE veel historische gebouwen binnen de muren in puin gelegd, maar de Sri Lankaanse overheid wil met Nederlandse steun een toeristische attractie van de stervormige vesting gaan maken. Zo is het de bedoeling om het zogenaamde **Queen's House**, de residentie van de commandant, en de in 1706 ingewijde **Kruyskerk** (ook Groote Kerk genoemd) te herbouwen. Het fort is toegankelijk vanaf de kant van de lagune.

### Chundikuli

In de oostelijke wijk Chundikuli zijn in de Britse tijd enkele sfeervolle kerken en kloosters gebouwd, zoals het **Holy Family Convent** **5** (123 Main Street, hoek Convent Road), waarvan de nonnen ook een school leiden. Niet ver ervandaan staat **St. Martin's Seminary** **6** (Main Street), dat in 1889 als onderwijsinstelling voor priesters werd gebouwd en aandoet als een Brits *college* in een tropische tuin. Nog een steenworp verder verheft zich de imposante **St. Mary's Cathedral** **7**. De eerste steen voor het godshuis werd al in 1939 gelegd, maar het duurde nog tot 1982 voordat het werd voltooid.

## Overnachten

Het aantal overnachtingsmogelijkheden neemt gestaag toe, maar desondanks is de keuze aan ▷ blz. 274

## *Favoriet*

### Verzamelplaats van goden – de Nallur Kandaswamy Kovil

Alleen al de ingang met het gewelfde dak en de vijf verdiepingen hoge toren (*gopuram*) is indrukwekkend. De grootste en misschien ook wel mooiste hindoetempel van Sri Lanka ligt circa 2 km ten noordoosten van het centrum en herbergt tal van schrijnen voor verschillende goden. Hier krijgt u een uitstekend beeld van de religiositeit van de hindoes, vooral tijdens de *pujas*. Het heiligdom is gewijd aan oorlogsgod Murugan (Skanda), wiens zes hoofden wijsheid, onbewogenheid, kracht, roem, rijkdom en goddelijke macht symboliseren.

Nallur Kandaswamy Kovil 8 : Point Pedro Road, Nallur, dag. 4.30-12 en 15.30-17.45 uur, *pujas* 5, 10, 12, 16, 17 en 17.30 uur, toegang gratis, mannen moeten behalve hun schoenen ook hun shirt uittrekken, binnen is fotograferen verboden.

goede hotels nog tamelijk bescheiden. Tijdens de Sri Lankaanse vakantie (juli/augustus) schieten de prijzen de hoogte in.

**Luxe in het centrum** – **Jetwing Jaffna 1**: 37 Mahatma Gandhi Road, tel. 021 221 55 71, www.jetwinghotels.com, 2 pk vanaf $ 150. Het beste hotel van Jaffna biedt 55 stijlvol ingerichte kamers met balkon, een combinatie van strakke lijnen en traditionele materialen. Restaurant op de eerste verdieping, bar op het dakterras.

**Duur middenklassenhotel** – **Tilko Jaffna City Hotel 2**: 70/6, K.K.S. Road, tel. 021 222 59 69, www.cityhoteljaffna.com, 2 pk vanaf $ 90. In dit moderne zakenhotel vindt u veertig kamers met airconditioning en tv, een sauna, een fitnessruimte en een restaurant met de ambiance van een stationsrestauratie, maar degelijke gerechten. De prijzen zijn veel te hoog.

**Centraal en rustig** – **Green Grass Hotel 3**: 33 Aseervatham Lane, Hospital Road, tel. 021 222 43 85, www. jaffnagreengrass.com, 2 pk vanaf $ 35. Dertig kamers met badkamer, airconditioning en televisie. In sommige kunt u gebruikmaken van wifi. Restaurant, goede locatie, maar al met al wel tamelijk steriel.

**Rustig gelegen** – **KAIS Guest House 4**: 69 Colombogam Road, Chundikuli, tel. 021 222 72 29 of 077 302 42 34, www.kaisguesthouse.com, 2 pk vanaf $ 25. Privéwoning met drie spartaans ingerichte kamers met badkamer, air-

# Jaffna

### Bezienswaardigheden
1. Jaffna Market
2. Clock Tower
3. Jaffna Public Library
4. Fort
5. Holy Family Convent
6. St. Martin's Seminary
7. St. Mary's Cathedral
8. Nallur Kandaswamy Kovil

### Overnachten
1. Jetwing Jaffna
2. Tilko Jaffna City Hotel
3. Green Grass Hotel
4. KAIS Guest House
5. Theresa Inn

### Eten en drinken
1. Cosy Hotel & Restaurant
2. Hotel Rolex
3. Malayan Café

conditioning en klamboe; een van de kamers is geschikt voor vier personen. Buiten zijn leuke zitjes gecreëerd.
Eenvoudig en ongedwongen – **Theresa Inn** 5: 72 Racca Road, tel. 021 222 86 15 of 071 856 53 75, calistusjoseph89 @gmail.com, 2 pk vanaf $ 20. De acht kamers met badkamer en airconditioning zijn behoorlijk gedateerd, maar wel schoon en functioneel. De leenfietsen verkeren in bedenkelijke staat.

## Eten en drinken

Jaffna's bijdrage aan de Sri Lankaanse keuken zijn *kool,* een stevige vissoep met tapioca, tamarindesap en tijm, en de beste mango's van het eiland.

Indiaas – **Cosy Hotel & Restaurant** 1: 272 Stanley Road, tel. 021 222 71 00, dag. 6.30-23 uur, gerechten vanaf LKR 400. Het beste Indiase restaurant van Jaffna serveert lekkernijen uit de *tandoor,* maar ook Tamilspecialiteiten. De bediening is goed, het decor sober.
Currybuffet – **Hotel Rolex** 2: 340 Hospital Road, dag. 6.30-22 uur, vanaf LKR 250. Dit populaire en daarom vaak rumoerige etablissement biedt een uitgebreid currybuffet en serveert ook veel kleinere gerechtjes.
Eten van een bananenblad – **Malayan Café** 3: 36-38 Grand Bazaar, tegenover de markt, dag. 7-21 uur, gerechtjes vanaf LKR 200. Dit restaurant is een instituut in Jaffna en serveert vegetarische rijstgerechten en kleinere gerechtjes op

bananenbladeren. Als tussendoortje zijn *dosas* – gevulde pannenkoekjes van rijst en linzen – en *thairu vadais* – met yoghurt gevulde deegenvelopjes – aan te bevelen. Erg populair en dus vaak helemaal vol.

# Info en festiviteiten

## Festiviteiten

**Nallur Festival:** juli/aug. Het bekendste feest van het noorden begint op de zesde dag na nieuwe maan in juli en duurt 26 dagen. Dagelijks vinden processies en ceremonies plaats en wordt een grote markt gehouden. Hoogtepunten zijn de processies op de 24e en de 25e dag, waarbij reusachtige praalwagens met het beeld van Murugan door de straten worden getrokken.

## Vervoer

**Trein:** vier keer per dag via Anuradhapura naar Colombo (6,5 uur).
**Bus:** tegenover het postkantoor in K.K.S. Road vertrekken vanaf 18 uur nachtbussen naar Colombo. Vanaf het centrale busstation tussen Hospital Road en C. Ponnampalam Road rijden bussen naar de omgeving van Jaffna en een paar keer per dag naar Kandy, Mannar en Trincomalee.
**Vliegtuig:** Helitours vliegt op ma., wo. en vr. vanaf Palali Airport, 15 km ten noorden van Jaffna, naar Colombo.

# Kantarodai en Nilavarai ▶ C/D 1/2

In **Kantarodai** (Singalees: Kadurugoda), dat circa 12 km ten noorden van Jaffna en 2 km ten westen van Chunnakam ligt, steken tussen palmyra's twintig ministoepa's als half begraven petanqueballen boven de grond uit. Ze behoren tot de overblijfselen van het boeddhistische klooster **Purana Maha Raja Vihara**, dat mogelijk al in de 2e eeuw v.Chr. is gesticht en ongeveer 1300 jaar lang in gebruik is geweest.

Bij het verder naar het oosten gelegen **Puttur**, ten zuiden van Achchuveli, bevindt zich de **Nilavarai Well**. Van de vele oude bronnen in Sri Lanka is dit een van de heiligste, omdat hij door de god Rama, de held uit het Ramayanaepos (zie blz. 58), zou zijn gegraven om zijn dorst te stillen. Nu is de bron, die ondergronds met de zee verbonden is, een populaire tussenstop voor pelgrims.

# Info

## Vervoer

U kunt beide plaatsen het best bezoeken met een auto met chauffeur of een tuktuk (vanuit Jaffna circa LKR 1500 retour).

# Point Pedro en Manalkadu ▶ E 1

De noordelijkste punt van Sri Lanka, **Point Pedro**, wordt gemarkeerd met een 32 m hoge vuurtoren uit 1916, die jammer genoeg niet toegankelijk is. Het grote vissersdorp is door de Portugezen met succes gekerstend, waarvan niet alleen de naam van het dorp (naar de apostel Petrus), maar ook enkele kerken getuigen, zoals de mooie **St. Thomas Church** aan de kustweg en de in 1833 ingewijde **St. Antony Church** in 4th Cross Street.

Bij de kustweg kunt u een korte wandeling maken over ▷ blz. 280

Op het schiereiland Jaffna doet niet alleen de kleding denken aan het Indiase subcontinent

## Op bezoek bij de goden in het noorden van het schiereiland Jaffna

**Hindoetempels zijn een soort prentenboeken van het geloof. Ze vertellen verhalen en mythen, waarmee ze bezoekers binnenleiden in een vreemde, fascinerende gedachtewereld. De Sri Selva Sannathy Kovil en de Vallipuram Alvar Kovil vormen hier geen uitzondering op en laten u bovendien kennismaken met de diepe religiositeit van de hindoes.**

**Kaart:** ▶ D/E 1.
**Start-/eindpunt:** Jaffna (zie blz. 270), circa 80 km.
**Duur/kosten:** hele dag, toegang gratis, auto met chauffeur ongeveer LKR 5000.

De tempelgebouwen mogen alleen zonder schoenen worden betreden, door mannen bovendien alleen met ontbloot bovenlijf. Stel u terughoudend en respectvol op bij ceremonies en ook bij het maken van foto's in de tempel.

### Religie van de bevrijding

Met al haar kracht gooit een vrouw in een kleurrijke sari een kokosnoot op de grond. Haar tienerdochter pakt de vrucht op en volgt het voorbeeld van haar moeder. Krakend breekt de schaal, waarna het kokoswater over de vloer stroomt. Met een glimlach op hun gezicht lopen de twee het imposante tempelgebouw in, waar niet veel later een plechtige *puja*-ceremonie begint.

Wat eruitziet als een geweldsuitbarsting is in werkelijkheid een oeroude traditie in het hindoeïsme, want de kokosnoot symboliseert niets anders dan het menselijk bestaan. De harde schaal representeert het fysieke, het witte vruchtvlees het psychische en het water de spiritualiteit. Het kapotgooien van de kokosnoot staat voor de gelovigen symbool voor zuivering en vernieuwing. Het is slechts een van de vele rituelen in het hindoeïsme.

## Murugan als slang

Circa 6 km ten noordoosten van Achchuveli staat aan een lagune de **Sri Selva Sannathy Kovil**. Voor Sri Lankaanse begrippen ziet de tempel er sober uit, maar voor de gelovigen heeft het heiligdom een speciale betekenis: hier begint elk jaar in juli de 45-daagse Pada Yatra, de hindoeïstische pelgrimstocht naar Kataragama (zie blz. 164).

De vele afbeeldingen van pauwen op de lijsten en siergevels getuigen van de god aan wie de tempel is gewijd: Murugan, de oorlogsgod die ook bekendstaat als Skanda en Kataragama en wiens rijdier deze trotse vogel is. Veel plaatsen op het eiland zijn omgeven met legenden over de zoon van Shiva en de broer van Ganesha. Zo ook hier, want in de nabijgelegen lagune zou hij in de gedaante van een naja (slang) zijn verschenen. De oorlogsgod wordt vooral door Tamils ten zeerste vereerd. Zij geloven dat hij kracht geeft en daarom willen sommigen van hen met ascetische handelingen als het doorboren van rug en wangen met haken en spiesen zich op gelijke voet met hem plaatsen (zie blz. 56).

## Vishnu als vis

De reis gaat verder naar het circa 5 km ten zuiden van Point Pedro gelegen Vallipuram, waar de **Vallipuram Aluvar Kovil** staat, de op een na grootste hindoetempel van het schiereiland Jaffna. In het grote tempelcomplex met de sierlijke *gopuram* (de toren boven de ingang) wordt de god Vishnu in zijn eerste incarnatie als vis Matsaya vereerd. Vishnu had zich in een vis veranderd om een boze demon te doden die de Veda's (heilige hindoeboeken) van de slapende god Brahma had gestolen en op de zeebodem in een schelp had verstopt. Toen daarop recht en moraal in de wereld teloorgingen, vroegen de goden aan Vishnu om de boeken veilig te stellen.

In Vallipuram komt u deze hindoegod in allerlei gedaanten en taferelen tegen, bijvoorbeeld hoe hij liggend op de slang Ananta uit zijn kosmische slaap ontwaakt en uit zijn navel een lotusbloem groeit met de kleine god Brahma met de vier gezichten. Ook vindt u hier een huilende asceet die zwaait naar de god Shiva in de gedaante van een lingam met een kaal hoofd en een gezicht. Maar dat is weer een heel ander verhaal.

het strand, waar vaak vissersboten liggen. Als u via de kustweg 6 km verder naar het oosten rijdt, komt u bij **Manalkadu,** waar de duinen doen denken aan een woestijnlandschap. Ook hier kunt u mooie wandelingen maken. Het vissersdorp werd compleet verwoest door de tsunami van 2004 en met Duitse hulp wat verder landinwaarts weer herbouwd.

# Info

### Vervoer

**Bus:** tussen Jaffna en Point Pedro (33 km) rijdt minimaal één keer per uur een bus. Naar Manalkadu kunt u vanuit Jaffna een tuktuk nemen (ongeveer LKR 2000 retour).

# Eilanden in de Palk Strait

In het ondiepe water van de **Palk Strait,** die Sri Lanka van het Indiase subcontinent scheidt, liggen voor de kust van het schiereiland Jaffna als scherven van een gebroken vaas verscheidene vlakke eilanden. Ze zijn dunbevolkt en niet bijster spectaculair, maar de reis ernaartoe – over land of over zee – heeft zo zijn charme door de bruin glinsterende netten in de lagunes, de als naalden oprijzende palmyra's en het kale, zonovergoten landschap.

Het best kunt u een auto met chauffeur huren om een rondrit te maken. Omdat drie van de eilanden door een dam met het vasteland of elkaar zijn verbonden, zou u de volgende tocht kunnen maken: met de auto via Kayts naar Punkudutivu, verder met de boot naar Nainativu of Delft, op de terugweg met de auto naar Kayts, vanaf daar met de autoveerboot naar Karaitivu en ten slotte via de dam terug naar Jaffna.

# Kayts en Punkudutivu  ▶ B/C 2/3

Het met afstand grootste eiland **Kayts,** dat door de Hollanders Leiden werd genoemd, heeft verscheidene kerken en tempels te bieden. In het zuiden, bij het dorp **Velanai,** ligt ook nog **Chaty Beach,** maar dat is niet erg aantrekkelijk. Niet ver van het strand bevinden zich de **St. Mary Church,** een **begraafplaats** met 135 graven van gesneuvelde Tamiltijgers en een **moskee** voor de aanhangers van de in 1986 overleden Sri Lankaanse soefimysticus sjeik Muhammad Raheem Bawa Muhaiyadeen. In het noorden, tegenover het eiland Karaitivu, vindt u in de hoofdplaats **Kayts** overblijfselen van het fort Eyrie en de in 1716 ingewijde St. James Church met een neobarokke voorgevel.

Via een 4 km lange dam met een slecht wegdek bereikt u het eiland **Punkudutivu,** dat onder de door heimwee geplaagde Hollanders bekendstond als Middelburg. Het eiland is eigenlijk alleen interessant vanwege de haven in **Kurikadduwan** (kortweg K.K.D.), omdat daarvandaan de boten naar Nainativu en Delft vertrekken.

# Nainativu en Delft  ▶ A/B 2/3

Het eiland **Nainativu** (Haarlem in de Hollandse tijd) wordt door de Singalese boeddhisten Nagadipa – eiland van de naja – genoemd omdat Boeddha hier tijdens zijn tweede bezoek aan Sri Lanka naartoe zou zijn gereisd om een strijd tussen twee slangenkoningen te beslechten. De plek van deze legendarische gebeurtenis wordt gemarkeerd door de sobere **Nagadipa Raja Maha Vihara,** compleet met dagoba en bodhiboom. Ook hindoes maken bedevaartstochten naar het eiland omdat in de **Naga Pooshani Amman Kovil** Minakshi wordt vereerd, de beschermgodin van zwangeren en jonge ouders en in de Tamilcultuur een verschijningsvorm van Parvati, de gemalin van Shiva.

Het enige eiland dat nog de oude Hollandse naam draagt, is **Delft** (Neduntivu). De boot vanaf Kurikadduwan brengt u er in ongeveer een uur naartoe en het kale eiland zelf kunt u per tuktuk (circa LKR 1500) verkennen. Bijzonderheden zijn de zogenaamde Delft-pony's, een baobab en overblijfselen van een Hollands fort.

## Karaitivu  ▶ B 1/2

**Karaitivu** is te bereiken via een dam vanaf het vasteland of met de autoveerboot vanaf Kayts. De meeste bezoekers komen voor **Casuarina Beach**, dat zich aan de noordkant van het eiland uitstrekt tot aan een vuurtoren en onder de schaduwrijke bomen van het geslacht *Casuarina* uitnodigt tot heerlijk luieren.

Voor de zuidwestkust van Karaitivu staat op een eilandje **fort Hammenhiel**, dat de Hollanders aan het einde van de 17e eeuw lieten bouwen om de nauwe doorvaart naar Jaffna te beschermen. De Hollandse zeevaarders gaven het fort deze wonderlijke naam omdat ze vonden dat de vorm van Sri Lanka aan een ham deed denken, waarbij het schiereiland Jaffna de varkenspoot was. Tegenwoordig doet het fort dienst als hotel.

## Info

### Vervoer

Voor een bezoek aan de eilanden is het aan te bevelen in Jaffna een auto met chauffeur te huren (circa LKR 5000 per dag). Vanuit Kurikadduwan (K.K.D.) op Punkudutivu vertrekken oude boten naar Nainativu (dag. 7-17.30 uur, grofweg om de 20 min., vaartijd circa 20 min., LKR 40) en naar Delft (twee keer per dag, 1,5 uur heen, 1 uur terug, circa LKR 120). Tussen de plaats Kayts op het gelijknamige eiland en het zuiden van Karaitivu vaart minimaal acht keer per dag een autoveerboot.

Populair onder inwoners van Jaffna: Casuarina Beach op Karaitivu

# Toeristische woordenlijst

## Taal

In de Sri Lankaanse grondwet zijn Singalees en Tamil vastgelegd als officiële talen. Een kleine elite spreekt Engels als eerste taal en in het dagelijkse taalgebruik bedienen de Sri Lankanen zich van vele anglicismen. Zo zullen de Singalezen bij een begroeting eerder voor 'hello' kiezen dan voor het formele 'ayubowan'.

## Taalgidsen

**Arjuna Hulugalle Dictionaries:** *Sri Lanka Words & Phrases,* Colombo 1998. Met afstand de goedkoopste manier om een paar woorden Singalees te leren. Van dezelfde uitgever is er ook een woordenboek speciaal voor zakenreizigers, het *English-Sinhala Dictionary of Business Terms.*

**Pragnaratne, S.:** *Sinhala phrasebook,* Melbourne 2008. Deze compacte taalgids van *Lonely Planet* doet aan de hand van alledaagse situaties de grondbeginselen van het Singalees uit de doeken.

## Singalees

De taal van de Singalezen behoort tot de Indo-Arische taalgroep en heeft door de nabijheid van het Indiase subcontinent en de betekenis van het boeddhisme tal van woorden uit het Pali en het Sanskriet overgenomen. Voorbeelden hiervan zijn het woord *kam* van het Sanskritische *karma* ('doen') en *tena* van het Pali-woord *thana* ('plaats').

In zijn basisvorm (*Elu hodiya,* oftewel Elu-alfabet) bestaat het Singalese alfabet uit 12 klinkers en 25 medeklinkers. Omdat er geen uniforme transcriptie is en de meeste transcripties bovendien op de Engelse uitspraak steunen, kunt u de woorden het best langzaam laten uitspreken door een Singalees zelf. De 'd' en 't' worden in het algemeen zachter uitgesproken dan in het Nederlands, de 'r' wordt gerold. Dubbele medeklinkers, zoals bij *digge* ('zuilengalerij') en *amma* ('moeder'), worden net als in het Nederlands allebei uitgesproken.

## Tamil

Het Tamil behoort tot de Dravidische taalfamilie en wordt wereldwijd door meer dan negentig miljoen mensen gesproken. In Sri Lanka gaat het om circa vijf miljoen mensen, grofweg een kwart van de totale bevolking. Er zijn echter tal van regionale dialecten. Het alfabet bestaat uit twaalf klinkers (met inbegrip van de tweeklanken 'ai' en 'au') en achttien medeklinkers. De medeklinkers zijn in drie groepjes van zes te verdelen, die respectievelijk hard, nasaal en zacht worden uitgesproken. De uitspraak van zowel klinkers als medeklinkers verschilt niet heel erg veel van die van het Nederlandse alfabet. Lang aangehouden klinkers worden ook dubbel geschreven, zoals 'aa' of 'uu'. De uitspraak van de medeklinkers 'dh' en 'th' is zacht en stemhebbend als bij het Engelse 'Thomas'.

## Leeshulp bij plaatsnamen

Bij nadere beschouwing gaat er achter veel moeilijk uitspreekbare plaatsnamen in Sri Lanka een systeem schuil. Zo hebben veel naamsuitgangen betrekking op lokale bijzonderheden, zoals -gama (dorp) bij Weligama, Ahangama en Alutgama en -gala (rots) bij Kurunegala en Monaragala. Dit zijn nog enkele mogelijkheden:

### Singalees

| | |
|---|---|
| (a)rama | park, klooster |
| duwa | eiland |
| ela | stroom |
| gaha | boom |
| gala | rots |
| gama | dorp |
| ganga | rivier |
| giri | berg, rotspartij |
| kanda | berg |
| ke(l)le | jungle |
| maha | groot |
| nuwara | (koninklijke) stad |
| oya | rivier |
| pitiya | tuin, park |
| pura | stad |

| | | | |
|---|---|---|---|
| tara, tota | haven | mulai, mulla | hoek |
| wela/wala | veld | nadu | land |
| watte | tuin | tivu | eiland |
| wewa | waterreservoir/ | tiru | mooi |
| | stuwmeer | turai | gebied |
| | | veli | hek, begrenzing |

### Tamil

| | |
|---|---|
| aaru | rivier |
| kadu | bos |
| kulam, madu | waterreservoir/ |
| | stuwmeer |
| malai | berg |

| Nederlands | Singalees | Tamil |
|---|---|---|

## Algemeen

| Nederlands | Singalees | Tamil |
|---|---|---|
| Goedemorgen! | Subah udaahsanak! | Kaalai vanakkam! |
| Goedenavond! | Subah sandaavak! | Maalai vanakkam! |
| Goedenacht! | Subah raatriyak! | Nalliravu! |
| Hallo/welkom! | Hello/ayubowan! | Vanakkam! |
| Tot ziens. | Ayubowan. | Vara vaanga. |
| ja/nee | oh-ooh/nai | aam, aamam/illai |
| Dank u wel. | Es tuuthii. | Nandri. |
| Alstublieft. | Karuna karala. | Thayavu seithu. |
| Wat zegt u? | Manada Prasna? | Puriyalavillai? |
| Neem me niet kwalijk! | Sama venna! | Enga! |
| Pardon! | Kana gartui! | Mannikkavum! |
| Wanneer? | Kawathatä? | Eppuu? |
| Waar? | Kohedh? | Enge? |
| Wat? | Mokkadäh? | Enna? |

## Onderweg

| Nederlands | Singalees | Tamil |
|---|---|---|
| inlichtingen | (tourist) information | (tourist) information |
| halte | isteesama | nelayam |
| ticket | tikat | ticket |
| bus | bas ekka | bas |
| busstation | bas stand | baas nilayem |
| Ik wil uitstappen. | Mama metina bahinawa. | Iranga po-orem. |
| treinstation | dumriya pala | rayil nilayem |
| eerste klas | palamu veni paantiya | mudalahaam vahuppur |
| tweede klas | deveni paantiya | irandaam vahuppur |
| trein | kohchiya | rayil |
| auto | car | car |
| benzinestation | petrol station | erivayu nilayam |
| langzaam | himing | meathuva |

# Toeristische woordenlijst

| Nederlands | Singalees | Tamil |
|---|---|---|
| snel | hayyen | veagama |
| rechts/links | dakuna/vama | valathu/idathu |
| rechtdoor | kelin yanna | naera kapogavum |
| boot | bohutwa | padadur |

## Tijd

| | | |
|---|---|---|
| 's ochtends | udai | kaalai |
| 's middags | havasa | mathiyaam |
| 's avonds | haendeh | sayang kaalam |
| 's nachts | reh | rathiri |
| gisteren | iye | neaathu |
| vandaag | ada | innaiku |
| morgen | heta | naalaiku |
| maandag | sandu dä | thingal |
| dinsdag | angaharuwaa dä | seavaai |
| woensdag | badaa dä | buthein |
| donderdag | braha spetin dä | vyaalein |
| vrijdag | sikuraa dä | vealli |
| zaterdag | senasuraa dä | sanni |
| zondag | iri dä | njairu |

## In geval van nood

| | | |
|---|---|---|
| Help! | Aanih! Aayoh! Amboh! | Udavi! |
| Een dokter! | Dostara gennännä! | Daktarä kupparavum! |
| Politie! | Polisiyata kiyannä! | Polisiä kupparavum! |
| Ga weg! | Metanin yanna! | Pohngoh! |

## Overnachten

| | | |
|---|---|---|
| hotel | hotel ekä | hotel |
| *guesthouse* | gesthouse ekä | virun-dhinnar vidhudheh |
| Hebt u kamers? | Kamara tiyenavadä? | Arekil kidehkkumah? |
| Hebt u kamers met airconditioning? | AC kamaraya tiyenavadä? | Kulir seithu araiä parka mudiyama? |
| voor één nacht | ek rayak pamanä | ondru iravukku |
| voor twee nachten | raya dekak pamanä | irandu iravukku |
| Wat kost een overnachting? | Ek rayakata kiyadä? | Oru iravukku evvalavur? |
| badkamer | nahnah kamarayak | kulikkum aria |
| Is er warm water? | Unuvatura tiyenavadä? | Sudu thani irukkuma? |

## Winkelen

| | | |
|---|---|---|
| kopen | gannavaa | vaanku |
| levensmiddel | kaemma | caappaatu |
| winkel | kada | kate |
| markt | maakat eka | cante |

| Nederlands | Singalees | Tamil |
|---|---|---|
| geldautomaat | ei tie äm (ATM) | ei tie äm (ATM) |
| contant | salli(ya) | paicaa |
| creditcard | credit card | credit card |
| maat | kanisama | aalavu |
| duur/goedkoop | milay/laaba | koodudhal/koranjadhu |
| Hoeveel (kost het)? | May kaw ganä kiyadä? | Ihdan vilai enna? |
| betalen | gevanavaa | panam kottu |

## Getallen

| | Singalees | Tamil |
|---|---|---|
| 0 | binduwä | seidhu |
| 1 | ekhä | ondru |
| 2 | dekkä | irandu |
| 3 | tunä | muundru |
| 4 | hatarä | nangu |
| 5 | pahä | aindhu |
| 6 | hayä | aaru |
| 7 | hatä | eilu |
| 8 | ahtä | ettu |
| 9 | navighyä | onpathu |
| 10 | dah highyä | pattu |
| 11 | ekhol highyä | pathi nonnu |
| 20 | wissäi | erpathu |
| 21 | wisi ekhä | irupathi onnu |
| 30 | tihä | mupathu |
| 100 | siiyä | nuru |
| 200 | day siiyä | irunuru |
| 1000 | dahä | aiyuram |

## Belangrijke zinnen

| Nederlands | Singalees | Tamil |
|---|---|---|
| Spreekt u Engels? | Oba ingriisi kathaa kaurana vaadä? | Nienga English pesuviengala? |
| Ik begrijp het niet! | Matah obahvah thehrum gahna baha! | Eanaku puriyavilinga! |
| Kunt u me helpen, alstublieft? | Mata sahaya viemata obata häkida? | Enakku oru udhavi seyya mudiyumaa? |
| Ik heb een dokter nodig. | Mamunäe dostara. | Enakku oru maruthuvar chigichai vendum. |
| Waar is ...? | ... kohäde? | Ku ... engae? |
| Hoe heet u? | Oyaage nama mokaddä? | Unga peaaru ennanga? |
| Ik heet ... | Maaghe nama ... | Eaen peaaru ... |
| Hoe gaat het? | Kohomadä? | Epadi irukienga? |
| Met mij gaat het goed! | Hondin innava! | Nan nallaa irukeanga! |

# Culinaire woordenlijst

| Nederlands | Singalees | Tamil |
|---|---|---|

## Algemeen

| | | |
|---|---|---|
| brood | pan | rotti |
| gekookte rijst | bat | sapaadu |
| boter | bahta | butter |
| eieren | bittaraya | muttai |
| *hoppers* | appa | |
| chilisaus | miris wadi | karam |

## Specerijen

| | | |
|---|---|---|
| Ceylonese kaneel | kurundu | karuva |
| rode peper | rathu miris | milagai |
| kerrieblaadjes | karapincha | karuveppilai |
| kruidnagel | karabu nati | karambu |
| gember | inguru | inji |
| komijn | duru, suduru | jiragam |
| kardemom | enasal | elakkai |
| koriander | kottamalli | kottamali |
| kurkuma | kaha | manjal |
| tamarinde | siyambala | puli |

## Vlees, vis en zeevruchten

| | | |
|---|---|---|
| garnalen | isso | erraa |
| vis | malu | mien |
| krab | kakuluvo | nandu |
| kreeft | pokirissa | periya iraal |
| rund | harak mas | maattu mamism |
| kip | kukul mas | koli |
| geit | elu mas | aattu mamism |
| varken | uru mas | pantri |

## Groenten

| | | |
|---|---|---|
| groenten | elavelu | kaikaari |
| bloemkool | malgova | puukos |
| tijgergras | gotu kola | vallaarai |
| paddenstoelen | haatu | naikudai |
| okra (*lady's fingers*) | baandaka | vendaikai |
| aardappel | aloo | urulai kelzngu |
| komkommers | waetakolu | vellari |
| tomaten | thakaali | thakaali |

## Fruit

| | | |
|---|---|---|
| ananas | annasi | annasi |
| bananen | keselkan | valzai |
| kokosnoot | pol | thengali |

| Nederlands | Singalees | Tamil |
|---|---|---|
| mango | amba | maam |
| papaja | paepol | pappaali |
| doerian | duriyan | mulnari |
| mangoestan | mengus | sulambali |
| nangka (jackfruit) | waraka, kos | palaa |
| palmyravrucht | thal gasa | panai |
| zapote | sepadilla | sappota |
| kaneelappel | anoda | seetha |
| watermeloen | komadu | dharpoos |

## Dranken

| | | |
|---|---|---|
| koffie | kopi | kapi |
| melk | kiri | paal |
| thee | tay | tea |
| water | waturah | thannir |
| fles mineraalwater | drink botalayak genna | oru pottal soda panam |
| sap | juus | saaru |
| limonade | soft drink | culi ä panam |
| bier | bire | bira |
| palmwijn | ra | kallu |

## In het restaurant

| Nederlands | Singalees | Tamil |
|---|---|---|
| ober/serveerster | unnähhe | pricaarkr |
| De menukaart, alstublieft. | Menu eka penvanna patti tharavum. | Thayavu seithu thinpandangall. |
| Ik ben vegetariër. | Mama elavalu vitarai kannee. | Naan saivam. |
| Proost! | Vaasanaavan! | Ciiyars! |
| De rekening, alstublieft. | Karuna karala bila ganna. | Bill tharavum. |
| ontbijt | udhae kaema | kaale saapadu |
| lunch | dhawal kaema | mattija saapadu |
| diner | rae kaema | sayangalam saapadu |
| dessert | paaycm | inippu vagaigal |
| hapjes/snacks | short eats | short eats |
| mes | pihiye | katti |
| vork | geruppuve | mullkaranntti |
| lepel | hände | karanntti |
| glas | glass | glass |
| fles | botalaya | chiichaa |
| zout/peper | lunu/gammiris | uppu/milaghu |
| suiker | seeni | chakkarai |

**Notities**

## Fotoverantwoording en colofon

Omslag: iStock

Glow Images, München: blz. 108 links, 129 (Asia Images/Puddy); 13 linksonder, 142, 247 links, 260/261, 264 (Francis); 250 (Heritage Imagestate); 8 (Imagebroker/Beck); 70 (National Geographic/Edwards); 116 (Pacific Stock); 56/57 (Prisma/Raga); 108 rechts, 122/123 (Superstock)

Nicole Häusler, Berlijn: blz. 13 linksboven, 272/273

Huber-Images, Garmisch-Partenkirchen: blz. 53, 79, 86 links, 107, 166 rechts, 192/193 (Ripani); 21, 27, 68/69, 94, 134 rechts, 148/149, 167 links, 197, 203 (Schmid)

Laif, Keulen: blz. 12 linksonder, 126/127 (Arcaid/Bryant); 180, 254/255 (Eisermann); 66, 141, 164/165, 224, 200 links, 231 (Emmler); 245 (Hahn); 64 (hemis.fr/Colin); 87 links, 92 (hemis.fr/Guiziou); 62 (hemis.ft/Leroy); 201 links, 214 (Huber); 7, 10, 16/17, 31, 44/45, 82, 84/85, 134 links, 135 links, 144, 153, 208/209 (Le Figaro Magazine/Martin); 226 (Riehle)

Look, München: blz. 166 links, 173 (Acquadro); 61, 109 links, 112, 200 rechts, 238/239 (age-fotostock); 185, 216 (Axiom); 54 (Hoffmann); 89 (TerraVista)

Mauritius Images, Mittenwald: blz. 13 rechtsboven, 158/159 (age); 12 linksboven, 12 rechtsboven, 13 rechtsonder, 19, 35, 74, 80, 86 rechts, 100/101, 119, 162, 176/177, 182/183, 188, 230, 246 (2x), 249, 242 links, 258/259 (Alamy); 33 (ib/Kreder); 5 (robertharding/Alexander); 76/77 (Tack); 133 (World Pictures)

Martin H. Petrich, Berlijn: blz. 12 rechtsonder, 170, 198, 222/223, 256, 266 (2x), 267 links, 277, 278, 281, 292

### Hulp gevraagd!

De informatie in deze reisgids is aan verandering onderhevig. Het kan dus wel eens gebeuren dat u ter plaatse een andere situatie aantreft dan de auteur. Is de tekst niet meer helemaal correct, laat ons dat dan even weten.

Ons adres is:
Uitgeverij ANWB
Redactie KBG
Postbus 93200
2509 BA Den Haag
anwbmedia@anwb.nl

Productie: Uitgeverij ANWB
Coördinatie: Els Andriesse
Tekst: Martin H. Petrich
Vertaling: Pieter Streutker, Uitgeest
Eindredactie: Yvonne Schouten, Driebergen-Rijsenburg
Opmaak: Hubert Bredt, Amsterdam
Ontwerp binnenwerk: Jan Brand, Diemen
Ontwerp omslag: DPS, Amsterdam
Concept: DuMont Reiseverlag, Ostfildern
Grafisch concept: Groschwitz/Blachnierek, Hamburg
Cartografie: DuMont Reisekartografie, Fürstenfeldbruck

© 2017 DuMont Reiseverlag, Ostfildern
© 2017 ANWB bv, Den Haag
Eerste druk
ISBN: 978-90-18-04149-6